贵州高校人文社科基地贵州财经学院中国西部现代化发展研究中心驻所研究成果并受中心资助出版
贵州财经学院票据馆资助出版

民族学和社会学中国化的探索

抗战时期专家对西南地区的调查研究

聂蒲生 著

中国社会科学出版社

图书在版编目（CIP）数据

民族学和社会学中国化的探索：抗战时期专家对西南地区的调查研究/聂蒲生著 . —北京：中国社会科学出版社，2011.10
ISBN 978-7-5161-0214-5

Ⅰ.①民… Ⅱ.①聂… Ⅲ.①民族学－思想史－中国－现代②社会学－思想史－中国－现代 Ⅳ.①C95-092②C91-092

中国版本图书馆 CIP 数据核字（2011）第 213823 号

责任编辑　刘志兵
责任校对　石春梅
封面设计　毛国宣
技术编辑　李　建

出版发行　中国社会科学出版社
社　　址　北京鼓楼西大街甲 158 号　邮　编　100720
电　　话　010－84029450（邮购）
网　　址　http://www.csspw.cn
经　　销　新华书店
印　　刷　北京新魏印刷厂　　装　订　广增装订厂
版　　次　2011 年 10 月第 1 版　　印　次　2011 年 10 月第 1 次印刷
开　　本　880×1230　1/32
印　　张　12　　插　页　2
字　　数　297 千字
定　　价　33.00 元

目　录

导　论

第一节　引言

万里长征，辞却了五朝宫阙。

暂驻足，衡山湘水，又成离别。

绝徼移栽桢干质，九州遍洒黎元血。

尽笳吹，弦诵在山城，情弥切！

千秋耻，终当雪，中兴业，须人杰。

便一成三户，壮怀难折。

多难殷忧新国运，动心忍性希前哲。

待驱除仇寇，复神京，还燕碣。

　　这就是慷慨激昂而又十分悲壮的国立西南联合大学校歌《满江红》①。它是由西南联大中文系教授罗庸先生用《满江红》词牌所填写的歌词，由联大教师张清常谱曲。这是一曲 20 世纪中

---

　　① 赵新林、张国龙：《西南联大：战火的洗礼》，上海世纪出版集团、上海教育出版社 2000 年版，第 40 页。

国大学校歌的千古绝唱。它凝聚了中国文人学者、莘莘学子在民族危难时刻最悲壮的呼喊，浓缩了联大文人在国家危亡之际的所有情感和意志。在中国历史上，岳飞的一曲《满江红》已成为历代中华儿女救亡图存的慷慨悲歌。罗庸先生感人肺腑的《满江红》则是 20 世纪文人学者的一曲新的救亡悲歌。联大校歌充满悲愤、激昂之情，历数三校迁移、联合的经历，痛陈国家急难、民族仇恨，表明联大学人坚持抗战的坚强意志，阐明为国发愤学习的意义和必胜的信念。歌词言简意深，曲调雄壮，催人奋进。它以古曲形式来唤醒学子们的民族自豪感，倡导民族的传统爱国文化精神，充分体现出了西南联大文化精神的民族文化特性，对振奋联大师生的精神，激励莘莘学子为国发愤学习起到了十分重要的作用。

卢沟桥事变爆发后，当日寇汹汹扑来之时，为保护中华民族文化和教育之精华免遭灭顶之灾，华北和东南沿海的大批高等学府和一些科研院所纷纷西迁。一时间，形成了中国历史上空前的文教大迁徙运动。在这一波澜壮阔的文教大迁徙运动中，有七十多所高等院校迁到西南大后方。2010 年是中国人民抗日战争胜利 65 周年，对这一特定时期（中国抗日战争时期）的特定学者（当时迁居中国西南地区的民族学家和社会学家）对特定社会（当时中国西南边陲社会）所进行的田野调查进行全面系统和深入的研究，具有特别的意义。本课题截取的时段具有典型的意义。日本发动侵华战争，国民政府迁都西南地区，著名高校和重要工矿企业的西迁，无论从哪一个角度来看对于整个中华民族都是一个灾难性的事件，但一批优秀的民族学家和社会学家在西南民族地区的田野调查活动和相关的思考，却大大地加速了民族学和社会学两大学科的中国化进程，对于这两大学科来说，这一时期无疑是学科本土化重要的奠基阶段。正是国难当头的特殊环境，使得许多民族学和社会学的著名学者云集西南地区，他们主要集中在昆明、重庆、成都和贵阳等地，推动他们去更深入地接触西南边陲的社会实际（西南农村、边疆少数民族地区），进行田野调查，比较、思索、整理出丰富的材料，提出许多有价值的科学成果和社会工作建议，并使民族学、社会学的"中国化"（即"本土化"）获得大步发展。在中国民族学与社会学的发展史中，抗战时期具有特殊重要的地位与作用，堪称民族学和社会学"中国化"的"黄金时期"。

抗战时期迁居西南的一批著名社会学家、人类学家和民族学家在调查经费短缺、资料匮乏和物质条件极为艰苦的条件下，迅速展开了对西南边疆地区少数民族语言、民风民俗、社会结构、农业和农村经济、人口、地理等多方面的实地调查研究。调查研究人员不辞辛劳地在山高林密、人烟稀少的民族地区走访和实地调查。他们风餐露宿，沐风栉雨，跋山涉水，实地调查工作进行得十分艰苦，饥饿劳累自不待言，还经常要提防各种热带病的侵袭，有时还得和土匪交手。就是在这样极端艰苦的条件下，学者们坚持不懈，取得了十分突出的调查成果，为人们认识和研究西南边疆民族地区的社会和文化风貌展现了一片广阔的天地，从而为民族学"中国化"和社会学"中国化"作出了极为重要的贡献。

毛泽东同志说："没有调查就没有发言权。"调查是研究的前提和基础，研究是调查的深化和发展，没有调查就无从研究，没有研究调查便毫无意义。调查和研究是一个有机统一的整体。对于民族学和社会学的发展来说，实地调查研究是至关重要的。

在抗战时期大批迁居西南地区的著名学者中，吴文藻、费孝通、吴泽霖、陶云逵等著名民族学家、社会学家和人类学家以中国社会学、民族学和人类学先行者的身份，将其引进的西方民族学理论和西方社会学理论具体运用到西南地区，既为民族学和社会学的中国化奠定了基础，又开创了西南地区民族学和社会学研究之先河。

第二节　本课题学术研究现状

笔者通过查阅国内外大量资料，目前未见国内外学术界有人选择与本课题相类似的题目进行系统、深入的研究并撰写专著。只有有关中国民族学史、近代中国社会学、20世纪中国的社会学本土化、西南联大、云南省志、贵州省志、四川省志、重庆市志和抗战时期文化名人在昆明的几本书里零散地、简明扼要地提到了这一问题，也就是说点到为止，由于著述旨趣、切入角度不同，并没有展开阐述，更没有进行全面、系统而深入的论述。

1. 中央民族大学王建民教授著《中国民族学史》上卷第七章《抗日战争时期中国民族学的发展》比较零散地提到了抗战时期对西南和华南的民族学田野调查，但遗憾的是只点到为止，写得很简单，只是调查成果的简单罗列，没有进行系统深入的阐述。至于调查的准备、详细经过、调查方法和得出的结论等问题此书中根本没有涉及。这很可能主要是由于这方面的原始材料很难搜集，再加上这些问题不是此书的重点所致。当然，这方面的第一手材料确实难找，笔者查阅了大量资料，只发现了一部分这方面的材料，它们散见于众多资料中，查找出来困难确实很大。另外，这些第一手材料由于年代久远再加上当时长期战乱，保存下来的很少。当年开展田野调查的民族学家、人类学家和社会学家绝大部分已仙逝，健在的也属高龄老人，所以要想获得这方面的第一手材料只能像"大海捞针"一样从众多资料中去寻找。但是，笔者对此充满信心。

2. 杨雅彬写的《近代中国社会学》（上、下册），郑杭生、王万俊合著的《二十世纪中国的社会学本土化》，此两书比较零散地提及抗战时期社会学家对西部地区的社区调查和这一时期的社会学中国化的问题，但也写得简明扼要，由于著述旨趣和切入角度不同，并没有进行全面系统而深入的论述。至于调查的准备、详细经过等问题此书根本没有涉及。笔者分析其原因同上，在此不再重复撰述。

3. 赵新林和张国龙合著的《西南联大：战火的洗礼》一书的第三章《弦歌不辍　硕果累累》中的第三个小标题"成就斐然的学术研究"里提到了清华大学农业研究所对云南农业的调查（仅有300多字的简介）、清华大学国情普查研究所对云南的实地调查（仅有110多字的简介）和南开大学边疆人文研究室对西南边疆地区的民族语言、民俗、社会结构、经济、地理等多方面的调查研究（也只有750余字的简介），没有进行系统深入的论述。至于实地调查的详细准备、调查经过、调查方法和得出的结论一概没有涉及。

4. 昆明市政协文史学习委员会编的《抗战时期文化名人在昆明》（一、二），也只是记载抗战时期在昆明的名流大师发生的逸闻趣事和生活如何艰辛居多，很少涉及这批名流大师对西南地区的实地调查，即便零散地涉及一点，也甚为简单。至于当时开展实地调查的详细计划、调查经过、调查方法和得出的调查结论基本上没有涉及。笔者分析除了如前所述的原因外，还由于此书回忆性的文章虽然很多出自这些名流大师的后代，但是他们仙逝的父母辈生前给他们讲述的可能大多是抗战时期在昆明的生活艰辛和轶闻趣事，至于高深莫测的学术上的事情则告知得不是很详细所致。再加上长期战乱和举家搬迁，调查的第一手材料大多遗失（除了公开发表的调查成果，如论文和专著外）。另外，由北大、清华、南开和云南师大四校联合编写的六大本《国立西南联合大学史料》中，这方面的详细资料也不多。这六大本一千多万字的史料主要来自现存的北京大学档案、清华大学档案、南开大学档案和云南师大档案。

（1）南开大学边疆人文研究室邢公畹先生的儿子邢宁撰写了一篇文章《旧历亲闻——南开边疆人文研究室邢公畹先生在昆明》，收录于昆明市政协文史学习委员会编的《抗战时期文化名人在昆明》（二）一书中。邢宁先生在此文中介绍了其父邢公畹先生在南开大学边疆人文研究室的工作概况，简单地记录了邢公畹先生在云南的罗平、新平、元江三县少数民族地区进行艰苦的语言学田野调查工作，介绍了一些轶闻和危险。但是，遗憾的是，此文对邢公畹先生开展实地调查的详细计划、调查方法和得出的结论没有涉及。

（2）梁吉生撰写的《英年一死献滇边——陶云逵在昆明的日子》，也收录于上书。梁吉生在此文中介绍了南开大学边疆人文研究室成立的经过和陶云逵的学术生涯及其生平简介，还简单地介绍了陶云逵带领研究室同仁对石佛铁路沿线的综合调查研究经过。

（3）朱端强撰写的《浪迹学风镌滇海——记陈达教授在昆明》，也收录于上书。此文主要介绍了陈达教授寓居昆明期间的艰苦生活，而对于陈达主持清华大学国情普查研究所对云南环湖户籍示范区的人口普查的介绍太简略。

（4）杨立德撰写的《"把故国河山，重新整起"——曾昭抡先生在西南联大》，也收录于上书。此文详细地记述了曾昭抡先生在西南联大化学系严谨治学、教书育人的情况，简单地介绍了曾昭抡带领川康科学考察团步行考察大凉山的经过，而对于此次考察团的详细计划和准备、调查方法和内容、得出的重要结论这几个方面都没有提及。

（5）段家政撰写的《吴文藻昆明行》，也收录于上书。此文简要地提到了吴文藻和他的得意门生费孝通在云南大学创办云大社会学系研究室（亦称云南大学—燕京大学社会学实地调查工作站，即"魁阁"研究室）的经过（仅240余字），至于此研究室的调查计划、调查方法等一概未涉及。

（6）陈康定撰写的《学苑清辉——记语言学大师罗常培》，收录于昆明市政协文史学习委员会编的《抗战时期文化名人在昆明》（一）。此文简介了罗常培调查云南少数民族语言情况（仅430余字），罗列了调查成果的名称，而对于调查计划、方法和得出的重要结论都未涉及。

5. 由云南省地方志编纂委员会和云南省社会科学学会联合会编纂的《云南省志》卷75《社会科学志》，简单地概括和列举了抗战时期在昆的社会学家和民族学家对云南省的调查研究成果，即他们发表的论文和撰写的专著的简单罗列，没有进行全面系统深入的阐述。笔者分析造成此种研究缺陷的主要原因，同第一点，在此不再赘述。

6. 邢公畹撰写的《抗战时期的南开大学边疆人文研究室——兼忆关心边疆人文研究的几位师友》，收入西南联大北京校友会编《箫吹弦诵在春城——回忆西南联大》一书中。此文介绍了边疆人文研究室创立的经过及其刊物《边疆人文》，介绍了他本人和黎国彬在1943年的红河之行调查中发生的轶闻趣事和遇险的简要经过，而对于此次调查的详细计划、调查方法和得出的重要结论没有涉及。

第三节　进一步研究本课题的意义

一　对学科发展的意义

抗日战争时期是 20 世纪前半期中国民族学和中国社会学发展的一个黄金时期，这种进展特别表现在当时迁居西南的民族学家和社会学家对西南地区开展广泛而深入的实地调查研究，在研究队伍、研究成果的质量和数量等方面都有了可喜的变化。进一步研究"抗战时期专家对西南地区的田野调查研究"这一课题有助于我们深入了解中国民族学和中国社会学在抗战时期在西南边疆地区的发展历程与辉煌成就。抗战时期是民族学中国化和社会学中国化的重要阶段，进一步研究"抗战时期专家对西南地区的田野调查研究"有助于我们深入了解民族学中国化和社会学中国化在抗战时期这一重要阶段的发展历程，可以填补专题深入研究这一重要课题的历史空白，从而为中国民族学史和中国社会学史的研究作出贡献。费孝通先生曾颇有感情地说过："云南，是中国社会学的摇篮！"（见费孝通的《云南三村》）抗战时期的西南地区是民族学中国化和社会学中国化的重要试验基地。进一步研究这一课题对于中国民族学和中国社会学的发展具有重要的意义。

二　现实的社会意义

抗战时期迁居西南地区的高校和科研机构的民族学家和社会学家克服了难以想象的重重困难，对西南地区进行了史无前例的大规模实地调查研究，取得了丰硕的成果与辉煌的成就，真可谓"艰难困苦，玉汝于成"。他们给我们这些后世学人留下了一笔宝贵的精神财富，留下了一笔丰厚的人文历史资源。在进行西部大开发和在西部地区建设社会主义新农村，构建和谐社会的大手笔中，寻觅斯人久已失落之遗迹与学术遗事，以保护、充实和建设好西南地区历史文化名城的底蕴，无疑是一件十分有意义的工作。而且，由于这些遗迹与学术遗事是与抗战历史相联系的印证，对于缅怀当年西迁高校名流学者可钦可敬的爱国事迹和敬业精神，激励青年一代勤奋攻读、奋发图强的精神，对于促进祖国统一大业，实现中华民族的伟大复兴，也具有不可忽视的作用。至于这一批名流学者在实地调查过程中克服了无数艰难险阻，风餐露宿，栉风沐雨，跋山涉水，充分表现的严谨治学和一丝不苟的敬业精神，更是我们当今学人应该大力继承和弘扬的。在遭受市场经济大潮严重冲击下的当今中国学术界，普遍存在着学术浮躁、急功近利、学风不正的现象。当今青年一代学人尤其是从事民族学和社会学研究的青年学者更应该努力学习和大力弘扬老一辈学者一丝不苟的严谨治学精神。笔者认为，要想出传世的学术精品，首先必须具备一丝不苟的"十年磨一剑"的严谨治学精神。从这个层面来看，系统深入地研究抗战时期迁居西南的名流学者对西南地区的实地艰苦调查具有十分重要的现实意义。

　　当今中国正在大力建设社会主义新农村，构建和谐社会，实施西部大开发战略，毫无疑问，西南地区是西部大开发的重点。在对西部大开发过程中，必须首先对西部地区的民族文化资源、自然资源等进行调查研究。例如，我们要开发西部地区的旅游资源，发展西部地区的旅游业，我们首先要对西部地区的自然旅游资源和人文旅游资源进行实地调查，努力做到合理开发以保证西部地区旅游业的可持续发展。社会在进步，时代在发展，当今在西南地区进行实地调查会比抗战时期各方面条件要好得多，尤其是交通方面表现最为突出。但是，老一辈学者一丝不苟的严谨治学的敬业精神是我们永远都应该大力继承和弘扬的，是我们宝贵的精神财富，他们的调查方法在今天看来仍具有现实指导意义。抗战时期在迁居西南地区的专家对西南地区的调查研究中得出许多精辟的观点和深邃的思想，即使在今天，仍具有重要的理论启迪意义与现实指导意义。在此仅举一例以说明。陶云逵在边疆社会的研究中，并不是只把少数民族作为猎取资料的对象，而是着眼于边疆建设和民族团结，希望边疆各民族得到更快的进步。他在《云南摆夷族在历史上及现代与政府之关系》一文中指出："为我全国民族之永久团结，似宜积极设计导此边胞社会，使其生活设备、文物制度和我国其他地区一样趋于现代化，以其地势之利，人事之优，好好建设。"为了加强少数民族地区建设，他认为必须正确地认识和分析边地汉人，正确估计他们在边疆建设中的作用。他在《论边地汉人及其与边疆建设之关系》一文中说，社会学认为，"两个人群，其文化物质彼此愈相近似，其份子间能了解的程度愈高"。边地汉人在生活样法上，一方面保存了中原文化若干特质，另一方面又采纳了边胞文化若干方式，多少受到双重文化的陶熔，事实上成为人类学上所谓的"Marginal Man"（边缘人）。他主张发挥边地汉人的这一特殊作用，对促进边疆地区社会发展是很有利的。陶云逵教授上述这种深邃的思想和精辟的观点，即使在今天我们实施西部大开发战略过程中，对促进边疆地区和谐社会的构建和建设社会主义新边疆，仍具有重要的理论启迪意义与现实指导意义。

第四节　本著的写作思路和主要方法

本著的框架结构是由导论、总貌、民族学田野调查研究、社会学社会调查研究、综合调查研究、调查研究的重要意义和20世纪上半叶民族学的中国化共六部分构成。其总体写作路径是以民族学和社会学理论为指导，以一般理论与个案实例相结合，以实地社会调查方法和步骤为主线，由宏观（导论、总貌）→微观（民族学田野调查研究、社会学社会调查研究、综合调查研究）→宏观（调查研究的重要意义和20世纪上半叶民族学的中国化），即由总（导论、第一章）→分（第二、三、四章）→总（第五章）。本著主要写作思路是通过系统而深入地研究"抗战时期专家对西南地区的田野调查研究"这一重要课题努力探讨抗战时期民族学中国化和社会学中国化的重要理论问题。本研究成果所反映的"西南地区"是指狭义上的西南，即云、贵、川（包括西康）。

笔者将采用宏观研究与微观个案研究有机结合的研究方法来全面、系统而深入地研究"抗战时期专家对西南地区的田野调查研究"这一重要课题。微观个案研究方面，笔者主要选择了最具有代表性的、调查成果最丰硕的和对学科发展影响最为深远的个案：第二章选择了抗战时期吴泽霖教授、袁家骅教授和邢公畹先生对云南开展的民族田野调查研究和吴泽霖教授对贵州少数民族民风民俗开展的田野调查研究，等等；第三章选择了陈达领导的清华大学国情普查研究所对云南环湖户籍示范区的人口普查研究、费孝通对抗战时期禄村农田的调查研究、张之毅对抗战时期玉村农业和商业的调查研究、陈达和史国衡对抗战时期昆明工业和劳工问题的调查研究,等等;第四章选择了曾昭抡率领川康科学考察团步行综合考察大凉山和陶云逵领导南开大学边疆人文研究室对云南石佛铁路沿线的综合调查研究。

笔者将采用历史学的研究方法对抗战时期迁居西南的著名民族学家和社会学家的田野调查研究和社会调查研究进行全面、系统而深入的总结。由于民族学家和社会学家的工作是一种为社会服务的工作,他们注重的是当时的实际调查,而对学科发展过程全貌的追踪和理论分析都是不占重要地位的。本著的目的是将它纳入学术史的范畴。笔者尝试采用历史法、文献法和定性研究方法相结合的研究方法来探讨抗战时期专家对西南地区的实地调查研究这一重要课题。

本著力图把有关民族学、社会学的理论和抗战时期迁居西南的民族学家、社会学家开展的具体实际工作紧密结合起来,从宏观上对他们的工作按民族学、社会学学科来分类进行面上的探讨以及各个学科下的突出的个案深入研究。

本著的目的是不仅要概述评论抗战时期迁居西南的民族学家和社会学家的艰苦工作和取得的丰硕成果、周详的调查计划和得出的精辟结论,还要探讨他们在这段时期把外来的民族学、社会学初步中国化的重要尝试和实践。

作者在本课题研究方面取得了丰硕的研究成果,已经在下列 CSSCI 期刊和北京大学版的全国中文核心期刊上共发表了12 篇前期研究成果论文和阶段性研究成果论文:《中央民族大学学报》、《学术研究》、《广西民族研究》、《云南民族大学学报》、《黑龙江民族丛刊》、《民俗研究》、《青海民族研究》。另外还有两篇研究成果论文被中国人民大学书报资料中心《民族问题研究》全文转载。本课题研究成果荣获省部级优秀科研成果奖一项。

　　笔者深知，要做好本课题的研究，必须具备深厚的民族学和社会学的理论知识，单凭已有的历史学知识是远远不够的。为了弥补在民族学理论和社会学理论知识方面的欠缺，笔者花了大量时间和精力来阅读这方面的书籍以努力提高自己的理论水平，尽管笔者为此作了不懈的努力，但自己仍深感民族学理论和社会学理论知识的欠缺和不足。常言道："冰冻三尺，非一日之寒。"笔者深感这方面理论水平的提高需要循序渐进的长期积累。由于笔者在民族学理论和社会学理论知识方面的欠缺和不足，由于笔者的学识和水平有限，难免存在这样或那样的偏颇之处，谨请各位专家批评斧正。

　　关于本著的写作思路和主要方法，除了前面已经提到的之外，在此，需要特别指出的是，笔者是满怀对老一辈民族学家和社会学家的无限敬仰之情来撰写此著的。老一辈民族学家和社会学家严谨治学的精神，尤其是因长期开展对云南边疆地区艰苦的野外实地调查而积劳成疾、英年早逝的著名社会学家、人类学家陶云逵教授生前的不幸遭遇和身后十分萧条的境况深深地感动着笔者，成为笔者坚持不懈尽最大努力撰写好此著的精神动力不竭的源泉。正因为如此，在撰写此著的过程中，笔者将尽力做到情文并茂、文笔生动、论据充分、论证有力、语言清新明快而不枯燥乏味，本著将努力把严谨的学术科学性与较强的可读性有机地结合在一起，这也是笔者试图在学术著作写作方法上进行变革的重要尝试和实践，成功与否，有待各位专家审阅此拙著后批评斧正。常言道："问渠哪得清如许，为有源头活水来。"英年早逝的陶云逵教授生前和身后的悲剧式的不幸遭遇深深地打动着笔者的心，鞭策和激励着笔者尽最大努力撰写好此著。1944 年 1 月，联大社会学系教授，留德归国的人类学博士陶云逵先生因突染回归热（一种传染病）转致的败血症而不幸逝世,年仅 40 岁。陶云逵教授是联大一位学识渊博、工作勤勉的教授,同时也是当时西南联大社会学系最年轻的教授。他主持南开大学边疆人文研究室的工作期间,不辞辛劳长期坚持深入云南边疆地区进行艰苦细致的调查研究工作,并取得丰硕成果。他先后对云南石佛铁路(即石屏到佛海)沿线进行实地综合调查,收集并整理了这一地区的大量人类学、社会学、语言学、历史学以及经济地理学等多学科的丰富资料,进行了卓有成效的研究。这也是国内第一次对西南边疆进行的大规模长时间(长达 10 个多月)综合考察,受到国内学术界和各方面的高度评价。长期的野外艰苦生活、繁重的教学科研工作与极度的贫困造成他严重营养不良,体质虚弱,健康严重受损,贫病交加和失子的悲伤(1943 年他的爱子突然病逝,使之受到沉重打击),使这位国内著名的学者很快将自己的生命透支一尽,致使他年仅 40 岁就英年早逝,劳累和贫病过早地夺去了他的生命。而更为悲惨的是,在陶云逵教授去世之后,身后十分萧条。这位一生清贫的勤奋学者身后根本没有,也不可能给妻儿老小留下任何财物,他的家庭顿时陷入困境之中。在四处呼告求助无门,难觅生路的绝境当中,陶云逵教授的遗孀林亭玉女士绝望地跳进了昆明滇池,幸而被一位在附近的渔民看见,救了起来,幸免一死。这件事发生以后,在社会各界立即引起极大的震动,人们纷纷解囊相助,同时对政府漠视广大教师的贫困表示了极大的愤慨。

"英年一死献滇边","客星一夜陨边城",陶云逵教授是抗战时期在昆高校和科研机构的专家学者中因长期开展对云南边疆地区进行艰苦的野外实地调查研究工作而唯一英年早逝的著名学者。他把自己美丽的青春和大好年华献给了西南边疆社会实地调查研究。著名社会学家、优生学家、民族学家、西南联大社会学系主任潘光旦①教授撰写了七律挽诗，沉痛悼念这位极有发展前途却不幸英年早逝的勤勉学者：

> 几处芦笙呜咽鸣，客星一夜陨边城！
> 更谁学殖人文踪？如子襟期蛮貊行。
> 门有郁荼能简鬼，世无仓扁教回生。
> 昨年僰道驰驱共，一度追怀一怆情。②

陶云逵教授就这样为了他的美好理想和衷爱的事业永远地留在了边城昆明，而不能在抗战胜利后和他热爱的南开大学一起迁回天津了。真可谓"风萧萧兮易水寒，壮士一去兮不复还"，"出

---

①　潘光旦（1899—1967），著名社会学家、优生学家、民族学家、教育家、翻译家。字仲昂，1899年生于江苏宝山县罗应镇。1913—1922年在北京清华留美预备班学习。1922—1926年留学美国，先在纽约汉普夏州哈诺浮镇达茂大学学生物学，获学士学位，后在纽约哥伦比亚大学研究院学动物学、古生物学、遗传学，获硕士学位。期间曾在纽约州长岛冷泉港镇优生学纪录馆进行人类学与优生学研究。1926年回国，历任吴淞政治大学教务长、光华大学文学院院长、吴淞中国公学大学部社会科学院院长等职。1926—1934年还先后在光华大学、大夏大学、暨南大学、复旦大学、沪江大学授课，讲授心理学、优生学、家庭问题、进化论、遗传学等课程。从1934年起，先后任清华大学教授、教务长、社会学系主任、图书馆馆长，西南联合大学社会学系教授、教务长、系主任等职，并讲授优生学、家庭问题、西洋社会思想史、中国社会思想史、人才论等。1952—1967年在中央民族学院工作，任研究部第三室主任，从事民族历史研究。历任中国民主同盟第一、二、三届中央委员及一、二届中央常务委员会委员。曾任中国人民政治协商会议第二、三、四届全国委员会委员。他的研究领域广泛，尤其重视优生学的研究。在20世纪50年代，在土家族的民族认定过程中，以史料与田野调查结合的研究起到了重要作用。著有《中国之家庭问题》、《中国伶人血缘之研究》、《人文史观》、《优生原理》、《湘西北的"土家"与古代的巴人》等，译有《性心理学》、《人类的由来》等。

②　梁吉生：《英年一死献滇边——陶云逵在昆明的日子》，昆明市政协文史学习委员会编《抗战时期文化名人在昆明》二，云南人民出版社2002年版，第239—240页。

师未捷身先死,长使英雄泪满襟"。不过,可以告慰陶云逵先生
在天之灵的是,他所衷爱的事业经过他的同仁的努力,终于发扬
光大。在此仅举几例以说明,如:邢公畹先生早已是著作等身,
在学术界享有很高声誉。高华年教授的《彝语语法研究》,黎国
彬教授的《云南撒尼与阿细人的体质》,都是非常有影响的著作,
而这些著作的第一手材料就是源于当年陶云逵先生领导的南开大
学边疆人文研究室开展对云南边疆民族地区的田野调查。谨以此
著纪念抗战时期在云南边陲长期开展野外实地调查而英年早逝的
著名社会学家、人类学家和西南边疆社会研究的拓荒者——陶云
逵教授!

2010 年是费孝通先生诞辰 100 周年,费孝通先生是享誉海
内外的社会学家和人类学家,中国现代社会学和人类学的创始
人。抗战时期,费孝通先生深入云南农村,开展实地调查,对抗
战时期的云南农村社会经济结构进行了系统深入的调查研究,取
得了丰硕的调查研究成果。在费孝通先生诞辰 100 周年之际,深
切缅怀他高尚的道德人品,学习他勇于探索、严谨治学的精神,
学习他深入实际、认真实践的作风,很有意义。他为中国社会学
和人类学工作者树立了光辉榜样,永远值得我们钦佩、敬重和学
习。谨以此著献给费孝通先生诞辰 100 周年!

2010 年是中国人民抗日战争胜利 65 周年,谨以此著纪念中
国人民抗日战争胜利 65 周年!

2010 年是国家实施西部大开发战略 10 周年,谨以此著献给
祖国宏伟的西部大开发事业!

第一章

总　貌

第一节　以实地调查为中心的社会科学
　　　　在中国的发展史

一　民族学田野调查在中国的发展

中国作为一个统一的多民族国家，各民族文化并存，民族学这样一个研究各民族或族群社会与文化的学科，对多元文化的保持与延续起着十分重要的作用。1903年，中国著名翻译家林纾和魏易合作将德国学者哈伯兰《民种学》一书的英文本译为中文分上下卷出版发行，标志着西方民族学传入中国。从学科引进到如今，民族学在中国已经经历了一百多年的发展历史。在中国民族学发展的过程中，老一代中国学者的学术著作，如《松花江下游赫哲族》、《江村经济》、《金翼》、《一个中国村庄——山东省台头村》、《祖荫下》等，至今依然被作为国内外人类学民族学教学参考书，是中国社会与文化研究的圭臬，也成为外国人了解中国社会的重要窗口。

民族学研究最主要的方法和基本的过程是田野调查和民族志。众所周知，不同门类的学科由于研究对象的不同，在研究方法上会有所不同，但必须符合科学方法论的基本要求，否则其科学性就会受到怀疑。科学的方法是在科学研究的实践中不断摸索总结出来的。民族学自19世纪作为社会科学内的一个门类产生以来,在方法论和研究方法上都在不断发展和进步。

科学研究是实证性的研究。实证性研究的基础是掌握第一手资料(即根据亲眼所见或亲身经历所记录下来的资料)。各门学科获得第一手资料的方式是不同的。如物理学、化学主要在实验中获得,历史学主要在文献中获得,而民族学的第一手资料则主要靠实地调查来取得。实地调查又称为"田野工作"(field work)或"田野调查"。田野调查是民族学研究最重要的特点。民族学家将自己在调查中的发现和体验用一种较为微观的整体描述法进行描述、归纳和分析,就是民族志的撰写。田野调查和撰写民族志,就成为民族学研究最主要的方法和基本的过程。

田野调查的重要性并不是一开始就为学者们所认识。早期的民族学家都被称为"扶手椅里的民族学家",因为他们的主要工作是在书房的扶手椅里阅读由他人留下和提供的各种资料,并在此基础上归纳和写作,即便有些人亲自去做了实地调查,也没有将实地调查与民族志的写作视为科学方法的完整过程。另外,这个时期的田野调查和民族志的写作都没有科学的规范,还处于一种无序的状态,所以这个时期的民族学被称为古典民族学。

19世纪末至20世纪初,民族学家们纷纷走出书斋去做实地调查,并以此为基础撰写民族志,于是就逐渐建立了一套田野调查与民族志撰写的科学规范与模式。从此以后,任何不是以规范的实地调查资料为基础进行的民族学研究,都被认为是不可靠的。

实证的研究主要有两种方式:一种叫"质性的"或称为"定

性的"研究；另一种叫"量化的"或称为"定量的"研究。一般来说，自然科学是以量化研究为基础，社会学也较多的是进行量化的调查和研究。民族学则以质性的调查和研究为主要特点。

质性研究一般是指对单一个案进行独特性和复杂性的探讨，追踪事物产生、演化和发展的过程。细致厚实的描述，是质性研究的重要特点。为了将研究者在现场的认真观察与体验直接而真实地表达出来，质性研究就要将一些能够表达独特关系的情节和背景，深入而细致地描述出来，以加深读者的印象和对这种关系的理解。目的是要尽量为读者建立一种感同身受的了解，要通过这种厚实的描述，尽量把真实的情境和经验带给读者，使读者分享研究者的感受和较深的刺激，促使他们关注和思考这个问题，以争取他们对研究者观点的认同。为此，研究者在现场要认真观察与体验，并在写作中把这种现场的观察和体验直接表达出来。

质性的调查较多通过与被调查者的访谈来进行。这种调查一般是站在主位的角度，即被调查者的角度来进行。民族学的调查特别要注意中性与客观的原则，即注意克服主观与片面。因为我们每个人都是在某一种文化中成长起来的，都会不自觉地受到自己的民族、性别、年龄和世界观等因素的限制。这就像戴着一副有色的眼镜，在调查时会对其他民族、人群或文化带有一定的成见，从而使调查和研究由于某些偏见而不够科学。

民族学的调查强调"缩小距离"和"参与观察"，即要求调查者在调查之初就注意缩小与被调查者之间情感和文化上的距离，要参与到被调查者的社区和生产、生活场景中去进行较长时间的直接观察。一般来说在一个社区要有一年的实地观察和体验，要能直接与当地人交流，要全面了解情况，并通过学习当地的语汇和思考方式，理解当地的文化。

民族学的调查具有明显的生活性、平民性与现实性。民族学研究的文化主要是平民的文化，即平民的生活。这种调查主要是关于平民的生老病死、衣食住行、喜怒哀乐、风土民情和价值观念等行为模式，因为正是被调查的社区、民族这种民间的、日常的生产、生活特点，代表了它的文化模式、文化类型。从时空观念上来说，民族学的研究既包括人类的过去，也包括现实，但主要是研究现实。而民族学的调查和研究在涉及历史时，它的出发点和目的也往往是用历史来说明解释现实中的现象和问题。民族学调查与研究的成果，若干年后将成为历史著作。但它又与一般意义上的历史著作不同，因为他写的是活的历史，而非死的历史。也就是说，它是作者根据亲身的实地调查所撰写的历史，而不是根据死的文献撰写的历史。

在结束了实地调查之后，民族学家就要以一定的叙述框架阐述这种参与观察的体验和发现，即撰写民族志。与宏观的分析不同，民族志采用的是较为微观的社会文化整体描述法。因为民族学把它所研究的社会的各个方面——政治、经济、法律、宗教等视为一个互相紧密关联的复合体。其中的任何一个方面，如果没有被放在与其他方面的关系中加以考察，就无法被理解。这种观察与分析的方法被称为"全貌观"。说它是微观的，还因为民族志不一定对某一民族的社会或文化进行全面的描述，它的研究对象，往往是一个小型的族群或社区，而研究的重点是对能够显示事物内部关系、结构和演变过程的细节的调查与描述，用每个事物（案例）的细节和独特性，来说服读者，表达事物的性质和意义。

民族学强调田野工作，中国民族学家在学科发展初期，就开始到少数民族地区进行田野调查，研究中国各民族的社会与文化。1928年，中山大学语言历史研究所与中央研究院历史语言研究所的史禄国、容肇祖、杨成志[①]到云南进行人类学调查，杨成志更是独自在当地凉山彝族人等少数民族地区进行了一年多的调查。自1928年起到抗战前，中央研究院社会科学研究所民族学组先后派出颜复礼、商承祖调查广西瑶族人，林惠祥调查台湾的高山族，凌纯声、商承祖调查松花江下游赫哲族，凌纯声、芮逸夫等调查浙南畲族，凌纯声、芮逸夫调查湘西苗族，凌纯声、陶云逵等调查云南滇缅边界少数民族。此外还资助中国科学社刘咸对海南岛黎族人进行调查。抗战开始之前，燕京大学社会学系师生对华北地区农村进行了人类学社会学相结合的实地调查；费孝通与新婚妻子王同惠一起到广西大瑶山进行实地调查；中山大学杨成志、王兴瑞等人到海南岛调查黎族和苗族；金陵大学徐益棠对广西大藤山瑶人进行了调查。此外，其他许多学者也利用各

---

① 杨成志（1902—1991），广东海丰人，是中国老一辈著名的民族学家，也是最早参加中国民族学田野调查的学者之一。1923—1927年就学于岭南大学，1927年任中山大学助教，1928年受中山大学和中央研究院指派与史禄国教授夫妇及容肇祖同赴云南调查，深入滇、川交界的彝族聚居区，进行了中国最早的民族学的田野考察。返校后不久，由中山大学派往法国留学，获人类学院高等文凭和巴黎大学民族学博士学位。1934年参加在伦敦举办的首届国际人类学民族科学大会，并宣读了论文。以后历任中山大学教授及其研究院秘书长、文科研究所所长、人类学部主任、人类学系主任和中央民族学院研究部教授兼文物室主任等职。他的论著在国外的民族学和人类学界有一定影响，对中国民族学的研究以及对人才的培养作出了重要贡献。主要著作有《云南民族调查报告》、《罗罗族巫师及其经典》、《罗罗太上消灾经对译》、《广东人民与文化》、《人类科学论集》、《广东北江瑶人调查报告》、《人类学与现代生活》、《海南岛苗黎调查》等，曾参加《中国少数民族分布简图》、《中国少数民族文字简表》、《中国少数民族地区旧有政制概况》及《瑶族简史简志》的编写工作。早年主编《民俗季刊》和《民族学刊》（《广东日报》副刊）。

种机会在许多地区进行民族学实地调查。从实地调查的地点来看，覆盖了中国大部分地方，包括当时被日本人占领的台湾地区。[①]

日本发动侵华战争之后，中国民族学家大部分转移到西部地区，他们又在云南、四川、贵州、甘肃、青海、新疆等地进行了广泛的田野调查，细化和丰富了中国少数民族社会文化的知识，形成了20世纪前半期中国民族学学科发展的高潮。为了建设抗战大后方，抗战期间一些民族学家提倡建立民族学与边疆政治相结合的专门学问——"边政学"以"研究边疆民族政治思想、事实、制度及边政"。民族学家在对西南、西北少数民族地区的调查中，关注到当地面临的实际问题，包括边疆经济建设、政治建设、文化建设等，促进了国人对少数民族的了解和对民族学的注意。[②]

中华人民共和国成立后，从20世纪50年代初开始，民族学家积极参与了民族访问团、民族识别、全国少数民族社会历史调查等大规模的调查研究工作，积累了十分丰富的材料。改革开放以后，民族学、人类学在重建过程中，一方面，积极总结前人研究成果，另一方面，中国民族学家、人类学家积极进行田野调查，积极投身于少数民族地区社会文化发展、传统文化保护、民族关系调整和工程项目建设评估等应用性研究咨询中。从而使民族学、人类学学科比以往有了很大程度的发展。

为了提高学科专业水平，早在20世纪前半期，中国民族学家就积极引介国外学科理论，并结合自身田野实践经验，编写了

① 王建民：《民族学的学术传统及其所存在的问题》，《光明日报·理论周刊》2003年6月17日B4版。

② 同上。

民族学及边疆问题调查研究提纲和表格，并就民族学田野调查方法展开讨论，从理论上进行深化，以提导田野工作的开展。50年代他们又拟定了用于全国少数民族社会历史调查的详细提纲，对调查的展开起到了至关重要的作用。当前，一些学者正在就人类学研究方法和方法论问题进行深入研讨，以期不仅对民族学、人类学的学科建设有所裨益，而且能够为社会科学和人文学科的发展作出贡献。

二　社会学社会调查在中国的发展

(一) 中国最早的社会调查

在社会学的移植中，中国的社会调查开始了。外国为了研究中国的社会，中国又受欧美社会调查的影响，从民国初年开始了中国的社会实地调查。最初的调查主要是由教会学校的外国教授主持，他们指导学生进行小规模的调查，并采用外国搜集事实的技术来研究中国的社会现象。外国教授将西方社会学的社会调查移入了我国。

最早的调查是 1914—1915 年间北京社会实证会对 302 个洋车夫的生活情况的调查。1917 年清华学校教授狄特莫指导学生，在北京西郊对 195 家居民的生活费用进行了调查。在被调查的195 家中，有 100 家是汉人，95 家是满人。他们的职业有农民、工人、军人、车夫、木匠、理发匠、少数学者，大半靠赚钱谋生，从广义来说，他们可以算是劳工阶级家庭，只有满人向来靠领粮为生，不务正业的很多。调查的内容包括家庭预算、生活情形等。1918 年狄特莫又指导该校学生，调查该校校役 93 人，调查内容还是生活费。1918—1919 年间，北平私立燕京大学社会学系主任步济时 (J. S. Burqess) 与北京美籍教士甘博 (S. D. Gamble) 等，仿照美国 1914 年由茹素斯之基金会组织的对春田所进行的社会调查，调查了北京社会状况，调查内容包括历史、地理、政府、人口、健康、经济、娱乐、娼妓、贫穷、救济、宗教等项，调查结果于 1921 年用英文发表，书名叫《北京——一种社会调查》。这是中国都市社会调查的开端。该书不仅表明了如何用统计的方法搜集整理材料，同时也暴露出中国各机关缺乏统计资料，即使有也不可靠。早期的社会调查都是用英文写的。[①]

（二）社会调查的兴起

20 世纪 20 年代初，社会学者在中国开始小规模的社会调查，如沪江大学对广东凤凰村的调查及对沈家行的实况调查，李景汉对北京人力车夫生活费的调查等。初期的调查多侧重于对农民、工人生活费用的调查。

随着社会学教学科研队伍的形成，全国性的调查研究机构逐步建立，大规模的社会调查相继展开。主要的调查研究机构有社会调查所及中央研究院社会科学研究所。

社会调查所的前身是 1926 年成立的中华教育文化基金董事会社会调查部，1929 年更名为社会调查所，所长为陶孟和。该所做了大量的调查研究，尤其注重调查农业经济、劳动问题和人口问题，从手工业到现代工厂，都在调查范围内。该所调查研究成果颇多，其中篇幅最大、材料较丰富的是《中国劳动年鉴》，研究方法上贡献较大的是李景汉的《北平郊外之乡村家庭》、陶孟和的《北平生活费之分析》、杨西孟的《北平生活费指数》。中央研究院社会科学研究所社会学组由陈翰笙、王际昌主持，对农村和都市的工厂进行了调查。陈翰笙于 1929—1934 年对江苏、河南、山东、安徽、广东等省进行了三次大

----

① 杨雅彬：《中国社会学史》，山东人民出版社 1987 年版。

规模的农村调查。

这一时期的调查注重经济因素，侧重了解工农阶级的生活，以及由于社会的变迁而出现的社会问题。与前期不同的是，社会调查研究有专门的机构，调查由中国社会学工作者主持，规模和范围也比较大，强调实地调查与统计相结合，并以认识中国社会状况为目的。[①]

（三）革命根据地的农村调查

毛泽东同志说："没有调查就没有发言权。"以毛泽东为代表的中国共产党对中国的社会，尤其是对中国社会的广大农村进行了大量的社会调查。从1927年的大革命时期，到1934年毛泽东离开中央苏区为止，他亲自作调查，从农村中搜集了大量的材料。1927年春他在湖南的长沙、湘潭、湘乡、衡山、醴陵五县作调查；1928年春天在井冈山的宁冈、永新两县作调查；1930年有寻乌调查、兴国调查、东塘调查和木口村调查、赣西南土地分配情形调查、江西土地斗争中的错误调查、分田后的富农问题调查。在土地革命深入时期，毛泽东1933年作了长冈乡调查和才溪乡调查。关于调查的详况请看《毛泽东农村调查文集》和《湖南农民运动考察报告》等。

毛泽东在调查研究的基础上所提出的革命理论和调查方法，为社会学的理论和方法研究奠定了基础。例如他对社会学的概念、理论和社会实践、社会的权力结构和阶级结构、社会变迁，以及社会调查的理论和方法等，都作出了贡献。毛泽东在调查研究的基础上，进行了马克思主义的分析，明确指出了中国社会的性质、中国革命的对象、中国革命的动力和中国革命的任务，指明了中国新民主主义革命的道路，而土地革命又是民主革命重要

---

① 杨雅彬：《中国社会学史》，山东人民出版社1987年版。

的一个环节。①

(四) 陈翰笙的农村经济调查

陈翰笙，1897 年生，江苏无锡市人，著名历史学家、农村经济学家、社会学家。在 20 世纪 20 年代末 30 年代初，陈翰笙等人利用公开合法的身份对中国农村进行了大规模的调查。陈翰笙领导的调查是从农村的生产关系入手，以便能更清楚地认识和说明中国社会的性质。在农村调查中，他又选择了能够说明社会结构的本质的地区，领导了对江南、河北、岭南的大规模调查，即：1929 年中央研究院社会科学研究所举行的无锡调查，1930 年该研究所与北平社会调查所合作举行的保定调查，1933 年中山文化教育馆和岭南大学合作进行的广东农村经济调查，这些调查都着重于农村生产关系的调查。陈翰笙邀请一批进步青年，对农村进行了大规模调查，并写了许多论著，其目的是用调查所得的实际材料，揭露农村的封建生产关系，证明中国是半殖民地半封建的社会，说明农村的根本问题是土地所有制问题。从而证明中国共产党所领导的土地革命的正确性，这也是对形形色色的改良主义者的有力批判。陈翰笙主持的农村调查运用了马克思主义的阶级分析方法，并着重对生产关系的研究。陈翰笙还用调查事实证明，只有用马克思主义的科学方法来研究中国农村经济，才能真正找到解决中国问题的办法。陈翰笙的调查和论著，不但为配合土地革命作出了贡献，而且对社会学的研究和调查方法也作出了贡献。他运用历史唯物主义的观点从事社会学的研究，重点研究生产关系，用以揭露阶级矛盾和阶级剥削，从而认识社会的本质。在他组织的有几十人参加的调查中，安排科学，调查对象典型，调查

---

① 杨雅彬：《中国社会学史》，山东人民出版社 1987 年版。

技术多样。①

（五）抗战时期对西南少数民族社区的调查

在抗战之前，广州中山大学杨成志先生在云南滇中、滇东一带重点调查彝族，从事文化人类学和体质人类学的研究。1937—1938年，中山大学研究院的江应樑先生两度调查云南西部的傣族。云南大学的陶云逵先生在滇西几个兄弟民族地区进行过体质和社会调查。

抗战时期，许多社会学家、民族学家云集西南，民族学研究工作在西南盛极一时，正如蔡元培先生1930年在中国社会学社成立大会上发表的《社会学与民族学之关系》讲话中所说："社会学的对象自然是现代的社会"，但要知道现代社会的真相，必须知其成为这样的经过。一步步地推上去，就要推到"未开化的社会"，如果推到原始社会的状况，就必须以"现代未开化民族的状况作为佐证"，然后可以把远古社会想象起来，因此，身在西南边陲的社会学者，如吴文藻、陈序经、李景汉、陶云逵、吴泽霖、费孝通、李有义、林耀华、田汝康、李安宅等，开展了多种多样的民族调查研究。抗战期间对少数民族地区的调查，不但社会学家、民族学家参加，甚至其他社会科学家和学者，也被西南民族学研究的宝库所吸引。1938年，旧赈济委员会约请几所大学的学者组成滇西考察团，调查滇西的民族、地理、物产，拟建设一个移民区。李景汉等社会学家参加了该考察团，最后写出一个综合性的考察报告。②

---

① 杨雅彬：《中国社会学史》，山东人民出版社1987年版。

② 同上。

第二节 对西南地区开展实地调查的必要性
和组织实地调查的重要机构

一 对西南地区开展实地调查的必要性

（一）西南地区是开展民族田野调查的黄金之地

中国西南是一个多民族的边疆地区，汉、彝、白、哈尼、壮、傣、苗、傈僳、回、拉祜、佤、纳西、瑶、藏、景颇、布朗、普米、怒、阿昌、德昂、基诺、水、蒙古、布依、独龙、满等民族长期繁衍生息在这块土地上。各民族杂居交错、支系复杂。抗战时期，汉、白等民族处于半封建半殖民地社会阶段，傣、藏等族处于封建农奴制时期，小凉山彝族处于奴隶制后期，基诺、独龙等民族处于原始公社时期诸形态的社会发展阶段上，各民族社会形态呈现出一部活的社会发展史的画面。这为开展民族田野调查和民族学研究提供了丰富的材料和广阔的视野。

（二）西南地区是抗日战争的大后方和后勤补给基地

抗日战争爆发后，过去的边疆广袤之地——西南地区成为抗战的大后方和后勤补给基地。要有稳定的政治、经济环境，要在人力和物力上支援前线，提供充足的兵源，保证为前方提供各种军需物品，维护后方交通补给线（如著名的国际大通道滇缅公路、滇越铁路）的畅通，都要求对西南边疆地区有更多的了解和关注。日本帝国主义的侵略再一次提醒人们建设和保卫边疆的重要性，怎样调动各民族的民众积极参与抗战、在各民族的民众中树立国家民族观念、培养适应需要的建设人才，都需要进行实地调查研究。这样，对于边疆地区的现实问题的研究就显得更加紧迫和更为重要了。

（三）打开大凉山神秘的"独立倮倮"彝族禁区

现在四川省西南一隅（新中国成立前分属西康及四川两省管辖的北纬 28—29 度、东经 102—104 度间的川康交界处），有一块连绵数百里的神秘区域，外国人通称为"独立倮倮"（Independent Lolos）的区域。新中国成立后，撤销西康省建制，这个地区属四川省。在筹建西南联大川康科学考察团前，曾昭抡教授向十个参加考察的学生介绍了该地区传说中的情况。估计该地区内有十万彝族同胞，在当时的地图上，唯独此地留着空白，说明对该地区的内部情况很不了解。国外的探险家在中国境内进入了内蒙古、西藏、新疆、青海等地，但却从来没有进入过大凉山。大凉山人口稀少，土地辽阔，生活异常艰苦，多少年来民族间的隔阂和仇视，使人不敢交往，当时大凉山彝族地区严重排外与闭塞。1941 年，曾昭抡教授率领西南联大川康科学考察团，克服重重艰难险阻，徒步考察川康交界处的大凉山，终于打开了神秘的"独立倮倮"彝族禁区，除记录了人文、景观、习俗和交通情况外，并对沿途矿产资源进行了普查及核对，从而为后人的探矿及开采提供了可靠的依据。

二 组织实地调查的重要机构

（一）陶云逵主持的南开大学边疆人文研究室

南开大学迁到昆明后，成为西南联大的一部分。由于地处西南边疆地区，1942 年该校计划以边疆人文作为研究范围，开展实地调查，推进边疆的教育工作。恰好此时云南打算修筑石屏到佛海的铁路，通过云南著名社会贤达缪云台的帮助，南开大学承接了石佛铁路沿线的实地调查研究工作，并因此得到石佛铁路建设经费的资助。在黄钰生、冯文潜等人积极策划下，1942年6月，成立了南开大学边疆人文研究室，聘陶云逵为研究室主任，主持全面业务工作。该室研究人员有：邢公畹、黎国彬、高华年、黎宗瓛、赖才澄。抗战期间，该室出版有油印的刊物《边疆人文》，它分为甲、乙两种：甲种是语言人类学专刊，乙种是综合性的双月刊，刊登本室实地调查人员的研究成果和外约的稿件。[1]

（二）陈达主持的清华大学国情普查研究所

清华大学国情普查研究所成立于1939年8月，陈达任所长，调查主任为李景汉，统计主任为戴世光，所址设昆明青云街169号，后迁至呈贡县城。陈达是中国最早的社会学学者之一，治学严谨，一贯重视实地调查，他主持的这个所的特点是进行较大规模的现代式普查工作。普查的项目是针对中国人口、农业和劳工问题而设计的，进行普查时动员了当地的行政和学术人员，曾在昆明市和昆明附近的四县举行了中国初次挨户普查人口的试验，即云南环湖户籍示范区人口普查，它是中国现代人口普查的重要开端，它在中国现代人口普查实验中占有极其重要的地位。

1944年，由陈达、李景汉主持，西南联大学生参加的对昆明、呈贡、晋宁、昆阳等地的户籍调查报告《云南省户籍示范工作报告》，包括户口普查、户籍登记、人事登记三项。1946年，陈达又写了《云南呈贡县、昆阳县户籍及人事登记初步报告》，该报告是根据1939—1941年间呈贡27个乡镇的人事登记和昆阳10镇3乡的人事登记与户籍登记写成的。在此基础上，1946年，陈达在美国发表了英文版《现代中国人口》一书，其内容是分析

①　王建民:《中国民族学史》上卷，云南教育出版社1997年版。

人口上的各种实际问题，最重要的是介绍抗战后方云南的几个地方从事现代普查实验及人事登记的方法，讨论了中国今后应采取的人口政策。清华大学国情普查研究所的普查工作，在理论和方法上为社会学中国化作出了重要贡献。[①]

（三）费孝通主持的云南大学社会学研究室

1938 年秋，吴文藻[②]到昆明，在云南大学建立社会学系。1939 年，在洛克菲勒基金会资助下，吴文藻代表燕京大学在云南大学建立了云南大学—燕京大学社会学实地调查工作站（费孝通的回忆中又称之为社会学研究室）。1940 年，昆明遭日本飞机轰炸，社会学实地调查工作站迁到呈贡的大古城。大古城不是城，距县城龙街有百米之遥，当年属乡村。魁星阁乃此乡一古庙。该社会学实地调查工作站设在这个三层楼的魁星阁，因此该站又称"魁阁"研究室。吴文藻 1940 年到重庆任职后，由费孝通接任站长。先后在该站工作的十多人中有张之毅、史国衡、谷苞、田汝康、李有义、胡庆钧、王康等，他们在选定的社区中对某一问题作较长时期的实地观察。最早他们注意的是内地农村的

---

① 杨雅彬：《近代中国社会学》下，中国社会科学出版社 2001 年版。

② 吴文藻（1901—1985），江苏江阴人。早年就学于北京清华学堂，1923 年赴美留学，先后在达特默思学院、哥伦比亚大学攻读社会学和人类学，获哲学博士学位。1929 年回国，在燕京大学任讲师、教授、社会学系主任、法学院院长等。曾任云南大学社会学系主任、文学院院长，后任中国驻日本代表团公使衔政治外交组组长等。1950 年回国，先后任中央民族学院教授和中国社会学会、民族学会、人类学会顾问，历任全国政协第六届委员、中国民主促进会中央常委等职。长期从事社会学和人类学的教学与科研，在大量介绍西方学术思想的同时，积极提倡社会学和民族学的中国化，并为之做了大量的工作。提倡社区研究，强调实地调查，注重培养后学。著有《见于英国舆论与行动中的中国鸦片问题》、《文化表格说明》、《现代社区研究的意义和功用》、《社会制度的性质与范围》、《边政学发凡》。1959 年曾主持《辞海》民族类词目的释文工作。还译有《不要再有战争》、《六次危机》、《世界史纲》等。

土地制度,重点研究土地权是怎样集中的,因此挑选了三个不同的乡村即禄村、易村、玉村来观察土地权集中与其他因素如手工业、资本积累、家庭组织等的关系。后来他们扩大了观察的范围和问题:在昆明的工厂里研究劳工从乡村转入工厂的过程;在云南边区研究当地非汉民族的团结力,以及他们和汉人相处的问题;在内地乡村中研究基层行政机构、经济分工和贸易的方式等问题。

虽然他们研究的是一些社区,但他们所研究的问题,却是中国各地区所共有的问题。他们把不同社区加以比较,形成了启发继续研究的假设,同时形成了社会学的理论。研究成果有费孝通的《禄村农田》,张之毅的《易村手工业》、《玉村农业与商业》、《洱村小农经济》,史国衡的《昆厂劳工》、《个旧矿工》,谷苞的《化城镇的基层行政》,田汝康的《芒市边民的摆》、《内地女工》,等等。①

(四)吴泽霖、岑家梧主持的大夏大学社会研究部

抗战时期,大夏大学由上海迁至贵阳后,社会学系仍由吴泽霖教授主持,于1938年春建立社会经济调查室,附属于文学院,亦由吴泽霖主持。一年后,为促进工作效能、充实研究内容和设备,将该室改名为社会研究部,"进行有系统之调查与研究,以冀促成贵州社会建设之事业","特别着重黔省境内苗夷生活之实地调查工作"。抗战期间在贵州的调查研究活动十分活跃。他们编辑了以《贵州晨报》副刊出版的《社会旬刊》,每旬出版,共出40期,后因日本空袭、报社被毁而停刊。继而又借《贵州日报》出版《社会研究》半月刊,出55期之后,又将调查文章转到《时事导报》出版。他们还将有关论文编成《民族学论文集》

---

① 杨雅彬:《近代中国社会学》下,中国社会科学出版社2001年版。

第一辑和《贵州苗夷社会研究》两书，公开出版。

大夏大学的教授吴泽霖、陈国钧、张少微等在抗战前期曾经对贵州境内的民族进行过多次调查。1939 年 2 月，大夏大学组织了"西南边区考察团"，是年春，派员分别赴安顺、定番、炉山（今凯里）等处实地调查，历时八个月，将调查结果编成《安顺县苗夷调查报告书》、《炉山县苗夷调查报告书》、《定番县苗夷调查报告书》，每种约 20 万字，内容翔实。1939 年初，贵州省教育厅民俗研究会委托该团搜集各县的苗族、彝族等民族民俗资料，经过前后半年分赴各地搜集资料、汇齐后缴送民俗研究会。1940 年春，贵州省政府组织边远农村工作宣传团，大夏大学社会研究部受贵州省民政厅的委托，调查各县的苗族、彝族等社会状况，派出两名助理研究员随团从东路和西部分别赴地处边远的苗族、彝族等少数民族聚居区调查，为期五个月，将调查报告呈送民政厅。大夏大学社会研究部还进行了社会学方面的调查，如贵阳城区劳工概况调查、贵阳"二四灾情"调查等，"同时于学理上之研究，亦未敢忽略"。①

1941 年，岑家梧在吴泽霖离校后，担任大夏大学社会研究部主任，他和陈国钧等继续对贵州境内的各民族进行调查。其间，岑家梧曾到黔东南荔波的水族聚居区作实地调查。

（五）李安宅主持的华西协合大学华西边疆研究所

华西边疆研究所于 1941 年成立，隶属华西协合大学文学院，由当时华大社会系主任李安宅兼所长，主要任务是研究藏族的文化、历史和宗教。该所的主要成果有刘立千译的《印藏佛教史》和《续藏史鉴》、于式玉等的《西北民歌》等。李安宅于 1938—

---

① 贵州省地方志编纂委员会：《贵州省志·社会科学志》，贵州人民出版社 2001 年版。

1944 年间赴甘肃省夏河县拉卜楞寺与西康北路作藏族宗教调查，后于 1949 年写成《藏族宗教史之实地研究》一书，其中一部分《拉卜楞寺调查报告》（英文），1982 年由日本东京大学东洋文化研究所出版。

第二章

民族学田野调查研究

第一节　抗战时期在昆民族学家对云南各民族的田野调查研究

民族学传入中国已有一百多年历史（其标志是 1903 年中国著名的翻译家林纾和魏易合作转译的《民种学》汉译本一书上、下卷出版发行[①]），从最早的翻译、介绍西方民族学的理论和方法，到试图以西方的民族学理论解释、分析中国的历史和文化。抗战爆发后，国民政府西迁，大批的高等学校和科研机关也随之西移。西部地区是研究民族学的理想区域，而过去的学者对之也少有触动。民族学家们也正是利用这个机会，对西部地区的各个民族进行了大量的田野调查，在深度和广度两方面都显示了中国民族学的大步迈进，这也正是民族学在中国化的号召下进行的新阶段的实践。民族学在中国的成长和发展，是与中国社会、经济的实践分不开的，这也是为新中国成立后进行全面而系统的少数民族社会、历史调查作出的重要铺路准备。

---

① 王建民：《中国民族学史》上卷，云南教育出版社 1997 年版，第 74 页。

一　徒步穿越湘黔滇：中国传统学术（特别是人文科学）转向现代学术

所谓田野调查（Field Investigation），是指学者走出书斋，直接到田野、乡村索取第一手资料，以求得最准确的学术基础。中国的田野调查工作滥觞于 20 世纪 20 年代末，在三四十年代曾达到一个高潮。国内外有不少学者提及，例如李方桂（中国非汉语言研究的开创人和奠基者，中央研究院历史语言研究所研究员，中央研究院院士）等民族学家的自传中特别提及，田野调查是中国学术史上的一件大事，它打破了中国旧学者的书斋传统，接受了西方的实验主义和实证主义思想，从一个侧面反映了中国的旧学术（特别是人文科学）转向现代学术这一事实。[①] 这一重大转向又与云南有着特别的渊源，原因就是 1937 年的卢沟桥事变后，北京大学、清华大学和南开大学三校由湖南迁往云南进行了长途跋涉。

在这次浸染了悲壮色彩的文人长征旅途中，闻一多、曾昭抡、黄钰生、李继侗等 11 名教师带领学生组成的湘黔滇旅行团，栉风沐雨，穿越湘黔滇，沿途采风问俗，积累了大量的有关民俗、文学、宗教、艺术、语言、文字等方面的材料。该旅行团共有两百余人，分为两个大队三个中队，实行军事化管理。湖南省政府主席张治中对此十分重视，特派中将师长黄师岳担任旅行团团长，并通告沿途各地予以帮助。旅行团学生们在老师的悉心指导下，沿途采风，搜集各地的民谣共两千多首，编辑成《西南采

---

① 邢宁：《旧历亲闻——南开边疆人文研究室邢公畹先生在昆明》，昆明市政协文史学习委员会编《抗战时期文化名人在昆明》二，云南人民出版社 2002 年版，第 224 页。

风录》。旅行团的千里征途充满了难以言说的艰辛，旅行团的生活也充满了丰富的色彩。穿越湘黔滇，祖国秀丽的山川，多彩的民情风俗，都给旅行团师生们留下了终生难忘的回忆。秀丽的山川景色陶冶了旅行团广大师生的情趣，加深了他们对祖国山河的热爱，也净化了他们的心灵，使他们在思想感情上进一步亲近广大基层民众，深入了解到当时中国社会最底层的真实状况。在苗乡，师生们访苗寨，观乡风，与苗族乡亲们组织联欢晚会，欣赏动人的芦笙吹奏和苗族少女的优美舞姿。师生们也高歌同乐，与苗民觥筹交错，直到喝得酩酊大醉。政治系学生钱能欣把自己68天的旅途日记整理成《西南三千五百里》出版，真实地反映了旅行团的生活。闻一多教授在旅途中作风景速写数百幅。不少同学把自己旅途的感受记录下来一生珍藏。清华大学外文系的学生才子穆旦在旅途中写下了组诗《三千五百里步行》，将这些在风雨如晦的中国大地上行进的学子称作"鲁滨逊"们。旅行团的学子们几乎都有较高的文学素养，都能将沿途所见所感记录下来。朱延辉同学在当时写下的几首五言绝句也颇有意味，道出了旅行团师生们印象最为深刻的经历、见闻和共同的感受。其中《咏桃花源》写道："雨雾漫漫遮，桃源何处是？处处有桃源，只在此心间。"[1] 这是旅行团的师生在路经沅江畔传说中的桃花源，聆听闻一多先生讲解陶渊明《桃花源记》后的感悟。《咏阿芙蓉花》："红白夺青黄，种花且当粟，人生为求乐，安问毒不毒！"[2] 这是一路上让旅行团师生最感到触目惊心的经历，表达了进入贵州境内，眼见路旁遍种罂粟，到处是面

---

[1]　赵新林、张国龙：《西南联大：战火的洗礼》，上海世纪出版集团、上海教育出版社2000年版，第27页。

[2]　同上。

黄肌瘦的烟民时内心的真实感受。几十年以后，蔡孝敏同学还在台湾出版的《学府纪闻·国立西南联大》一书中深有感触地说道："亲身走入社会，用'灵魂之窗'实际去观察，比看死书深刻，且应有尽有，取之不尽，用之不竭。古人曰'行万里路，胜读万卷书'，旨哉斯言。"①

　　从某种意义上看，这次文化人的长征体现了联大人的战时文化精神，奠定了联大文化的精神基石。同时，这批文人学子在这次艰辛的旅途中所开展的以采风问俗为主要内容的田野调查，打破了中国旧学者的书斋传统，接受了西方的实证主义思想，从一个侧面反映了旧学术（特别是人文科学）转向现代学术这一事实。1938年4月28日，由三校师生组成的湘黔滇步行旅行团全体成员带着一身风尘和疲劳，也带着三千里风雨陶铸出来的崭新精神风貌，到达西南边陲城市春城昆明，完成了中国现代史上一次具有特殊意义的"文化人长征"②。历时68天，行程3500里。诚如这次徒步西迁的组织者所提到的那样，"迁移之举本身即是教育"，其目的在于使学生"藉以多习民情，考查风土，采集标本，锻炼体魄"③。长年囿于书斋的学子们对中国社会的认识大都得自书本，缺乏切身的体验。这次徒步旅行所经之地大都是中国最为偏远和贫困的地区，这将使他们有机会更直接地体察和接触到中国社会的最底层，加深对国情的认识。无论是从体魄上还是从意志品质上看，这次旅行对这些书生们来说都是难得的锻炼，将使他们受益终生，对学校的教育亦是一大促进。闻一多先生对此深有感触，他曾对学生

---

　　①　赵新林、张国龙：《西南联大：战火的洗礼》，上海世纪出版集团、上海教育出版社2000年版，第27页。

　　②　同上书，第28页。

　　③　同上书，第20页。

们说："困难期间，走几千里路算不了受罪。再者，我在十五岁以前，受着古老家庭的束缚，以后在清华读书，回国后一直在大城市教大学，过的是'假洋鬼'生活。和广大的山区农村隔绝了……虽然是一个中国人，而对中国社会及人民生活知道得很少……国难当头，应该认识祖国了。"①"国难当头，应该认识祖国了"，闻一多先生的这番肺腑之言道出了三校师生的共同心声。

二　对云南各民族的田野调查研究概况及其取得的辉煌成就

1938年，抗日战争失利，大部分国土沦失。全国一些大学陆续迁来云南，许多民族学的学者专家，云集滇中，民族学研究工作在云南盛极一时。先是，1938年冬，旧赈济委员会约请了几所大学的学者组织一个滇西考察团，目的是调查滇西的民族、地理、物产，拟建设一个移民区。参加考察的大部分是教授、学者，其中有西南联大的孙云铸、张席褆、李景汉、李继侗、吴徵镒，北平研究院的陆鼎恒，中山大学的郑铎宣、江应樑，以及其他学术单位的陈碧笙、郭文明等。这虽然是一个综合性的学术考察团，但一到边疆，丰富多彩的民族生活习俗就吸引着大家的注意力。结果，在一个综合考察报告中，民族学就占去大部分篇幅。

这一时期，聚集在云南的全国学者，其中不少是民族学专家。对他们来说，来到云南诚然是如入宝山。此外还有历史学家、地理学家、语言学家，他们过去虽然不专门从事民族学研究，但一到云南，也为这个多民族的地方特点吸引住了，情不

---

① 赵新林、张国龙：《西南联大：战火的洗礼》，上海世纪出版集团、上海教育出版社2000年版，第20页。

自禁地走到少数民族的研究与调查中来。这几个方面的学者为人所熟知的，如吴文藻、罗常培、陈序经、顾颉刚、江应樑、陶云逵、吴泽霖、费孝通、李有义、傅懋勣、李方桂、田汝康、岑家梧、张正东等。这些先生们一到云南，就如饥似渴地走到少数民族地区，开展多种多样的民族学工作。在短短的几年时间内，在以下四个方面的工作中做出了显著而具有长远影响的成绩：

其一，开展民族田野调查工作。很多人经常往来于昆明、大理、保山、德宏等地，对少数民族或作一般观察，或作专题调查。陶云逵先生因来云南较早，足迹遍三迤，远至独龙江，险如碧罗雪山，都曾亲履其地。1938 年中山大学迁到澄江（1940 年中山大学又迁到广东的坪石）后，特在历史系开设"西南民族研究"课程，并经常由教师带领学生，有计划地在路南、澄江、昆明、嵩明、武定等地做民族田野调查工作。这种情况一直延续到新中国成立。

其二，出版民族田野调查研究的刊物和书籍。为了使民族田野调查的研究成果能及时公布于世，南开大学边疆人文研究室出版了自己的刊物《边疆人文》，主要刊载研究室人员的田野调查报告和研究成果。刊物分为甲、乙两种，甲种是语言人类学专刊，乙种是综合性期刊。其中甲种专刊先后三集，刊载了邢公畹的《远洋寨仲歌记音》、高华年的《黑彝语中汉语借词研究》和《黑彝语法》。在此期刊的乙种本上发表文章的除了该研究室人员外，还有不少热衷于边疆民族地区文化研究的其他西南联大学者撰写的文章。其中有许多教授名家的研究成果，如罗常培的《论藏缅族的父子连名制》，袁家骅的《阿细情歌及其语言》，闻一多的《说鱼》等。当然，大量有学术价值的论文还是边疆人文研究室的民族田野调查人员提供的，其中，陶云逵的《大寨黑彝之宗教与图腾制》和《西南部族之鸡骨卜》，黎国彬的《红河上游摆夷地理环境的调查》，高华年的《鲁魁山保保的巫术》等论著，为人们认识和研究云南边疆民族地区的文化风貌展现了一片广阔的天空。油印的《边疆人文》成为许多著名专家学者共同耕耘的园地，其成果与影响都扩大了，所出书刊的篇目和内容，曾被大量引用，传播甚广。直到今天，我们还可以在南开大学图书馆找到这份泛黄的油印刊物——《边疆人文》。抗战时期，云南大学建立了方国瑜等人参加的西南文化研究室，并出版有"国立云南大学西南文化研究室丛书"。

其三，在大学里开设有关学系。1939年吴文藻先生为云南大学创建社会学系。参与筹建工作的还有费孝通、李有义几位先生。吴文藻先生、费孝通先生先后担任系主任，陶云逵、田汝康等专家均在系里任过教。他们在民族学的教学、科研、田野调查各方面，都做出了优异的成绩。直到1948年杨堃先生来接任云大社会系主任，这个系依然保持着重点开设民族学课程并进行民族田野调查的传统作风。

其四，带动了地方学术界开展民族学研究工作。云南大学文史系的一些知名学者如楚图南、徐嘉瑞、方国瑜、姜亮夫几位教授，本来不是研究民族学的，但在这个热潮中，都写出了不少具有高度学术性的民族学论著。此外不少在边疆从事教育或其他工作的年轻一辈人士，也在这个学术风气的带动下，参加到民族学研究队伍中来，取得了可喜的成绩。

在八年抗战期间，民族学这门科学在云南确实开出了不少绚丽的花朵，这在全国学术界来说，都够称得上是一次大丰收了。把1938—1945年这一段时期中，专家学者和后起之秀们在国内学术刊物上发表的文章和出版的有关云南少数民族调查研究的著作，扼要举出如下一些，来看看当年学者们在民族学研究上的成就。

1. 概论性论著：有杨成志的《民族学与中国西南民族》、《西南边疆文化建设的三个建议》，岑家梧的《西南种族之回顾与前瞻》，凌纯声的《中国边疆之土司制度》，陶云逵的《云南土著民族研究之回顾与前瞻》、《几个云南土著的现代地理分布及其人口的估计》、《西南边区社会绪言》，李有义的《云南汉夷杂居区经济》等。

2. 有关民族历史的论著：有方国瑜的《么些民族考》，陶云逵的《十六世纪车里宣慰使司与缅甸王室礼聘往还》，楚图南的《跋大理三灵庙碑记》，徐嘉瑞的《大理古代文化史》，罗常培的《论藏缅族的父子连名制》，凌纯声的《唐代云南的乌蛮与白蛮考》等。

3. 有关民族语言文字的论著：有罗常培的《从语言上论云南民族分类》、《贡山求语初探》、《莲山摆夷语文初探》（与邢庆兰合著），傅懋勣的《维西么些语研究》、《云南的三种倮倮语》、《维西么些语汇》等。

4. 有关傣族的论著：有李景汉的《摆夷人民的生活程度与社会组织》，田汝康的《摆夷的摆》、《忆芒市》，陶云逵的《云南摆夷族在历史上及现代与政府之关系》、《车里摆夷清书汉译》、《一个摆夷神话》，凌纯声的《孟定——滇边一个瘴区的地理研究》，江应樑的《云南西部摆夷民族的经济社会》、《摆夷民族之家族组织及婚姻制度》等。

5. 有关纳西、傈僳、拉祜、佤等族的论著：有吴泽霖的《么些人之社会组织与宗教信仰》、《从么些人的研究谈到推进边政的几条原则》，陶云逵的《么些族的羊骨卜及巴卜》、《云南碧罗雪山之黑傈僳族》、《俅江纪程》，方国瑜的《班洪风土记》、

《傈黑山旅行纪》、《卡佤山闻见记》,张正东的《德钦行记》、《傈僳族的创世传说》等。

6. 有关彝、苗、白等族的论著:有方国瑜的《僰人与白子》,岑家梧的《云南嵩明县之花苗》,江应樑的《昆明境内之夷民》、《路南的撒尼人》等。

7. 专题研究及其他论著:有陶云逵的《几个云南藏缅系土族的创世故事》,李方桂的《古台语喉塞音声母对于剥隘土语声调系统之影响》,岑家梧的《西南部族之舞乐》、《西南部族之工艺》、《西南部族之体饰》,罗常培的《路南夷属音乐序》,楚图南的《中国西南民族神话之研究》,徐嘉瑞的《云南民谣之研究》,江应樑的《昆明民俗志导论》等。

以上仅是当年研究成果的一部分,但已可以看出,在抗日战争时期,民族学在云南确实达到了发展的高潮。全国绝大多数的民族学家,很多历史学家,一到云南,无不对云南各少数民族发生兴趣,对各民族的历史渊源、族属关系、语言文字、社会组织、物质文明、宗教艺术,从不同的角度进行研究探讨。而且不少专家都亲自到民族地区开展田野地区调查,调查区域多数在昆明到德宏这一条公路交通沿线和昆明四周各县境,少数人士也深入到僻远的地区,如西双版纳、独龙江岸,都曾留下学者们的足迹。所接触到的少数民族,有傣、白、彝、纳西、哈尼、拉祜、景颇、傈僳、崩龙、阿昌、壮、怒、独龙、苗、普米、佤等。写出的学术著作,有的作为专著出版,有的发表在国内三十多种刊物及国外出版的杂志上。民族学在这一个时期内成为云南全省学术研究的中心课题。

三 吴泽霖教授在云南开展的民族田野调查研究

吴泽霖[①]教授在西南联大任教期间，多次深入到云南少数民族地区进行田野调查，征集民族文物，他还筹建了丽江地区边胞服务站并指导该站工作，他对么些人（今纳西人）的研究十分深入。通过调查研究和实际的为边胞服务工作，形成了较为科学的边政学理论。

吴泽霖教授去丽江从事民族田野调查，也是对离校不久的社会学系毕业生进行的一次示范性的业务指导，对他们以后进行民族研究工作具有重要的指导意义。

（一）筹建边胞服务站，主持云南少数民族文物展览与田野调查相结合

1942 年，抗日战争正处于困难时期。那年春天，云南西部的一些地方受到日本侵略军的威胁，边疆形势日趋紧张，人民生

---

① 吴泽霖（1898—1990），中国现代著名的民族学家、社会学家和人类学家。1898 年生于江苏常熟。幼年在私塾就读，后考入清华留美预备学堂，1922 年赴美留学，主修社会学。1923 年获美国威斯康星大学学士学位。1925 年获密苏里大学硕士学位。1927 年获俄亥俄州立大学博士学位。1928—1940 年任大夏大学教授，先后担任社会历史学系主任、文学院长、教务长。1941 年他辞去贵阳大夏大学教务长职务，接受清华大学聘请，到昆明担任西南联大社会学系教授。后来，他先后担任清华大学教务长及人类学系主任。1953—1958 年任西南民族学院教授兼民族文物馆馆长。1960—1965 年任中央民族学院教授。1978—1982 年恢复中央民族学院原职，并兼任中国社会科学院民族研究所研究员。1982 年起任中南民族学院教授。1990 年 8 月 2 日在武汉病逝。他主要致力于社会学、民族学的研究，在社会学理论、贵州等地少数民族的研究、民族关系和种族关系等方面的研究中，有独到见解。为中国民族学博物馆的建设作出了重要的贡献。曾参与东南社会学社和中国社会学会的筹建工作。著有《美国人对黑人、犹太人和东方人的态度》、《社会学及社会问题》、《现代种族》、《社会约制》、《贵州苗夷社会调查》（合著）、《炉山黑苗的生活》、《贵州惠水县乡土教材调查报告》、《清水江流域部分地区苗族的婚姻》、《犹太民族历史画卷的一幅重要画面》等。

活十分困苦。根据当时的抗战形势，吴泽霖教授认为有必要在云南省筹组一两个微型的带有实验性质的社会服务团体，为邻近战区的边疆各族人民服务。为实现这一目的，他积极同有关方面联系，先后得到新生活运动促进总会和清华大学研究院的资助，并从云南省卫生处等单位获得了部分防疫和治疗用的药物。1942年7月，吴教授组成了丽江边胞服务站（后改名为第一边胞服务站），他推荐西南联大社会学系当年的毕业生张正东、邝文宝，教育学系当年的毕业生李觉民（在校时曾用名张翰杞）和一位纳西族女教师赵银棠以及其他几位青年，前往云南省丽江地区开展边胞服务工作。

这个边胞服务站在云南丽江、维西、德钦、宁蒗、贡山、福贡等县、区（设治区）从事过医疗卫生、国民教育、抗战宣传和开展民族田野调查等项工作。吴泽霖教授为指导他的学生们开展边胞服务工作煞费苦心，对工作目的、工作项目或工作方法，他都作过细致的考虑和精心的指导。吴教授每月给该站负责人写一次信，对各项工作进行指导。这个边胞服务站工作到1946年2月。在三年半的时间内，该站工作人员从事过一些民族调查。丽江边胞服务站在维西县搜集、整理过当地流行的民歌，编写了纳西、傈僳两个民族的田野调查报告。他们撰写的有关报告和文章，都曾寄送给吴教授审阅、指正。1943年夏天吴泽霖教授亲自到丽江县了解边胞服务站的工作情况，并去当地少数民族聚居的乡村进行田野调查，事后还写了民族研究的文章。吴泽霖教授在1943年曾介绍长期在云南从事民族田野调查工作的江应樑教授指导西南联大社会学系毕业生张正东开展田野调查工作。在江应樑教授的悉心指导下，张正东撰写了六七篇民族田野调查研究的文章，涉及土司制度、边民外迁和群众生活等方面的内容，还完成了中甸、维西、永胜、宁蒗、德钦、贡山、福贡七个县的综合调查报告。

1942年7月，吴泽霖教授筹建丽江地区边胞服务站时，曾指示该站工作人员注意搜集当地少数民族生产、生活用具的实物和照片，以供清华大学社会学系和校内外其他研究单位教学、科研之用。该站工作人员经过半年的努力，先后在纳西族、傈僳族和藏族聚居地区收集到两百多件文物和照片。根据吴教授的指示，上述文物于1943年2月从丽江送抵重庆，并于同年2月中旬至3月上旬在重庆夫子池展出。当时前来参观展览的有重庆《新华日报》社的主要负责同志，还有不少在重庆工作的文化教育界人士。吴教授主持这个展览会是为了向有关方面和城市居民介绍边远地区少数民族的情况，希望引起各界人士对边疆建设的重视。在20世纪50年代院系调整时，这批文物现存部分由清华大学移交给中央民族学院收藏、使用。

（二）对么些人的研究

1941年2月，吴泽霖教授应聘到西南联大社会学系任教后，他于1943年8月亲自到云南丽江县纳西族地区开展田野调查。根据田野调查所得，他撰写了《么些人之社会组织与宗教信仰》一文，刊载于1945年出版的《边政公论》第4卷第4、5、6期合刊和第7、8期合刊。它是西南联大时期吴泽霖教授在云南开展民族田野调查研究的最杰出的代表作之一。据笔者所知，在吴泽霖教授对么些人研究之前，学者对么些人的研究很简略，主要有陶云逵教授撰写的《关于摩娑之名称、分布与迁移》和《摩娑之羊骨卜及巴卜》。吴泽霖教授根据亲身的田野调查所得撰写的《么些人之社会组织与宗教信仰》一文，全面系统而深入地研究了么些人的家庭及家族组织、政治组织、经济组织、宗教信仰和征兆迷信。吴泽霖教授填补了对么些人进行全面系统而深入的田野调查研究的历史空白，因此，笔者想尽可能详细地介绍此文。

么些人，在新中国成立后，统称为纳西族。

1. 么些人的来源及分布

关于么些人的来源，吴泽霖说："么些人亦称'摩娑'人，他们自称为'拿喜'人，是云南边民的一支。他们在云南西部的历史，较汉人为早，典籍上即谓濮人，属于爨（cuàn）系的一支。但是他们并不是云南的土著，原来的居留地尚在康藏一带。唐朝以前在金沙江左岸及雅砻江流域（今川康滇三省交界地），而以盐源为中心，嗣后渐渐向南迁徙，一部分从盐边、永胜至姚安，另一部分从打冲河、盐井河一带移到木里、永宁、丽江。来至丽江时，当在唐武德年间（七世纪初）。"①

关于么些人的分布，吴泽霖说："么些族目前的分布中心，是在东经 99°20′—100°20′，北纬 26°30′—27°10′之间，以四川、西康、云南三省交界区为他们的集中地带。中甸的北地，维西的叶枝、则那、白帕、桥头、岩瓦，永胜的西境，永宁全部，盐源北面的大则、兀耀等处，都是他们的居住区域。人数最集中的地方，则要推丽江全县，尤其第五、第六两区更为集中。"②

2. 么些人的家庭及家族组织

关于么些人的家庭及其管理，吴泽霖说："一般么些人的家庭并不算大，他们的出生率原来不太高，而婴儿死亡率却很高，所以一般家庭中，成年子女也不过两三人。如父母健在，家庭各成员尚能和平相处，同时房屋也够使用时，他们大部分是不愿分家的。一切家产均由父母掌管，父亲逝世后，由母亲或长兄掌管，全家各人的收入，除个人的消耗外，均得缴入公账内，一切

---

① 吴泽霖：《么些人之社会组织与宗教信仰》，《吴泽霖民族研究文集》，民族出版社 1991 年版，第 155 页。

　② 同上书，第 156 页。

日常费用，则由家主开支。"① "家主的地位在么些人中是很高的，他的床位是在房子的正屋内，吃饭的时候，也坐在正位，儿子依次陪着，媳妇则根本不入座。子女的管理，多少也根据严父慈母的原则，故子女们大都畏惧父亲。子女的大事，连婚姻在内，父亲是最后的决定者。母亲的地位也不低，多数人家银钱的管理，是母亲的职权，父亲死后，母亲就掌握财产的大权，她的主张和意志，子女都得听从。"②

关于么些人的家族组织，吴泽霖说："么些族以前在土司木氏专制压迫之下，生活是很不自由的。木氏为巩固自己的地位，当然不愿意看到人民中有强有力的家族组织。家族组织不严密，族长也就不会特别有尊严，当然亦无所谓特权。同一区域内的氏族，除了联合起来祭天外，也没有其他的事，可以激起他们全族的活动。"③ "普通一族之长，大概由辈分最高，以及年龄最大而且明达事理的人担任。遇有族中纠纷事件发生，族长就会被推拥出来担任仲裁；族众中分家析产时，遇有争执无法解决时，族长的处置，就是最后的决定。一族中往往有公产（南山各地无），凡遇每年正月、七月间的两次祭天，由公产公地内开支，无公产者，由族中规定，每家轮流。男子年龄在三十六岁、四十九岁、六十一岁者，可向族长请求尽先当值，因为这些年龄一向视为不吉，易遭厄运，倘担任一次值年可解凶延寿。"④

3. 么些人的政治组织

关于么些人的政治组织，吴泽霖说："么些民族的政治单位，

① 吴泽霖：《么些人之社会组织与宗教信仰》，《吴泽霖民族研究文集》，民族出版社1991年版，第157页。
② 同上书，第158页。
③ 同上书，第159页。
④ 同上。

可以说是村寨。村寨之中，有大有小，大的百余户或五六十户，小的有三四十户以至于十多户。么些人秉性淳朴，可是自卫力量很薄弱，武器之中，仅有弓弩刀斧之类，不喜购置枪械。"[1] "么些人虽然组织力量很差，但是在一村一寨中，对于村民应遵守的规约，向有传统的规定，一般人恪守惟谨，不敢违犯。此种乡约，每寨设有一人监督，倘有违犯者，可以执行处罚。自保甲制度施行后，保甲长就有权处理这类的事件。"[2] 吴泽霖指出，么些人"村寨中，尤其在坝子上的村寨，常有公产的设备，通常是田地、山头、林木一切收入，专供村中公益事业之用。例如办学祭孔、经济赤贫等，由村中公举管理员一人主其事"[3]。他说："村民间合作互助的精神，在么些人中颇为发达，任何一家，如有意外事件发生，而需他人协助者，一吹牛角，全村人民群集起来，通力协助。春季农忙下种的时候，全村集中劳工，轮流插秧，每家至少出工一个，田产多者，出人亦多，男女不计，本家无人可出时，可雇短工以代。"[4] 他又指出，么些人"到了割稻的时候，仍然根据合作的精神，但办法则与插秧时不同。插秧的工作男女共同参加，割稻则由女子担任；插秧是全村通力合作的，割稻是几家联合起来进行；插秧是白天的劳动，割稻是在月夜举行的；插秧是纯粹的经济活动，割稻掺杂男女恋爱的成分在内，青年女子们，一面割稻，一面高唱山歌，青年男子们即来附

---

① 吴泽霖：《么些人之社会组织与宗教信仰》，《吴泽霖民族研究文集》，民族出版社 1991 年版，第 159 页。

② 同上书，第 160 页。

③ 同上。

④ 同上。

和，深夜不彻，所以同时变成社交的场合"①。

4. 么些人的经济组织

关于么些人的经济组织，吴泽霖认为，"经济交换除在城区外，并没有具体的组织，一切都靠场集来输运。场集所有地，大都是半汉化区，距离相当遥远，有每日一集，三日一集，五日一集者，原来么些人的许多场集地点，咸因人口衰落或迁移流散，大都已荒废冷落矣"②。

关于么些人的商业交换，吴泽霖说："商业交换，概用流行的币制。相传在明代以前，么些人皆以贝为币。至今交通困难的地方，尚有以货易货的原始交易制度的存在，但是对外往来，以及缴付赋税，摊派款项等，仍以政府发行的钞票为标准。近来城乡对于稍旧之法币，拒不使用，因而引起无限的纠纷，少数毗邻古宗民族的么些人，亦有常以银元为本位，银元与法币的兑换率甚高，每一银元，在民国三十二年可换法币四十余元。"③

关于么些人的度量衡，吴泽霖说："度量衡方面与其他内地一样极不准确，展开手之拇指与中指为一度，么些人称之为'吉'，展开两手为一度，么些人称之为'律'。斗升大小，各地所用不同，有四碗升、六碗升、八碗升以及十六碗升等。此外尚地讲'箩'数或'篮'数者，至于碗、箩、篮的大小很有出入，没有一定的标准，不过这种情形，在交通不便的农村，是一种普通的现象，并不限于么些人。至于秤的用法，根本仿效汉人，没

---

① 吴泽霖：《么些人之社会组织与宗教信仰》，《吴泽霖民族研究文集》，民族出版社1991年版，第161页。

② 同上书，第62页。

③ 同上。

有特殊的制法与用法。"①

关于么些人的借贷制度，吴泽霖认为，"借贷制度完全是私人间的活动，没有一定规定。普通借贷，有用抵押品，亦有不用抵押品的。抵押时，少者可用首饰器皿，多则用田产房屋，利息轻重不等，重者每千元月息百元，轻者减半。上粮息与上银息，各视情形不同。契约非必要时不用，一则因为乡间能写字的人绝少，二则乡间生活简单，遇有借贷，即视为重大事件，两方都牢牢记着，不会有毫丝错误"②。

5. 么些人的宗教信仰

关于么些人的宗教信仰，吴泽霖认为，"么些民族一般地说是信仰多神教的。他们都很虔诚地崇拜祖先，并富有安时处顺的道家思想，不论乡村城市庙宇中，多半置有佛像，如释迦、观音、财神等菩萨最多，此种信仰与汉人无异，然亦有特殊地方"③。

关于么些族的多巴教（亦称东巴教），吴泽霖说："多巴教本为么些民族特有的宗教，当异教没有传到此地区以前，曾盛极一时，惜在目前已渐形衰落，在知识阶层中笃信多巴教者，为数寥寥，一般读书人简直视之为邪教。但在乡区山间，则信仰者仍甚普通，凡遇丧葬或超度夭亡自杀的人，仍沿用多巴教的仪式。婚姻时亦须多巴教士主持，惟一般的人对于多巴教的信仰，并不专一，他们一面信奉多巴教，一面也在相信喇嘛教，同时多巴教既没有庙宇，又没有教产，宗教活动的物质条件，已付阙如，其号召力大为减色，长此以往，若干年后，或将湮灭，而变成一点史

---

①　吴泽霖：《么些人之社会组织与宗教信仰》，《吴泽霖民族研究文集》，民族出版社 1991 年版，第 62 页。

②　同上书，第 162 页。

③　同上书，第 163 页。

迹而已。"①

关于喇嘛教，吴泽霖认为，"喇嘛教来自西藏，并非么些人原有的宗教，其影响尚还没有深入。但是喇嘛教富丽堂皇的寺院，在丽江境内就有五所大寺，均为大殿高阁，佛像林立，乡人身入其内，敬畏之心，油然而生，这是多巴教所无法竞争的一个因素。喇嘛教还有一个特点，就是严密的组织，教分黄、红、白、黑、花五支，黄教（显宗）势力最大，红教（密宗）次之。丽江一带为红教"②。

关于么些人信仰的宗教传说，吴泽霖认为，"在我国边民中间，流行许多非常美丽的宗教及历史传说，因为当初没有文字的记载，专凭口头传授，内容上遂产生了不少的变化，就是相当邻近的区域，免不了有若干不同的地方"。关于创世祖先的传说，是"由多巴经译述出来的"③。

6. 么些人的征兆迷信

关于征兆迷信，吴泽霖认为，"无论哪种民族，对于禽兽的活动，只要常态略有不同，即认为有征兆的意义。就是日常生活偶有意外，亦视为吉凶的预兆，至于面貌体态，更有一套推测，么些人中不能例外"④。

吴泽霖教授根据对么些人的田野调查所得，按生物活动类、梦兆类、相貌类、日常生活类这四大门类详细地列举了么些人的普通征兆迷信信仰条例。生物活动类有29条例，梦兆类有17条例，相貌类有30条例，日常生活类有45条例。其中有许多条例

① 吴泽霖：《么些人之社会组织与宗教信仰》，《吴泽霖民族研究文集》，民族出版社1991年版，第164页。
② 同上书，第171页。
③ 同上书，第173页。
④ 同上书，第177页。

与汉人所信者无大差异。

（三）以么些人为典型，提出推进边政的几条原则

在此，笔者把吴泽霖教授根据对么些族的田野调查发表在《边政公论》1946年第5卷第2期上的《从么些人的研究谈到推进边政的几条原则》一文作为抗战时期在昆民族学家取得杰出成就的代表作之一加以详细介绍。

在体质上，吴泽霖认为，"么些族与汉族没有多大显著的区别，至少到目前为止，体质人类学家所供给我们的材料，以及我们普通人视察的结果，不能使我们把么些人与汉人列为两种不相同的种族。么些人一穿上汉人的服装，一说着汉话，谁也不能把他们指为非汉人"[①]。

在文化上，吴泽霖认为，"汉族与么些人显然有区别，汉文化是平原型，么些文化是山区型，各受地理环境的影响，各有独自发展的历史，么些人居住的地方，大都为山谷地带，因而影响他们的衣食住行及其他一切生活方式。山谷地带不宜种稻，他们的主要食品就成麦面及杂粮"[②]。关于么些人文化与其他民族文化互相影响渗透的问题，吴泽霖认为，"么些人在历史上是相当流动的。流动的结果，自然免不了与他族接触。两种文化一有接触，结果总会发生若干变化，原有文化经过模仿吸收的过程，逐渐会改变原有面目，新传入的文化特质钻浸到旧有的文化丛中，当然也会变质，么些人文化中的一部分正在这种演变的过程中"[③]。"在丽江城郊地带，一切的一切已与该地汉族无甚差异，越到偏僻的山区中，则大部分的古老习俗，尚还顽固的逗留着。

---

① 吴泽霖：《从么些人的研究谈到推进边政的几条原则》，赵培中主编《吴泽霖执教60周年暨90寿辰纪念文集》，湖北科学技术出版社1988年版，第189页。

② 同上书，第190页。

③ 同上。

所以么些的文化区，并不是一片水准划一的平面，乃是一幅崎岖不平的地形图，各区间文化程度的差异度至为显著。"① 在此，吴泽霖以么些人文化为例，清晰地勾画出了各民族文化互相影响渗透的画面。

关于么些人的人口品质，吴泽霖认为，虽然"在生活上，一般的么些人都十分贫苦，但是他们的体格大都强健，智慧也很高，适应力又相当强。所以居住在丽江城郊一带的么些人，与汉族一样经商致富者，当然不可胜计，就是从事学业或参加军政工作者，亦颇有成绩。在我国各种边民中，无论在集体成就或个人造就上，么些族实在是首屈一指的"②。在歧视边疆少数民族的旧时代里，吴泽霖能够充分肯定么些人的人口品质实乃难能可贵。

关于推进边政应遵循的原则，吴泽霖根据田野调查所得提出了几条具有建设性的重要原则。他认为，"政府的职责，即在维护民生，对于这些穷苦无告、食不饱、衣不暖、居无安所的民众，自有一种通盘施政的计划，绝不可借口地区辽远、鞭长莫及而漠不关心。政府对边民与内地应该一视同仁，不应有所轩轾。而且，处于边远地区的居民，历代遭受鄙弃，现在开始对他们重视，由于起步迟、底子薄，施政时更应适应地境及民情，权其轻重，按其先后，步骤绝不应四处全部划一，只应求其最后得到公正平允的待遇，倘能本此原则施政，必然会受到边民的爱戴"③。吴泽霖教授关于推进边政提出的这一施政原则实乃高瞻远瞩、高屋建瓴，具有超前性。这一施政原则对于实施西部大开发战略，

---

① 吴泽霖：《从么些人的研究谈到推进边政的几条原则》，赵培中主编《吴泽霖执教 60 周年暨 90 寿辰纪念文集》，湖北科学技术出版社 1988 年版，第 190—191 页。

② 同上书，第 191 页。

③ 同上书，第 191—192 页。

具有现实指导意义。

关于推广边民学习汉文、汉语的问题，吴泽霖认为，"据我们的看法，一切的政治设施、社会救济、教育宣传，最低限度在初期的时候，要使用边民的语言来做媒介，一则可以深入，二则可以获得信任而不致引起猜疑。有了相当互信的基础，再来广播汉文汉语，功效当易收获，这是一个原则"①。"总之，我们需要的是民族间意识上的团结，而不是形式上划一的汉化，这是主持边政者应有的一种认识。"② 吴泽霖关于推广边民学习汉文、汉语应遵循的这一基本原则，具有现实指导意义。

关于推进边民福利，吴泽霖认为，"要推进边民的福利，首先要改进他们经济生活的条件，在么些区内大多数的人民，其经济生活不能达到最低的合理标准。造成这种贫穷的主要因素不外耕地面积的过小，土壤的贫瘠，水利的不治，资本的缺乏等，这些因素，大都非个人能力所能补救改进的，非得靠政府的力量来通盘筹划不为功。假使这些基本问题不能求得彻底的解决，那些枝枝节节的救济辅导工作，未必能获得有补事实的效力"③。他还认为，么些区内"医药卫生的积极推行，较诸内地尤为急迫。他们的环境卫生更为落后，医药设备的基础更较差弱，非得在这些方面努力改进"④。吴泽霖教授关于推进边民福利应遵循的原则，确实具有前瞻性。这一施政原则，对于如何实施西部大开发战略，对于如何使西部贫困地区的广大人民尽快富裕起来和奔上小康之路，对于如何在西部边疆少数民族贫困地区

---

① 吴泽霖：《从么些人的研究谈到推进边政的几条原则》，赵培中主编《吴泽霖执教 60 周年暨 90 寿辰纪念文集》，湖北科学技术出版社 1988 年版，第 192 页。

② 同上书，第 193 页。

③ 同上。

④ 同上。

实施积极的开发式扶贫,具有重要的理论启迪意义和现实指导意义。

关于推进边民的移风易俗问题,吴泽霖认为,"从事边民福利事业者,必须具备相当耐心,使边民有比较、选择、欣赏的机会。于无意识中逐步改变,潜移默化,不可操之过急,动辄以强迫手段,使其改弦更张。因为这种带有威胁性的政策,始终是不彻底的,容易演变成阳奉阴违、就形避实的现实"①。"应依据自觉、自愿、逐步实现的原则,免得陷入欲速反而不达的境地。"② 吴泽霖教授关于推进边民移风易俗应遵循的原则,对于如何实施西部大开发战略,具有重要的现实指导意义。

关于推行边疆福利事业的总原则,吴泽霖认为,"在原则上,各种事业的推行,应由边民自己来承担,自己知道了自己的毛病,改进的时候,情绪一定较殷切,方法亦可望较切实。若一切都靠外来的力量,外来的人物,那就变成一种被动的运动,非但不易彻底,有时反会引起猜疑误会。但是在初期,边民当然不能担任全部这类的工作,我们应当选派一些富有同情心富有牺牲精神,有服务经验的人士,前往主持一切,学习当地的方言,参加他们共同的生活。同时尽量提携当地有力有志的人们,给他们以技术上、方法上的训练。让他们先从助理次要工作做起, 直培植他们,使他们能够自发、自动地担任全部工作为最后目标。同时,也可派送少数合适的本族青年,外出深造,以回乡服务为条件。本地年长的有力分子,遇有机会,设法使

---

① 吴泽霖:《从么些人的研究谈到推进边政的几条原则》,赵培中主编《吴泽霖执教 60 周年暨 90 寿辰纪念文集》,湖北科学技术出版社 1988 年版,第 194 页。

② 同上。

其外出观摩，这对本族社区的改革，亦能得莫大的裨益"①。吴泽霖教授提出的关于推行边疆福利事业的总原则，对于如何搞好西部少数民族地区的扶贫开发工作，具有重要的理论启迪意义和现实指导意义。

总之，笔者认为，吴泽霖教授根据自己亲身对云南丽江县纳西族地区的田野调查所得撰写的《从么些人的研究谈到推进边政的几条原则》这篇经典佳作提出的推进边政建设、发展边疆福利事业应该遵循的重要原则，以及文中阐述的许多精辟的观点和深邃的思想，即使在今天，对于如何实施西部大开发战略，对于如何搞好西部少数民族地区的扶贫开发工作，仍具有重要的理论启迪意义与现实指导意义。

四　袁家骅教授对云南路南县的民族田野调查概况

载于南开大学边疆人文研究室刊物《边疆人文》第 3 卷第 5、6 期合刊本上的《阿细民歌及其语言》，是西南联大外文系教授袁家骅②的关于少数民族文学、语言的调查报告，从内容到文字清新美妙，如同抒情叙事长诗。袁先生的中外文学、语言

①　吴泽霖：《从么些人的研究谈到推进边政的几条原则》，赵培中主编《吴泽霖执教 60 周年暨 90 寿辰纪念文集》，湖北科学技术出版社 1988 年版，第 194—195 页。

②　袁家骅（1903—1980），江苏沙洲人，1930 年毕业于北京大学英系。1937年考取英庚款留学，赴英国牛津大学攻读古英语和日耳曼语语言学。1940 年回国，任教于西南联大外文系，同时致力于西南少数民族语言的调查和汉语方言的研究。1947 年再度赴英留学，获牛津大学硕士学位。1948 年回国，1949 年初投身于我国西南少数民族语言调查工作，1950 年完成，参与确定僮族（由于"僮"在历史上有许多种写法，含义不清，容易引起误会，所以，1965 年，遵照周恩来总理的倡议，改"僮"为"壮"，从此僮族改称壮族）标准语，为僮族人民创造了文字。后回北京大学任教于中文系。讲课严谨、朴素。合译有布龙菲尔德《语言论》一书，著有《阿细民歌及其语言》。

学的修养都很高，个人的品德修养也很高。在昆明期间，袁先生偕夫人住在靛花巷单身教授宿舍里，生活清苦，但从未放松过教学与科研。对于南开大学创办边疆人文研究室，开展对西南少数民族语言的田野调查活动，他也是极力支持、赞助。1945年夏天，云南省路南县政府编修县志，邀请袁家骅教授去路南担任语言调查方面的工作，同行者还有年轻的高华年先生。当时，路南的语言，除汉语外，还有撒尼、阿细、白夷、沙苗、花苗五种语言。撒尼与阿细的语言同属倮语。阿细人大部分聚居在路南和弥勒两县之间的深山里，当年凤凰山、烂泥菁、散坡、磨香井、野猪塘都是比较著名的阿细部落。袁先生叙述采风的一段经历很有风趣。他骑着马和一位小学教员同行，两天走了五六十里泥泞山路，几次都几乎从马背上滚到山谷。那里的村民无论阿细人或汉人，除了冬夏两个年节外，终年的生活都是早晨天刚蒙蒙亮就荷锄背筐到山地去耕作。太阳出山，各家妇人、老者才把荞麦饭送去；太阳落山，劳累了一天的人们，慢慢走回家，舂麦，煮晚饭。饭后，年轻人才又有了充沛的精力，男的抱着大大小小的三弦，聚至女青年住室的内外，纵情弹起大三弦，说笑，双方或对唱，或对舞，开始了他们热烈的社交活动。

　　女青年的住房，当地话叫"公房"。袁家骅进村的第三天，得到路南县中学还乡学生向导，拜访了那浪漫传说中的"公房"——男女社交的中心点。房里简陋但充满生命的热情，泥地上七高八低地堆着一堆堆燃烧着的柴火，借以取暖，又代替了灯光。坐在火旁的姑娘手里都在不停地捻搓麻线，这是她们唯一的自己生产的衣服原料。年轻的女孩子们对于陌生人的来临有点惊慌，经过向导的介绍，看见来客谦逊的微笑，也就放心了。火堆冒出的浓烟使客人睁不开眼，姑娘找出平整的木板来请客人坐在避烟的火旁。琴声、歌声、嬉笑开始了，壁上晃动的影子，含有无限的神秘。据说阿细人与西南地区许多少数民族有相似的习俗，在热烈社交的夜晚，青年男女情投意合时，男的往往把女的带回自己家里去过夜。恋爱婚姻是绝对自由的，似乎父母不过问，媒妁更不需要。结过婚的人便不参加这类社交，兄弟姐妹也避讳在一处玩。但是离了婚的男女依然可以重新开始。

照当时的现实情况看，阿细人一生是辛苦的，只有青年男女的求爱才是最富诗意的时期。在"公房"里，在山林间，男女一对对或成群相遇了，热情激发了他们的想象和灵感，比赛般地运用他们的才能，唱个不停，达到求爱的目的。歌唱的题材往往是以天地宇宙的创始、人类社会的形成开始，加进歌唱者对于现实人生的希望，以及歌唱时的种种情景。当年昆明北门出版社出版的《阿细的先鸡》（光未然译），就是记叙阿细民歌的。"先鸡"一词，作故事或恋爱故事讲，也作歌或情歌讲，见于阿细语，也见于撒尼语。袁家骅先生在阿细人的几个村落里搜集、记录了长诗、短诗，作了语言分析。《阿细的先鸡》被译为歌颂恋爱成功的长歌。袁先生还得到了一个独立的短篇，是反映失恋苦闷的歌。

阿细人没有文字，没有历史的记载，但是在那些缠绵热烈的情歌中，反映了他们的性格、生活和历史。袁先生虽已作古，但是他的《阿细民歌及其语言》，对语言学，对少数民族口头流传的作品的分析研究，都是很有价值的。

五　开展对云南各民族田野调查研究的重要意义和深远影响

中国作为一个统一的多民族国家，各民族文化并存，民族学这样一个研究各民族或族群社会与文化的学科，对多元文化的保持与延续起着十分重要的作用。从学科引进到如今，民族学在中国已经经历了一百年的发展历史。在中国民族学发展的过程中，出现了吴文藻、吴泽霖、凌纯声、杨成志、费孝通、林耀华、杨懋春等一大批在国际学术界享有盛誉的学者，他们的学术贡献也被其他学科的学者们所称道。民族学强调田野工作，中国民族学家在学科发展初期，就开始到少数民族地区进行田野调查，研究中国各民族的社会与文化。1928 年，中山大学语言历史研究所与中央研究院历史语言研究所的史禄国、容肇祖、杨成志到云南进行人类学调查，杨成志更是独自在当地凉山彝人等少数民族地区进行了一年多的调查。

日本发动侵华战争之后，中国民族学家大部分转移到西部地区，他们又在云南、四川、贵州、甘肃、青海、新疆等地进行了广泛的田野调查，细化和丰富了中国少数民族社会文化的知识，形成了 20 世纪前半期中国民族学学科发展的高潮。为了建设抗战大后方，抗战期间一些民族学家提倡建立民族学与边疆政治相结合的专门学问——"边政学"，以"研究边疆民族政治思想、事实、制度及边政"。民族学家在对西南、西北少数民族地区的调查中，关注到当地面临的实际问题，包括边疆经济建设、政治建设、文化建设等，促进了国人对少数民族的了解和对民族学的注意。

为了提高学科专业水平，早在 20 世纪前半期，中国民族学家就积极引介国外学科理论，并结合自身田野实践经验，编写了民族学及边疆问题调查研究提纲和表格，就民族学田野调查方法展开讨论，从理论上进行深化，以指导田野工作的开展。50 年代他们又拟定了用于全国少数民族社会历史调查的详细提纲，对调查的展开起到了至关重要的作用。当前，一些学者正在就人类学研究方法和方法论问题进行深入研讨，以期不仅对民族学人类学的学科建设有所裨益，而且能够为社会科学和人文学科的发展作出贡献。

抗战时期在昆民族学家对云南各民族的田野调查研究，极大地弘扬了中国民族学田野调查的学术传统，为中国民族学的发展培养和锻炼了一批研究骨干。这批研究者不仅在欧美和国内的大学书斋中系统而深入地学习了西方的民族学理论，而且通过田野调查努力尝试将理论与中国云南边疆各民族的实际材料紧密地结合起来进行全面而系统的深入研究，取得了辉煌的成就。这些积极重视田野调查的学者在学术实践中形成了重视田野调查的优良传统，影响了几代人，为以后中国民族学的发展提供了不竭的动力，为民族学中国化作出了重要贡献。

抗战时期在昆民族学家对云南各民族开展的大量田野调查所取得的辉煌成就充分证明：只有本国学者在本土进行广泛而深入的田野调查，民族学才可能具有自己的特点。正是这些深入的田野调查，为民族学在中国进一步形成自己的特点提供了基本支点，并在此基础上产生了关于民族学中国化的重新思考。在中国民族学的发展过程中，如何将西方移植来的理论与方法运用于中国的社会与文化实际研究，并在研究实践中如何探索中国民族学发展的道路问题即民族学中国化问题，始终是中国民族学发展的核心问题。抗战时期在昆民族学家对云南各民族开展的大量田野调查，为人们认识了解和进一步深入研究云南边疆各民族地区的社会和文化风貌展现了一片广阔的天地，从而为民族学中国化作出了极为重要的贡献。从中国民族学学科建设的角度来讲，中国学者自己进行的田野调查所显示出的意义尤为重要。从文献到实地，从书斋到田野，是中国民族学学科发展中关键性的飞跃，对中国民族学的理论和实践的发展具有十分重要的意义和深远的影响。抗战时期在昆民族学家对云南各民族的田野调查，为今后的田野调查提供了宝贵的经验，形成了以田野调查为基础的研究程序与规范，实现了与现代世界民族学学科的直接对接和学术意义上的沟通，为将来的民族田野调查研究奠定了基石。

民族学是研究世界各民族历史的和现时的生活与文化的一门科学，是一门考察各民族文化，从事于记录和比较的学问。它主要是依靠直接观察所得到的资料进行分析，所以民族调查便成为这门学科的一个基本环节。一个民族学工作者从事调查记录，有两点严格的要求：一是材料确实可信，二是能够反映民族特点。用这两点要求来检查一下抗战时期云南的民族调查工作，可以说基本上是按着这个路子走的，缺少的是一般人还不会用马克思主义观点方法，对材料进行分析、综合、比较、研究。

民族学自 20 世纪初传入中国后，特别是经过抗战时期中国民族学学科发展的高潮阶段后，中国的民族学在研究方法上已经逐渐发展出了自己的一些特点。如在方法论上强调实证，强调历史唯物主义和辩证唯物主义；在研究资料的利用和分析上较多关注历史文献和历史背景，较多注意利用各级政府机构提供或发布的统计资料；在研究的对象上主要以中国的民族和社会为主；在田野调查中，较多利用了大规模集体调查、分工合作的方式。如20 世纪 50—70 年代的全国民族识别调查和少数民族社会、历史调查等。

附件一　南开大学文学院边疆人文研究室章程①

一、本室以边疆人文为工作范围，以实地调查为途径，以协助推进边疆教育为目的。

---

① 北京大学、清华大学、南开大学、云南师范大学：《国立西南联合大学史料·教学、科研卷》，云南教育出版社 1998 年版，第 584 页。

二、本室设主任一人，主持本室研究及调查工作，由校长于院长所推荐教员中聘任之。

三、本室工作暂分边疆语言、人类学（包括社会人类学及体质人类学）、人文地理、边疆教育四组。每组指导工作由本室主任商得院长同意，约请本院或本校其他院系，必要时或其他大学教授担任之。

四、本室每组聘教员或助教若干人担任调查及研究工作。

五、本室经费、校款或校外补助，皆列为本大学特别预算。

六、未尽事宜，另订细则规定之。

附件二　南开大学文学院边疆人文研究室研究计划与工作步骤[①]

一、根据已有之文献于边区中选择几个关键区域，作抽样调查。

二、于选定之区域内作初步普遍调查，计有下列问题：

甲、本社区内之人口调查，及主要人群，及各种杂居人群之分布，及其各别人口。

乙、本社区之物质，或自然环境与社会，或人文环境之调查。

丙、本社区内主要人群之文化概况（包括亲族组织、社会团结形式、政治制度、经济与技术方式、法律机构、教育制度、宗教与语言并衣食住用等物质生活）。

丁、本社区内之主要人群与区内少数及区外邻近他语人群之社会关系及他语人群对主要人群在生活各方面之影响。

---

① 北京大学、清华大学、南开大学、云南师范大学：《国立西南联合大学史料・教学、科研卷》，云南教育出版社1998年版，第584—586页。

三、本社区内边疆教育之专门调查与研究，计有下列各问题：

甲、本社区内主要人群及少数杂居人群之教育制度、内容、机构之调查（注重各人群教育制度彼此之影响及人格之过程）。

乙、本社区内主要人群之教育制度之特殊深入调查与研究，计有以下各问题：

制度（理念，知识，传授与接受机构）

（1）场所：家庭、学校、各职业与宗教团体之所在地及娱乐场合。

（2）时期：年数、月数、日数、季候与期律。

（3）方式：个人、团体、公开、秘密、年龄、男女同学、男女分学等。

（4）媒介：口述、文字、行为、神示、梦悟等。

（5）仪式：入学、考试、升学、毕业及其社会功用。

（6）名分：个别知识、理念之传授者与接受者名分与社会地位。

内容（即教材）

（1）狭义的或意识的教育内容。

（2）广义的或非意识的教育内容（按另一观点言之，即其社会的一切生活样法与文物制度）。

丙、本社区内之政府的或近代化的教育制度与概况（包括所设立的近代化之学校之数目、编制、学生、教师、经费、设备、课程、训导等），及其对本社区内原有之教育制度及个人人格并文化各方面之影响。

丁、本社区内主要人群中各类型人物对近代化之教育制度与内容在态度上及行为上之反应（包括消极的批评、抗怠与积极的建议与力行）。

戊、在原本教育制度，或近代化教育制度，或兼在两种制度下所陶铸之各年龄、各阶级之分子，对宇宙及人生在态度上、行为上的反应或研究。

四、改进原有教育制度与内容之可能策略与途径，以及此改进策略施行后，对此边区人群之各人的思想态度、行为上，并其整个文化上之可能发生之影响。

第二节　抗战时期在昆语言学家对云南各民族语言的调查研究

一　云南民族语言研究的传统

云南最早的语言文字学研究，是在明清时期，当时以研究音韵学为主，出现了几部重要的音韵学著作，这些著作的共同特点是在《中原音韵》（元周德清撰）的影响之下，研究当时口语，适用于平民识字教育。明代著名声韵学家嵩明杨林人兰茂写的《声律发蒙》就是一部声韵学的启蒙读物，书中列举当时的韵母系统，基本上沿用《中原音韵》的韵母名称和排列次序。他的另一部重要代表作《韵略易通》也是分析研究当时的"官话"声韵系统，较完整地反映了明代的语音情况，共 20 个声母，20 个韵母。

后来嵩明县邵甸（今称白邑）人本悟和尚在兰氏所著基础上修改增补，写成《重订韵略易通》，用 36 个字母阐明声母系统，并根据当时北方语音中读为两个以上韵而在云南方言中只属一个韵的语音实际提出了"重韵"之说，对研究云南方言语音的历史演变有重要意义。另外，葛中选的《泰律篇》是一部以音律来分析字音的专著。葛中选，字见尧，河西（今通海）人。此书成于明万历年间，清嘉庆时才刊刻行世。此书内容丰富，分析繁复，比较深奥。

明人值得一提的是杨慎（1488—1559），字用修，号升庵，四川新都人。他24岁中状元，授翰林院编修，嘉靖时因"议大礼"谪戍云南保山。他在云南35年，著述400余种，涉及文学、历史、语言文字学、哲学、美学等方面。他在音韵学方面的著作有《转注古音略》、《古音丛目》、《古音猎要》、《古音余》、《古音略例》、《古音骈字》、《古音复字》、《古音拾遗》、《古韵》、《古文音释》等。

清康熙时，沾益人马自援著《等音》，这部音韵学著作，记录了清初的云南方言语音，从中可以看出，云南方言既属北方话系统，又有自身的特点。稍后，姚安人林本裕又在《等音》基础上修改，写成《声位》。这两部书由清代姚安著名学者高𣹉映汇合刻印，认为"传之广，则天下之幸"。

云南的汉族，皆从内地迁来。远自战国及汉唐均不断有人来到云南定居，但主要是元明之际大规模的屯田移民以及因战争或经商移居云南。多数来自湖南、广西、四川、陕西、南京等地，属于北方方言系统，明清云南的几位音韵学家研究北方官话和当时的云南方言，对于推广共同语是有积极作用的，他们的研究成果，是我们研究语言史不可多得的珍贵资料。

清末到民国初年，在语言文字方面的成果主要是方言方面。如昆明、昭通、绥江、墨江、新平、缅宁、永平、镇康、维西、永北（永胜）、车里（景洪）等县在编修县志时列有方言专章。有的还与民族语对照，这些资料对考证词源、研究方言史颇有价值。例如《昆明县志》所载戴炯孙辑的方言。作者认为"合县军民籍多原于齐鲁赵魏吴越楚蜀，言不可以一方囿之，博采而详录之"。可见作者也知道，当时住昆明的汉族祖籍不同，词汇也有区别。书中分天文、时令、地理、宗党、身体、食饮、动作、疾疢、宫室、器用、事物、常语等 13 类，如"**雾谓之罩子、雷鸣曰声雷、村市谓之赶街子、蒸糯米砻之揉为饼曰瓷巴，作丸曰粉团丸，以豆粉为衣曰豆面团，食皆蘸以糖，作丸以汤下之，其有馅者曰元宵，无陷者曰汤圆。面浆曰面糊，刷帚曰糊刷。女儿字并其声而急呼之曰囡**"。从以上可以看出，戴炯孙在解释词语时，多用义训方式（以普通词语释方言），还夹叙风俗习惯，并注意了合音词的研究。《昆明县志》方言章还录了谚语数十条，其他县志所录，也大多类似这种体例。这对了解当时方言状况，考证词语演变有重要参考价值。

抗战时期，中国的大部分民族学研究机构和许多著名大学内迁至西南地区。一批著名的民族语言学家纷纷来到抗战的大后方昆明工作，他们花费大量的时间和精力对云南的汉语方言和少数民族语言进行实地调查研究，从而对我国民族语言学研究作出了重要贡献。

二　对云南汉语方言的调查研究及成果

抗战开始后，中央研究院历史语言研究所于 1938 年秋迁至昆明北郊的龙泉镇，次年恢复工作。该所的人类学组在昆明的工作，对于该处成为抗战时期的民族学研究基地产生了重要作用。人类学组在抗战时编印出版了《人类学集刊》杂志。1940 年 8 月，中央研究院历史语言研究所又奉令向四川转移，到年底才全部到达南溪县的李庄，至次年 1 月，全部恢复了工作，李庄也逐渐成为抗战时期重要的民族学研究基地之一。

1940 年，中央研究院历史语言研究所对云南汉语方言进行了大规模的方言调查。参加调查的主要是丁声树、董同和、杨时逢 3 人（张琨调查了 3 个县）。共调查了云南省 98 个县 123 个方言点，除鲁甸、威信、金平、砚山等 12 个县未作调查外，所调查的点几乎遍布全省，材料十分丰富，点多面广，能全面反映当时云南境内汉语方言的面貌。这些调查材料由杨时逢整理编定，赵元任审阅并作序，于 1969 年在台湾出版，书名为《云南方言调查报告》（汉语部分）。它所列内容是 1940 年中央研究院历史语言研究所组织的第七次方言调查（前六次是 1928—1929 年的两广方言调查、1933 年的陕南方言调查、1934 年的徽州方言调查、1935 年春的江西方言调查、1935 年秋的湖南方言调查和1936 年的湖北方言调查），每个方言调查点作一个调查报告，包括发音人履历、声韵调表、声韵调描写、与古音比较、同音字表、方言音韵特点等内容。有些方言点的调查报告还列有"会话"一项，包括讲话、歌谣、对话、故事、唱经等。全书统一用狐假虎威的故事，对照各方言的读音。全书开头有总说明，后头有综合报告。综合报告主要内容为极常用词表、云南特点及概说、云南方言地图等。除景谷、陇川等三县由张琨记音外，其他全部材料由杨时逢、丁声树、董同和记音。《云南方言调查报告》（汉语部分）反映了 20 世纪 40 年代云南各县汉语方言的状况，在语音精确描写和方言与古音的对照方面是很成功的。本书对全面了解 60 多年以前云南各县汉语方言的情况有重要价值，为汉语方言的比较研究和语言史的研究提供了宝贵的资料，颇受国内外方言研究专家的重视。

抗战时期，还有一些著名的民族语言学家对云南方言研究作出了很大的贡献。例如，西南联大中国文学系语言组的罗常培[①]

[①] 罗常培（1899—1958），字莘田，号恬庵，北京人，满族。历任西北大学、厦门大学、中山大学、北京大学、西南联大教授。1949 年后，他负责筹建中国科学院语言研究所，任第一任所长。1955 年，他当选为中国科学院哲学社会科学部委员。1958 年逝世。

教授是其中最杰出的一位。1938 年，罗常培在《东方杂志》第38 卷第 3 号上发表了《昆明话和国语的异同》，此文对昆明话的特点，提出：（1）声母方面：①尖团不分；②zh、ch、sh 三母读音（按：指舌位靠前）；③r 母读音；④n、l 两母不混。（2）韵母方面：①撮口呼变齐齿呼；②复元音的单元音化；③an、ang 两音韵尾的失落；④en、eng 两韵尾的失落；⑤in、ing 因韵尾失落而变为同韵；⑥ian、üàn 变为同韵；⑦o 韵的圆唇程度略减；⑧eng 韵在唇声字后主要元音的圆唇程度加强。（3）声调：分阴、阳、上、去四类。

1944 年，罗常培在《云南史地辑要》上发表《云南之语言》一文。此文是云南语言研究史上第一篇运用现代科学的方法，较全面研究云南语言的重要成果，对云南方言及少数民族语言的地位、特点、分区、系属等作了正确、全面的分析。此文对云南语言辨析精微，引例亦较翔实。全文分叙论、汉语方言、台语（即傣语）、藏缅语、苗瑶语、孟吉蔑语（即孟高棉语）、民家语（即白语）、结论共八章。汉语方言一章分析了云南方言的地位、分区，并举昆明、大理、玉溪、巧家四县为例，说明云南汉语方言的特点是音系简单，阳韵尾的鼻音多变为鼻化韵。在无入声调的方言中，古入声归阳平，各地方言词汇互异，语法大同小异。

1938 年，中央研究院历史语言研究所的董同和写了《保山话记音》（未发表）。因听说保山话像南京话，有人说像北平话，引起探索的兴趣，于是请人发音并制了音档，证明保山话跟南京话、北平话只是相近，并不相同。

1939 年，西南联大中国文学系的陈士林对洱海沿岸大理、凤仪、宾川、邓川四县的方言进行了调查。记录了音系、列了同音字汇和古今音比较表。发现邓川入声的调值虽极近阳平，却自成一个调。

三　对云南少数民族语言的调查研究及成果

抗日战争时期，一批民族语言学家来到昆明工作，他们花费大量的时间和精力对云南少数民族语言进行实地调查研究。李方桂、马学良、张琨、傅懋勣、邢公畹、高华年、袁家骅等民族语言学家将云南视为语言学研究的黄金地，尽量加以发掘。这些民族语言学家对云南少数民族语言进行了大量的实地调查研究。

1. 傣语研究方面。美国语言人类学家萨皮尔（E. Sapir，1884—1939）的学生、中国非汉语研究的创始人李方桂，在中央研究院历史语言研究所迁至昆明北郊的龙泉镇后，于 1940 年调查了云南富宁县剥隘村的傣语，历时两个月，记录了语言并制了音档。1939 年，中央研究院历史语言研究所的张琨调查了盈江摆夷语词汇 1000 余条，按摆夷语音排列。1942 年，罗常培调查莲山摆夷语，把摆夷文记下音值，录了 1000 多个字汇，20 多段会话。每词每句都列出摆夷文字和国际音标注音。罗常培于 1944 年在《云南史地辑要》上发表的《云南之语言》台语（即傣语）一章，对傣语的地理分布、分支、特征作了全面介绍，指出傣语声调分 4 类，与汉语平、上、去、入相似，由于声母的清浊而变为 8 类，有的因元音长短而列为 9 类。声母有特殊塞音 [b] [d] 两个，有的还有 [kl]、[pl] 等复辅音。文字有由缅文演变而来的和近似南部泰文字母的两种。1942 年，南开大学边疆人文研究室的邢公畹调查罗平县的傣语，认为其可分为两种：流行于喜旧溪和块泽河的叫仲家语，旧《罗平县志》称为"沙人"。汉化程度深，其语言除老人还会讲外，几乎将要消失。流行于八河多衣河的叫侬语。汉人很少，侬语流行。调查搜集到 3000 词汇，长篇谈话有生活谈 3 篇，风俗谈 3 篇，亲属制度 1 篇，故事传说 3 篇。另外，邢公畹还在 1943 年 2 月调查了红河上游花腰摆夷聚居的漠沙，搜集到民间故事、神话 20 余则，风俗琐谈 10 余则，民歌若干首。1943 年 5 月他又到元江调查水摆夷语言。

2. 藏缅语研究方面。云南属藏缅语的有藏人、山头、普米等 5 支。1939 年，西南联大中国文学系的傅懋勣调查了蒙自的彝语，全面搜集整理了语音、词汇、语法三部分，发表在中央研究院历史语言研究所《人类学集刊》第 1 卷第 2 期上。1940 年他调查了彝语的一支"利波语"，写成《利波语研究》。1941 年，他又调查了昆明附近的彝族支系撒尼语。

1941 年，西南联大中国文学系的马学良撰写了《撒尼保语语法》，除了为邓明法的《保语字典》增补了许多词汇之外，又记录了 50 余则故事和若干风俗琐谈及谜语。接着，马学良又调查了寻甸、禄劝两县黑彝语。记录了寻甸记戞哨、洗马宁两次和禄劝安多康村三种方言，整理出音系，记录了一些古诗歌和长篇故事。在老毕摩（老巫师）帮助下，他把 10 部彝文经典译成汉文，编出有 2000 字的《彝文字典》。他把所搜集的 1000 多部彝文经典编成一部目录提要，说明经文大意和巫师应用这部经典的步骤，并且调查了许多礼俗，搜集了和礼俗有关的文物。1942 年，南开大学边疆人文研究室的高华年撰写了《昆明黑彝语研究》，由南开大学边疆人文研究室油印。主要在昆明核桃箐村调查，记录了 30 多则故事，2000 多个词汇，全文分借字、语法、音系、词汇四部分。1942 年，高华年又调查了新平杨武坝纳苏语。纳苏是黑彝自称，意为"黑人"。语言和昆明黑彝稍有方言上的差别，分布在玉溪到新平大片地区。同时，高华年还调查了窝尼语，它属彝语支，分布在元江、墨江、峨山、新平、江城、宁洱一带和把边江及沿江高山上。发现窝尼语的声母没有全浊塞音,但韵母却有舌根鼻尾。语法和黑彝语或纳苏语没有多大差别。1943 年,西南联大外文系袁家骅教授撰写了《峨山窝尼语初探》,搜集了 1400多个词语,17 篇故事。他发现这种语言的特点有:(1)没有全浊声母;(2)复元音很丰富,和黑彝语显然不同;(3)有 6个声调,变调可起语法作用;(4)有连词音变的现象。此文发表在南开大学边疆人文研究室出版的刊物《边疆人文》第 4 卷上。1939 年,芮逸夫撰写《记栗僳语音兼论所谓栗僳文》,发表在中央研究院历史语言研究所《人类学集刊》第 1 卷第 2 期上。"栗僳"也属彝族支,分布在康藏高原地带和云岭雪山、碧罗雪山、高黎贡山的几个山巅。作者认为这种语言有四个特点:(1)单音缀;(2)有声调;(3)全无韵尾辅音;(4)所借有鼻音韵尾的汉字大多数变鼻化元音。1942 年,罗常培写了《福贡栗粟语初探》,记录了 1000 多个词汇和几段长篇谈话。全稿整理完毕,但未发表。1944 年,罗常培撰写《云南之语言》中的藏缅语一章,将云南境内属藏缅语系的语言分为五支:(1)倮倮(彝族)、栗粟(僳僳族)、倮黑(拉祜族)、阿卡(佤族);(2)西番(普米族)、么些(纳西族)、怒子(怒族)、俅子(独龙族);(3)藏人、古宗(苦聪,拉祜族一支);(4)缅人、茶山(景颇族一支)、浪速(浪莪)、阿系、阿昌;(5)卡钦(景颇族一支)。文中还指出,藏缅各族间,声韵虽各不同,但语法大体一致,其语序一般是主、谓、宾,形容词在中心词之前或之后,数量词放在名词之后。

3. 纳西语研究方面。罗常培在 1940 年调查了丽江纳西语,记录了 10 多则故事,几首歌谣,并把所得材料整理成篇。傅懋勣在 1942 年调查了维西纳西语并写成调查报告,在华西大学文化研究所发表。

4. 怒语研究方面。罗常培在 1942 年写了《贡山俅语初探》，北大文科研究所油印，此文记录了 700 多个词汇和几段长篇谈话。全文内容有：（1）引言；（2）音系；（3）语法，俅语系属；（4）日常会话；（5）汉俅词汇。1943 年，他又调查了茶山语、浪速语、山头语（蒲蛮）三种姊妹语言，音韵稍有不同，语言无大差别。

5. 民家语（即白语）研究方面。当时对民家语的研究不够，系属颇为纷纭，有说属孟吉蔑语（即孟高棉语），有说属彝语。罗常培认为是彝汉混合语。1942 年，罗常培调查了兰坪拉马语（指没有受汉语影响的白语，它与受汉语影响较深的民家语不同）。同时调查了大理民家语，从喜洲、上甸中、上马脚邑三个点取材，以喜洲的资料最多。他还调查了宾川民家语，它和喜洲话差不多。此外，在这一年内，罗常培还调查了邓川、洱源、鹤庆、剑川、云龙、泸水的民家语，点多面广，所得材料十分丰富。

6. 苗瑶语研究方面。高华年在 1943 年调查了峨山青苗语，记录了 1000 个词汇，20 个故事、20 首山歌。他发现这种语言的特点是：（1）舌根和小舌的塞音分为两套；（2）有鼻音和塞音合成的声母；（3）有复辅音；（4）鼻音、边音、擦音也有送气音；（5）有 8 个声调，但 2 个短调可并入长调内。罗常培在 1944 年撰写的《云南之语言》中的苗瑶语一章，指出苗族由贵州迁入云南，多居于云南南部。指出瑶族由广西迁云南，居云南东南及南部。指出苗语有 5—8 个声调，韵尾有 [-n]、[-ŋ] 辅音，有复辅音 [pl]、[pr]、[tl]、[kl]，有先鼻化声母 [mp]、[nt]、[ŋk] 等；瑶语则保存 [-m]、[-n]、[-ŋ]、[-p]、[-t]、[-k] 等辅音韵尾，受汉语、傣语影响很大。

7. 孟吉蔑语（即孟高棉语）研究方面。1944 年，罗常培撰《云南之语言》中的孟吉蔑语一章，介绍云南境内属孟高棉语的语系有布朗语、佤语和崩龙语。其共同特征是：无声调；以词头、词尾形成语词的变化；语词顺序是主—动—宾，有［hl］、［hr］、［hm］、［hn］、［tn］、［nk］等特别声母。

四　邢公畹对云南少数民族语言的田野调查及其成就

邢公畹[①]从事语言田野工作是从云南起步的。从 1943 年开始，他先后在云南的罗平、新平、元江三县的少数民族地区进行艰苦的语言学田野工作，调查了侬语、傣仂语、黑彝语、倮语、傣雅语，积累了很多材料，奠定了他以后取得一系列重要学术成就的基础。

由于交通不便，邢公畹只能跟随贩运食盐的马帮，用马匹驮着笨重的录音器材，向云南的纵深地区行进。因为时局不安定，云南地方当局好意安排两个士兵护送，以防范匪徒袭扰。邢公畹曾兴致勃勃地回忆当年在跟随马帮旅行的路上，和赶马人一起做饭吃。赶马人将淘洗过的大米放入一尺多长的竹筒，再掺上一点腊肉。放在火上烧烤之后，再将竹筒劈开。就可以吃到异香扑鼻的竹筒饭了。当然，到了民族地方之后，看到并且一同与民族同胞度过苦难的生活，他的思想切实受到了强烈的震动。许多同胞常年吃不上盐，而且时常流行瘟疫，邢公畹当年就曾染上疟疾，

---

① 邢公畹，名庆兰，1914 年 10 月生于安徽省安庆市，祖籍江苏高淳。小学、中学、大学都是在家乡安庆度过。1933 年考入安徽大学中国语言文学系。1937 年考入中央研究院历史语言研究所，导师李方桂先生；因抗战爆发，推迟入所。1942 年 8 月到南开大学边疆人文研究室工作。1946 年随南开大学复员回到天津。次年晋升副教授。1951 年晋升教授。1953—1956 年赴莫斯科大学任教授。1998 年退休。2004 年 7 月在天津逝世，享年 90 岁。

一连几天孤身一人躺在地铺上发烧，差点儿丢掉性命。

　　紧张的调查工作开始了，首先要寻找会讲故事，或者会讲民谣、唱山歌的民族同胞。这样避免只记单句，以求得语言材料的完整、真实。其意义不仅限于语言，也为日后的民族学研究积累了必要的资料。可谓一举多得。然后录音、记音。录音不必说，记音就是用国际音标在卡片上记下作为调查对象的词、句、语音等语言材料，以求得用标准的语言规范对研究对象进行外部的精确描写。这个方法即使拿到今天来说，也是最为先进的技术手段。到了晚上，邢公畹再将白天记录的资料汇集、整理、修改、补充。就这样积累起一大批珍贵的资料。正是通过田野调查培养了邢公畹敏锐的学术直觉，在日后力排成议，提出汉、藏缅、侗台、苗瑶语同源说，而成一家之言。

　　1942年，美国学者白保罗先生（Paul K. Benedict）提出一种新学说，认为侗台语跟汉语并没有发生学术上的关系，应该把台语（即傣语）和南岛语归为同系。理由是：从核心词汇看，同一个词，汉语只跟藏缅语对应，不跟台语对应，台语只跟南岛语对应。后来，他主张汉藏语系应该分为汉语和藏·克伦语两种，苗瑶、侗台等语不在汉藏语系之内。这个学说轰动一时，中国有不少学者也都附和。但是邢公畹凭借多次田野工作经验，感觉汉语和侗台语之间有可能对应的语词并不只限于"文化接触型"。但这种深层关系很隐秘、很琐碎，一时无法把它抽出来说清楚。1996年邢公畹写成《汉藏语系研究和中国考古》（载《民族语文》总100期）一文，指出远古时期存在一个操说原始汉藏语的群体，后来的汉、藏缅、侗台、苗瑶等语言都是从这个原始语分化出来的。他在一系列文章中证明了汉语、侗台语词汇的对应关系及其规律，开创了"对应同源体系"这一崭新的研究方法。

　　在云南进行田野调查，不仅砥砺了邢公畹这一代早期民族学者的学术锋芒，也深刻地影响了他们的世界观。客观地说，当局的决策者不必通过虐杀政策，只要持一种漠视的态度就差不多可以毁掉一个经济上处于崩溃状态的边地民族。特别当调查者们目睹了兵、匪在边地民族地区的肆虐，小官僚对于边民的盘剥，更加激起了他们作为真正的中国人的良知。

邢公畹为调查傣语，留在滇西南的傣族区。边疆人文研究室的黎国彬先生为了调查人文地理一直走到佛海、车里（即今西双版纳傣族自治州首府景洪）。一到车里就被国民党军队逮捕，说他是汉奸。他们拿出护照和全部证件，可国民党军队对此根本不屑一顾，榨不出钱财就要把人枪毙。邢公畹在元江县傣族区漫漾寨得到此消息，立即写了一封快信向昆明的冯文潜、陶云逵诸先生报告，经多方营救，费了很大一番周折，黎国彬才得以从牢狱中获释，幸免于一场意外的灾难。

五　对民族学研究的贡献

早在中国民族学学科建立初期，民族学家就进行了包括民族语言在内的文化整体的考察。同时，一批专门从事语言研究的专家也开始进行语言学的调查与研究。前述美国语言人类学家萨皮尔的学生、中国非汉语研究的创始人李方桂20世纪20年代末留学回国后，在中央研究院历史语言研究所开始研究少数民族语言。30年代初期，他就曾调查广西的壮族语言和瑶族语言；抗日战争爆发后，他又进行了贵州的侗族、水族语言和云南的壮族语言、傣族语言的研究。赵元任在抗战之前就已进行了瑶族聚居区的语言文学的实地考察。

抗战爆发后，一批著名的民族语言学家纷纷来到抗战的大后方西南地区工作。他们花费大量的时间和精力，不辞劳苦地在山高林密、人烟稀少的民族地区走访、调查。在经费短缺和资料匮乏的艰苦条件下，克服了交通极为落后等重重困难，对云南各民族语言进行实地调查研究，取得了丰硕的成果，从而对我国民族学研究作出了突出的贡献。李方桂、罗常培、马学良、张琨、傅懋勣、邢公畹、高华年、袁家骅等将西南诸省视为语言学研究的黄金地，尽量加以发掘。他们在研究中注意到民族语言研究与民族学的结合，涉猎了民族学问题，将民族学的理论与民族语言的调查研究有机结合起来。一方面，从民族学理论出发，研究民族语言问题；另一方面，从民族语言材料入手，探究民族学问题。民族学理论的引入，帮助民族语言学家更好地去认识语言发展变化的社会文化因素，使民族语言的研究领域拓宽了；民族语言学的研究又为民族学问题的解决在理论和实践两方面提供了有益的帮助。

民族语言学家对于民族学研究的贡献，还表现在通过民族语言学家的调查，为民族学研究提供了极有价值和很有说服力的参证资料。例如，李方桂在《龙山土语》中发表的语言材料，不仅有故事和山歌，还有讲婚俗和葬俗的材料各一篇；李氏的学生邢公畹在关于云南罗平县境内的台语的调查中，有亲属制度、生活习俗等方面的宝贵材料；罗常培的弟子马学良 1944 年到云南去研究彝族语言，在当地搜集了 2000 多册彝文经典，种类有祭经、占卜、律历、谱牒、伦理、古诗歌、历史、神话等。[①] 由民族语言学专家从事的这些资料搜集工作，由于语言记录和翻译准确，而强化了其价值。

一些民族语言学家还利用在调查民族语言时搜集的大量资料，直接参与了民族学方面的专题研究。自 1942 年起，罗常培在研究语言学的同时，更多地注意将语言学与民族学紧密结合进

---

① 　马学良：《边疆语文研究概况》，《文讯》（第 8 卷）1948 年第 6 期。

行研究，先后发表了《从语言上论云南民族的分类》、《从客家迁徙的踪迹论客赣方言的关系》、《论藏缅族的父子连名制》、《再论藏缅族的父子连名制》和《三论藏缅族的父子连名制》等与民族学有更多关系的文章。他注意到利用语言资料考虑民族分类，从语源看文化遗迹，从造词心理看民族文化，由地名推论民族迁徙踪迹，通过姓氏别号分析民族来源和宗教信仰，进行亲属称谓和婚姻制度的研究，一些文章甚至通篇都是以语言人类学家的面目讨论文化人类学问题，与民族学家直接对话。① 他不仅注意语言学与民族学的结合，而且注意到民族学理论的发展，避免简单的牵强附会。他在论述亲属称谓和婚姻制度的关系时，依据西方学者的观点，对摩尔根古典进化论将两者简单武断地加以联系的做法提出批评。在引证独龙族亲属称谓材料之后，他指出："民族中的亲属称谓颇可作为研究初民社会里婚姻制度和家庭制度的佐证，不过，应用它的时候，得要仔细照顾到其他文化因素，以免陷于武断、谬误的推论。"②

马学良在云南研究彝族的文字期间，除了搜集彝族的祭经和其他经典之外，以作斋经和作祭经作为主要研究课题进行探讨，他的研究没有就经典本身研究经典，而是注意到了作斋和作祭的礼俗，对斋场、祭场情况和重要名物的位置绘图说明，并较为详细地记录了作斋的全过程。③④

高华年在《黑彝语中汉语借词研究》中研究了汉语借词和汉

---

① 罗常培：《语言与文化》，语文出版社1989年版。

② 同上书，第87页。

③ 马学良：《倮文作祭献药供牲经译注》，《中央研究院历史语言研究所集刊》第12本，1948年。

④ 马学良：《倮文作斋经译注》，《中国科学院历史语言研究所集刊》第14本，1949年。

文化在当地彝族中传播的关系，从语言借词的分析说明文化的接触和民族的关系。① 后来，他又进一步发挥，写成《论汉语介词与汉文化的传播——一个倮族实地调查的统计和研究》。

民族语言学家的上述研究，由于他们在语言学上的造诣，回答了时常被民族学家有意或无意忽略的一些重要问题，丰富了研究的内容，成为中国民族学研究中不可缺少的部分。特别是他们将语言视为整个社会文化体系中的一部分，探讨语言和其他文化现象之间的彼此关联和相互影响，更清晰地展现了民族文化的全貌，对各种文化要素之间的关系，从语言角度进行了阐述，在民族学研究中具有不可替代的作用。

抗战时期在昆民族语言学家对云南各民族的田野调查研究，为中国民族语言学的发展培养和锻炼了一批研究骨干，这批研究者不仅在欧美和国内的大学书斋中系统而深入地学习了西方的民族语言学理论，而且通过田野调查努力尝试将理论与中国云南边疆各民族语言的实际材料紧密地结合起来进行全面而系统的深入研究，取得了辉煌的成就。这些积极重视田野调查的民族语言学家在学术实践中形成了重视田野调查的优良传统，影响了几代人，为以后中国民族语言学的发展提供了不断的动力，从而为民族学中国化作出了重要贡献。从文献到实地，从书斋到田野，是中国民族学学科发展中关键性的飞跃，对中国民族学的理论和实践的发展具有十分重要的意义和深远的影响。抗战时期在昆民族语言学家对云南各民族语言的田野调查，为今后的田野调查提供了宝贵的经验，形成了以田野调查为基础的研究程序与规范，实现了与现代世界民族学学科的直接对接和学术意义上的沟通，为将来的民族语言田野调查研究奠定了基石。

---

① 高华年：《黑彝语中汉语借词研究》，《语言人类学专刊》乙集，1943 年。

总之，像这样云集中国第一流的民族语言学家对云南汉语方言和少数民族语言进行如此大规模的实地调查研究，在云南历史上是第一次，在当时的中国是史无前例的，取得了丰硕成果。在深度和广度两方面都显示了中国民族学的大踏步迈进，这也正是民族学在中国化的号召下进行的新阶段的实践，这也是为新中国成立后进行全面系统的少数民族的语言、社会和历史调查作出的重要铺路准备。

附件一　南开大学文学院边疆人文研究室工作概况①

本室自三十一年春开始筹备，以边疆人文为工作范围，以实地调查为途径，以协助推进边疆教育为目的。因目前本校在滇，故先就西南一带工作。西南边区人群主要体系约有三类：一为台语系之摆夷（包括仲家、沙人、侬人、僮人等），二为藏缅语系之罗罗（包括藏、羌戎、纳苏、傈僳、么些、阿卡、窝尼等），三为猛吉蔑语系之苗（包括藏、羌戎、纳苏、傈僳、么些、阿卡、瓦崩童、蒲满等）。此三类中人口较多、分布较广、局势较优者，为台与藏缅两语系，不但交织分布于我西南诸边省，即全个支印半岛，以及马来、南洋亦均有其据点。本室夏季成立以来，即循此系统着手台语与藏缅语系人群之实地调查，计自三十一年七月至十月，分组在云南新平、元江及罗平工作，工作报告在印刷及整理中者计有：

甲、台语系：

邢庆兰：罗平仲家语言调查。

黎国彬：元江摆夷及其地理环境。

---

① 北京大学、清华大学、南开大学、云南师范大学：《国立西南联合大学史料·教学、科研卷》，云南教育出版社 1998 年版，第 586 页。

乙、藏缅语系：

黎宗瓛：杨武坝汉土互市之研究。

高华年：新平窝尼语言研究。

　　　　鲁魁山纳苏语言与文字。

陶云逵：鲁魁山纳苏之社会组织与宗教。

（南开大学档案）

附件二　边疆人文研究室调查工作表[①]

号次	地点	人员	调查范围	时期	报告名称
1	贵州定番（惠水）县	邢庆兰	仲家语言	1942 年 6—7 月	远羊寨仲歌记音·
2	云南新平杨武坝	陶云逵 高华年 黎宗瓛	纳苏宗教与巫术 纳苏语言 窝尼语言 杨武街汉夷互市	1942 年 7—9 月	大寨黑夷之宗教与巫术 鲁魁山纳苏语罗吕窝尼语 杨武街子研究
3	云南罗平	邢庆兰	仲家语言	1942 年 7—8 月	罗平水户语
4	云南新平、元江县属红河上游摆夷区	黎国彬	红河上游摆夷地理环境	1942 年 7—10 月	红河上游摆夷地理环境
5	云南新平、元江	邢庆兰	摆夷倮保语言及文字	1943 年 1—7 月	漠沙花腰摆夷语 元江水摆夷语 三码头红倮保语言及文字 天宝山黑夷语

---

① 北京大学、清华大学、南开大学、云南师范大学：《国立西南联合大学史料·教学、科研卷》，云南教育出版社 1998 年版，第 587—588 页。

续表

号次	地点	人员	调查范围	时期	报告名称
6	云南车里、佛海	黎国彬	车佛茶叶	1943年1—11月	车佛茶叶与各部族之经济关系
7	云南峨山	高华年 袁家骅	峨山苗语 峨山窝尼语	1943年8—10月	莫石村青苗语 峨山窝尼语
8	云南路南	高华年	路南白倮倮	1945年7—9月	路南白倮倮语
9	昆明核桃、箐村	高华年	昆明附近核桃箐村黑夷语	1940年9—12月	黑夷语法* 黑夷语中汉语借词研究* 黑夷故事与词汇

（凡报告旁有＊号者，已在本室出版）

（摘自《边疆人文》第4卷合刊，1947年12月）

第三节 抗战时期吴泽霖教授对贵州少数民族民风民俗的调查研究

抗战时期，大夏大学由上海迁至贵阳后，社会学系仍由吴泽霖教授主持，于1938年春建立社会经济调查室，附属于文学院，亦由吴泽霖主持。一年后，为促进工作效能、充实研究内容和设备，将该室改名为社会研究部，"进行有系统之调查与研究，以冀促成贵州社会建设之事业"，"特别着重黔省境内苗夷生活之实地调查工作"。抗战期间在贵州的调查研究活动十分活跃，他们编辑了以《贵州晨报》副刊为依托的《社会旬刊》，每旬出版，共出40期，后因日本空袭报社被毁而停刊。继而又借《贵州日报》出版《社会研究》半月刊，出了 55 期之后，又转到《时事导报》出版。他们还将有关论文编成《民族学论文集》第一辑和《贵州苗夷社会研究》两书，公开出版。

一　对贵州仲家生活——食俗的调查研究

仲家是贵州的一个民族名称，新中国成立后改称为布依族。吴泽霖教授在《社会研究》1940 年第 13 期上发表了《贵州仲家生活的一角——食俗》一文，他明确指出："贵州的仲家（汉人称为夷家或夷族）百分之九十五以上都从事农业。他们的生产技能较落后，所以生活习惯相当简陋。但如与附近一般的汉族农民相比，在本质上并无多大的差别，唯因他们与当地的汉人都是由异乡迁移过来的，所以彼此间的生活仍还保留着他们原来的风俗。并且他们大多集族而居，与汉族的往来不甚密切，彼此之间仍保留着相当大的社会距离，相互同化的影响，虽然到处可以看到一点，歧义的地方仍然至为明显，兹就贵州附近一带的仲家食俗加以叙述，以资比较。"[1]　在此文中，吴泽霖教授又指出："仲家的主要农产品是水稻，所以大米成为他们的主要食品，唯贵州的水田面积有限，米的供求仅能勉强平衡，所以米价总不能像沿江各省那样地低。同时佃农的耕种面积较少，每亩的出产量因土质及施肥关系，亦较标准为少，较贫者除了交租及卖去一部分农产以购买各种必需物品外，所剩的米谷当然不够终年的食用，他们就不得不掺上一点儿杂粮，借以减少米的消耗。杂粮包括大小麦、红麦、红豆、包谷等，食法将杂粮磨成粉末打成粑粑或糅成细粒，放入蒸笼内，与饭同蒸，蒸熟后，调入饭内拌食。粉粒制

---

[1]　吴泽霖：《贵州仲家生活的一角——食俗》，赵培中主编《吴泽霖执教 60 周年暨 90 寿辰纪念文集》，湖北科学技术出版社 1988 年版，第 177 页。

糅得细匀是一件不容易的事，需要相当技巧，所以妇女们自幼即须学习。贫穷人家，为了节省米粮，不得不掺食杂粮；富裕人家，米的贮藏量决不致有饥饿的恐慌，但是他们也同样的时常掺食杂粮。"① 现在贵州布依族农家依然保存着时常掺食杂粮的食俗。由此可见，布依族是一个保持节俭传统的民族。

在《贵州仲家生活的一角——食俗》一文中，吴泽霖详细地记载了仲家的食俗，他说："仲家的菜肴，尤其在蔬菜方面，都在自己的田地上种植，辣椒、白菜、青菜、莲花白、小蒜、大蒜、葱、萝卜等，都是最普通的拌饭蔬菜。除此以外，泡菜他们也都会做，尤其在富有之家，他们把蒜、桃子片、大萝卜等泡酸，客来时，取出款待。酸汤在仲家中最为普遍，做法以萝卜叶装入泡菜坛内，加以米汤，隔一星期后，味即变酸，叶可拌菜，汤泡入饭内，可作汤饭。做豆腐时，尤须加入少许酸汤，始能合味，每种酸汤，每家都备有一两小缸，到年终时，特制一大缸，并制作大量豆腐以备新年时之用。在每年四五月间，他们常到山坡上去，采取一种'蕨菜'，用罐泡好，在午饭时吃。据说，吃了蕨菜，可以去暑气而不生疾病。荤菜的种类与汉人略有不同，在各种肉类中，牛肉最为普遍，价格亦较低，大部分在场坝上汉人处购买，黄牛较水牛为多。在抗战前，每斤才一角余。猪肉较为昂贵，过节时必须吃猪肉，到了腊月，无论贫富都需购买大量猪肉以盐腌好，正月间客来时，取出款待。如贫家无力杀猪者，必须于赶场时购买这些零什。如正月间客来时不备此种肉食，则会被讥无力杀猪，有伤体面，故每家对于这种风俗都很重视。此外尚有香肠，亦在正月中准备，制法以瘦猪肉塞入猪的小肠，烘

---

① 吴泽霖：《贵州仲家生活的一角——食俗》，赵培中主编《吴泽霖执教60周年暨90寿辰纪念文集》，湖北科学技术出版社1988年版，第177页。

干后储藏起来，食时切成小段，煮熟后即可食用。猪的大肠亦加利用，内塞糯米，制法与香肠相同。马肉也是普通食品之一，每月吃一两次，都于赶场时从汉人马肉摊上购买，回家烧熟后作为酒菜。狗肉普遍都在场摊上就地烧吃。狗肉商人大都为苗族，仲家相信狗肉是滋补的，青年人尤喜食之，故常有集合数人摊钱买狗后，回家杀食聚饮的。家禽中以鸡最为名贵，有贵客临门时，始杀鸡款待，鸭及鹅不常食用。鸡尾、鸭尾在仲家中并不忌讳，鸡头、鸭头须敬奉席间年龄最长者，鸡脚则为青年人的分内物，一就座即争先取食，吃得鸡脚，表示吉利，含有'抓财色'之意。鱼类因在贵州出产较少，故不算重要菜肴。蟹及螺蛳根本不吃。（野兽、野禽被捕获后，视作佳肴。）这些都足以证明他们的祖先决不是海边河旁的居民。"① 一直到今天，贵州布依族依然保持着蔬菜拌饭、泡菜、酸汤、腌猪肉、烘香肠、喜吃狗肉的食俗。

　　吴泽霖教授在《贵州仲家生活的一角——食俗》一文中说："仲家中嗜酒成风。"② "在他们中，成年男女几莫不喜欢米酒。并且酒量极大，一遇婚丧会客或节令，人人都尽量竞相消耗，只有妇女尚知节制，故在仲家中除十分贫苦者外，每家都酿制相当数量的酒，富有者的贮藏常足供几年之用。酒的种类有辣酒、刺梨酒、甜酒、烧酒等，逢喜事时，刺梨酒、辣酒、烧酒均用，遇丧事时仅用辣酒，平常宴客亦都用带红的刺梨酒；如家中缺少此种，始用辣酒来代替。敬神时的酒，各种都有。酒的主要原料是泉水。泉水在河流纵横的地带，对人民的生活和人口的流动影响

　　① 吴泽霖：《贵州仲家生活的一角——食俗》，赵培中主编《吴泽霖执教60周年暨90寿辰纪念文集》，湖北科学技术出版社1988年版，第178—179页。
　　② 同上书，第180页。

较小，但在贵州的山岳地带，它是一种决定因素，许多苗族村寨都建立在泉水的旁边或附近。泉水在各季的供给量，就决定了村寨的大小（至少是主要决定因素之一）。泉水、河水都有的地方，他们仍然以泉水为饮料，因为泉水比较清洁，所以在苗族与仲家中除了招待客人时煮水茗茶外，一向饮生水，因饮料的关系而发生的疾病当还不算严重。"① 现在，贵州布依族嗜酒之习俗依然保存着。

吴泽霖教授认为："食俗既能反映一个人群的经济形态和文化生活的水平，也记录了人群间相互交流的史迹。它是随着时代而有所变化的，今天不予记录，日久以后就无从追溯，民间生活史上就会出现脱环。本文的发表不只是在民俗学和民族学上提供了一点素材，主要还在提醒人们，不要以为这些只是一些不足挂齿的鸡毛蒜皮的琐事，不值得花时间和精力去探索。殊不知今天能对各族人民生活的方方面面多拍一些镜头，就是为我们子孙后代多留一点历史资料。作为一个民族学者，我认为应有责任这样做。"② 笔者认为，吴泽霖教授的这一精辟的观点和深邃的思想，即使在今天，依然闪烁着耀眼的光辉，折射出灿烂的光芒，确实具有前瞻性。

二 对贵阳苗族跳花场的调查研究

吴泽霖教授在《社会研究》1940年第9期上发表了《贵阳苗族的跳花场》一文，他认为："苗族的跳花、跳场，目的也无非是在发泄社会情绪，使他们苦闷的单调生活，得着一点暂时的

---

① 吴泽霖：《贵州仲家生活的一角——食俗》，赵培中主编《吴泽霖执教60周年暨90寿辰纪念文集》，湖北科学技术出版社1988年版，第180页。

② 同上。

调剂。现在有一种主张改良苗族的汉人们，主张把这类风俗革除，其实大可不必，因为这一类的风俗，都有它生活上的背景，除非另外有了替代。废掉了它，对于民族情绪的表现上，是有害无益的。"[1] 笔者认为，吴泽霖教授这一精辟的观点，实乃高屋建瓴，确实具有前瞻性。吴泽霖教授指出："贵阳附近的苗族，处在绝对优势的汉族包围之下，逐渐丧失了他们的土地权，现在地主数已日益减少，大都已沦为佃农，他们的生活比一般仲家及黑苗较为清苦，集团的社会活动也比较要少，只有正月初八、初九、初十三天，那是他们最大的盛会，地点在花溪与青岩中间的桐木岭，到场的人，尤其是青年男女，莫不穿上簇新的衣服，闪亮的银饰，男的吹笙，女的跳舞，三天之后极乐而散。一年一度的跳场，一方面是青年男女借跳舞唱歌为媒介，而进行择配交友的场所，一方面集全族男女老幼于一场，无意中把部族意识延长于永久。此外如远道亲友的渴叙，公私事务的接洽，都足以吸引很多人远道来游。"[2] 吴泽霖教授认为苗族的跳花、跳场这类风俗不应该废掉，笔者认为这一观点很正确，这对于保护苗族传统文化，具有前瞻性的意义。

在《贵阳苗族的跳花场》一文中，吴泽霖教授详细地叙述了一段桐木岭的跳花场传说故事，他认为，这对于研究苗夷历史很有价值："第一，从前苗族居住的地方，与现在一定不同，那时他们的四周一定是森林茂密、虎狼为患的地方，所以故事中老虎竟敢入屋吃人。在贵州东部的黑苗中，深信最恶毒的恶鬼就是老虎鬼，这当然是同一背景中的信仰，苗族来到贵州后，逐渐开辟

① 吴泽霖：《贵阳苗族的跳花场》，赵培中主编《吴泽霖执教 60 周年暨 90 寿辰纪念文集》，湖北科学技术出版社 1988 年版，第 181 页。

② 同上书，第 182 页。

土地，把荒山垦殖起来，森林逐渐烧毁，虎豹早已不再为患，但他们的威风仍留在一般信仰及传说中。第二，当苗族的土地一旦利用到相当程度以后，就采取了集约农制，集约农制与土地私有制，原来是相辅而行的，土地为私有农产物，当然变为各家的产物，故事中杨令公为防止他人窃盗黄瓜，天天点数，这当然反映偷窃的流行，偷窃既是私产制的附带现象，那私产制在苗族中很早已是根深蒂固了。第三，故事中提到了一种玩郎房，这是一种简单的小屋，专为青年男女说爱或私奔时休息的场所，这种设备在东路、南路于苗族中已没有踪迹，唯在西路的大花苗中仍还流行，在贵阳附近的青苗中，事实上没有这种建筑而在这传说中，则明明有这种制度，关于这一点，有两种可能的解释：①贵阳的花苗是西路分殖过来的，在迁移分散之后把原有的制度加以改革，故事得归到原来的痕迹。②西路的大花苗，也是由东南方面传播出去的，在遥远偏僻的区域，旧有的制度，倒反能保持下去的，而贵州东南路的苗族，因与汉人接触的机会较多，若干原来的风俗，反而消失改变。但在传说故事中，尚能看到以前的情状，究竟哪一种解释较为正确，尚待考据。唯在苗族移居的方面说，是一种很有力量的证据。目前苗族中婚姻，可以父母做主，可以自由恋爱。自由恋爱是固有的制度，父母做主是受汉人的影响。在这故事中，二女自由恋爱，而父亲仍将女儿嫁给黑人庆，可知这种双轨制至少在很古的时候早已流行，未必是受着汉人的影响而改变的。"① 笔者认为，吴泽霖教授通过详细地叙述贵阳桐木岭的跳花场传说故事，透彻地分析和研究了贵州苗夷历史。

---

① 吴泽霖：《贵阳苗族的跳花场》，赵培中主编《吴泽霖执教 60 周年暨 90 寿辰纪念文集》，湖北科学技术出版社 1988 年版，第 184 页。

三　对海椶苗中的斗牛的调查研究

吴泽霖教授在《社会研究》1941 年第 16 期上发表了《海椶苗中的斗牛》一文，他指出："海椶苗分布于龙里、贵定、定番一带，女子背挂有一条线织的花布，布端缝有二十分左右，汉人称他们为海椶苗。海椶是一种海产的甲壳动物，产量以南洋为最多，许多原始民族用作装饰品。菲其岛及友谊岛上的土人，拿它们当作贵族阶级的标志。海椶亦可当作钱币用。"①

吴泽霖说："海椶苗中的斗牛，是祖先崇拜中的一个节目。牛原来是大祭中的牺牲品，杀牛来祭祖先，无疑的把祖先看作主要的神祇。不过牛的价值毕竟太高，年年杀牛祭祖在经济窘迫的农村中是一件不可能的事，所以在海椶苗中每逢子年举行一次，称为'打'。两次打牛之间，须隔十一年；但在这十一年也得做种种的准备：第一，牛的选择是非常重要的一件事，参加角斗的牛必须是公性的水牛。它的体魄以及牛角的形式，都是非常重要的条件。此外牛的饲养也是他们特别注意的。斗牛平时所担任的工作较轻，食料反较丰富，快到决斗的时候，它们所吃的饮料尤为讲究；所以参加角斗的牛，都是养得高、肥胖，与一般耕牛相比迥然不同。"②

吴泽霖教授指出："斗牛都在阴历九十月间举行。一方面固然是纪念祖先的表示，一方面也是秋收后比较闲暇时的一种集体娱乐。他们辛苦了一年，在这一天，他们在这大集会中忘却了一切的烦闷。所以正式打牛祭祖虽须隔十一年，但实际上隔二三年

---

① 吴泽霖：《海椶苗中的斗牛》，赵培中主编《吴泽霖执教 60 周年暨 90 寿辰纪念文集》，湖北科学技术出版社 1988 年版，第 185 页。

② 同上书，第 186 页。

都举行打牛预斗。就是在平常小规模的角斗也时有举行的。打牛的日期由寨中的父老们决定,于青前用木刻通知附近十余里之村寨参加,近年来已不用木刻而用红帖代替。上书:兹定某月某日打牛场,希各亲友有牛者赴约为荷。某某某敬启。"①

吴泽霖教授说:"打牛在经济上是一种很大的消耗,所以贫穷者往往无力举行。财力上勉强能够举行的人家,常因此而负债度日,几年以后才得偿清。打牛同时也是一种集体娱乐的方式,斗牛的那天,男女老幼个个穿上最讲究的衣服,尤其女子上衣的银饰、手镯、戒指、项圈等辉煌一时,竞相比美,人数之多及热闹的程度,超过一般的赶场情形。终年生活上的压迫,精神上的烦闷,至少在这一天中暂时地搁置起来,在心理卫生上常亦不无小补。"② 一直到现在,贵州海椗苗斗牛祭祖和斗牛娱乐的风俗习惯依然保存着。

第四节　抗战时期四川的民族学研究

一　历史沿革

四川自古以来就是一个多民族地区。历代有关四川的著述留下了丰富的民族学资料。廿五史中不乏这方面的记述,地方志中更保留了可贵的史料,较著名的如晋代《华阳国志》,明清时的《蜀中广记》、《天下郡国利病书》、《读史方舆纪要》、《土夷考》、《土司纪要》,等等。

---

① 吴泽霖:《海椗苗中的斗牛》,赵培中主编《吴泽霖执教60周年暨90寿辰纪念文集》,湖北科学技术出版社1988年版,第186页。

② 同上书,第187页。

19 世纪中叶民族学成为一门独立学科，20 世纪初被介绍到中国来，四川的民族研究也是从这时开始的。1922 年，华西协合大学成立了华西边疆研究学会，这是一个以外国学者为主的、以四川以至西南民族地区为研究对象的群众学术团体。该会出版的《华西边疆研究学会杂志》，从 1922 年开始直到 1945 年为止共出刊 17 期。抗日战争以前四川出版的民族学专著较著名的有中国西部科学院（北碚）的《雷马屏峨调查记》、任乃强的《西康图经》。

二　抗战时期四川的民族学研究

抗日战争时期，外省的许多民族学者，相继转移入川，使四川的民族学研究进入一个繁荣时期。当时，在成都华西坝五所大学均开设了民族学方面的课程，并出版民族学研究刊物。1944 年设在重庆的中央大学建立边政系，他们经常组织师生深入民族地区调查研究，取得了一定成就。当时具有较大影响的著作有李安宅的《西康德格之历史与人口》、任乃强的《康藏史地大纲》、闻宥的《川西羌语之初步分析》、冯汉骥的《彝族历史起源》、林耀华的《凉山彝家》、徐益棠的《雷波小凉山之㑩民》、马长寿的《嘉戎民族社会史》和《凉山罗夷的族谱》、胡鉴民的《羌民之经济活动型式》和《羌民之信仰与习为》、邓少琴的《西藏木雅乡西吴王考》等。在少数民族学者中，较著名者有刘家驹的《班禅大师全集》和岭光电的《㑩情述论》等书。

抗日战争期间，张怡荪在成都创设了西陲文化院，专门从事藏族文化研究和教学。1937 年他编成《藏汉集论词汇》，收入了以佛学词汇为主的藏汉词目近 5000 条，接着又编成《汉藏语汇》辞书。1939 年编成《藏汉译名大词汇》，共收词目近 4 万条，在他主持下于 1945 年还编成《藏汉大辞典资料书》10 册，是当时国内藏汉辞书中资料最丰富的稿本。

华西边疆研究所于1941年成立，隶属华西协合大学文学院，由当时华大社会系主任李安宅兼任所长，主要任务是研究藏族的文化、历史和宗教。该所的主要成果有刘立千译的《印藏佛教史》和《续藏史鉴》、于式玉等的《西北民歌》等。李安宅于1938—1944年赴甘肃省夏河县拉卜楞寺与西康北路作藏族宗教调查，后于1949年写成《藏族宗教史之实地研究》一书，其中一部分《拉卜楞寺调查报告》（英文），1982年由日本东京大学东洋文化研究所出版。

中国民族学会是中华人民共和国成立以前国内较早建立的民族学学术团体，1934年12月成立于南京。曾创办《西南边疆》月刊，1941年秋学会会址移至成都，《西南边疆》月刊亦迁成都出版，直到抗战胜利。

抗战期间在重庆，以少数民族为研究对象的学术活动也相当活跃，其中较著名者首推中国边疆学会。1941年，研究民族边疆的学者黄奋生、顾颉刚、马鹤天等，分别于重庆、成都、榆林发起建立中国边疆学会，以重庆为总会，成都、榆林为四川、陕西分会。最初成立时会员600余人，联系的群众较广泛，至1946年该会总会有《中国边疆》月刊（重庆出版），四川分会有《边疆周刊》（成都出版）。该会从1943年起还编有《中国边疆丛书》第一辑共10种。此外，当时在重庆的国民政府蒙藏委员会还编辑出版有《边政公论》、《蒙藏月刊》和《蒙藏月报》三种刊物。中央研究院历史语言研究所先后由南京、昆明迁驻四川省南溪县李庄，该所设立的人类学组，继续编辑出版《历史语言研究所集刊》。这个刊物载有不少有关民族研究的论文。

三 抗战时期四川的民族学研究主要成果

（一）《康藏史地大纲》

任乃强著，雅安《建康日报》社 1942 年出版，约 8 万字。全书共四章，第一章讲西康西藏的地理，对这两地的山脉、河流、交通、气候、物产、人口、行政区划和政区沿革作了概要的介绍。第二、三、四章讲历史。涉及藏族史、藏传佛教史、藏汉关系史及帝国主义觊觎西藏史等，使人们对康藏历史有了概括的了解，此外还附带谈了宁属地区的彝族。作者深感于清末民初，办理康藏事务者由于不了解康藏的地理民情，以致在与帝国主义者谈判中往往丧权辱国（如中英西姆拉会议）。因此，该书虽主要谈历史地理，但着眼点在于致用，旨在通过了解康藏史地，"深究其情俗，相时地之宜，因势利导，循序以推进之"。基于此，故在此书末章，对藏区的施政问题向当时西康省当局提出了很多建议。

（二）《倮情述论》

岭光电（彝族）著，开明书店 1943 年出版，约 5 万字。作者系甘洛田坝（今属甘洛县）土司，曾在成都读中学，后入南京中央军校。1936 年毕业后在重庆行营工作，1937 年回乡继任为土司。本书系作者以往所写 12 篇文章的汇集。这些文章虽各自独立，但其总的内容在于介绍彝族的生产生活和风俗习惯情况；总结政府当局对彝区工作的成败得失，并提出若干意见。如作者认为："要想倮人（彝族）成为中华好国民，亦须文化之力量，故力主治之以教化为主。"（《自序》）

（三）《班禅大师全集》

格桑群觉（藏族）编著，班禅堪布会议厅 1943 年 10 月刊印，约 30 万字。格桑群觉，汉名刘家驹，巴塘人，通藏汉语文，熟悉康区情况，曾任九世班禅堪布会议厅汉文秘书长并随侍多年。所编著的《班禅大师全集》包括三个部分：（1）传记，包括九世班禅事迹及历代班禅列传，多译自藏文，考核翔实，可补史书之不足；（2）传法录，为九世班禅阐述佛法的 10 篇文章，是佛教的重要典籍；（3）演讲集及往来文电，反映了九世班禅爱国救亡之主张。此书为研究西藏历史、政治和藏传佛教的重要资料。

（四）《印藏佛教史》

刘立千编译，华西协合大学华西边疆研究所 1945 年出版，约 8 万字。该书根据一些藏文史籍和汉文有关著作编译而成。编译者认为，西藏佛教与印度佛教有极为密切的关系："欲明印度佛化之真相，可从西藏佛教中推之，然研究西藏佛教之渊源，法脉之系统，又非先考印度往期之佛史不可"，故将印度和西藏的佛教史合在一起叙述。全书分前后两编，并按照各自佛教的发生发展次序，每编中又分若干章。前编把印度佛教史分为六章：佛时与佛后之教法；小乘之分派及其发展；大乘之建立；大乘之发展；密乘之宏扬；大小乘之教义述略。后编把西藏佛教史分为五章：佛教如何传入；译师及论师；佛教之分派；显密教法历宏布；显密教法之理趣。按照以上章节内容，分别摘译或摘录有关藏汉文资料，至于学术界还争论不休、莫衷一是的问题，则以多那他《印度佛教史》和萨迦派的《集续目录》所述为准。书后附有印藏教大事年表，便于读者对照研究。

（五）《西康木雅乡西吴王考》

邓少琴著，中国学典馆 1945 年 12 月出版，约 1 万字。今康定县营官区一带的藏民自称"木雅"，1944 年作者赴该地考察后写成此书，认为木雅人为西夏遗裔，其统治者西吴王（即明清的明正土司）为西夏王室之后。其依据有三：（1）"西吴"为西夏的对音。"夏"与"下"同音,"下"字古音"虎",与"吴"字音相近;(2)"木雅"读作 MI—NAK,译作"密纳克",在西夏时指都城兴庆府一带,西夏人南迁,将此名带入康定;(3)今木雅一带现存石碉遗迹和习俗,亦多与西夏习俗相同。因此,作者认为蒙古灭亡西夏后,有一支西夏人辗转迁来西南定居,今木雅人即是他们的后裔。此说在当时为一创见,经过此后数十年的调查研究,学术界已公认"木雅语"为一独立语言,与西夏相近似,而建立西夏的党项羌最初即居川西北一带。因之,现今木雅人与古西夏人有族属上的联系,当然不能排除西夏覆亡之后,其一支人逃归故里与族人汇合的可能性。

(六)《羌民之信仰与习为》

胡鉴民著,载 1941 年《边疆研究论丛》,约 3 万字。1937年夏,作者赴川西北的汶川、茂县和理番县(今理县)对三县的羌民进行民族学考察研究。将考察所得的材料中信仰与习俗部分写成此文。全文分五个部分,即:(1)导言。(2)羌族所信仰的诸神之分析:①白石神与神林;②屋顶上与室内诸神;③地方诸神。(3)羌人的巫师——端公。(4)羌人之习俗举例:治病,送晦气,驱邪与祝殖仪式,占卜,羌族冠与礼丧礼中的特殊节目——求雨。(5)结论。作者在文章中,不是一般地记述羌族人民的风俗习惯,而是通过列举羌族最有代表性的信仰与习俗,试图运用当时欧美民族学、人类学的一些理论,予以解释。

(七)《拉卜楞寺调查报告》

李安宅著,日本东京大学东洋文化研究所 1982 年英文版,约 20 万字。此书系作者于 1949 年根据他 1938—1941 年在甘肃省夏河县拉卜楞寺的调查报告写成。第一章包括拉卜楞寺的位置、人口和主要宗教机构,拉卜楞寺所属的百姓及其分支寺庙,拉卜楞寺的创建人嘉木祥活佛及其世系情况。第二章是作为教育机构的寺庙。介绍拉卜楞寺内的六个学院（藏语称为"戈洛瓦仓"），即显明学院（学习藏传佛教和基本经典）、时轮学院（学习制订拉萨藏历）、医学院、喜雷学院（学习制订汉族阴历）、初级神学院和高级神学院；介绍各院设置的课程和寺内的等级制度。第三章介绍寺内供奉的主要神像。第四章是节日和礼仪，介绍一年中寺庙公开进行庆祝活动的宗教节日，百姓中的各种节日、礼俗和仪式活动。第五章为结束语，作者对藏族的宗教、文化提出自己的看法。该书的第一个特点是内容翔实。另一个特点是能较客观地反映实际。因此，拉卜楞寺对所属百姓进行的残酷压迫剥削，书中也反映了不少。例如第一章说，16 个村的土地，绝大部分都属拉卜楞寺所有。百姓耕种土地，要给寺庙上粮和当差，向寺庙提供燃料和刍秣，要自备鞍马枪弹，为寺庙对外参加械斗并负担赔偿"命价银子"等。据作者计算，寺内每年单是正月念大经半个月，要耗费 46710 个银元，全年费用之巨可想而知；这些巨大的费用，当然从老百姓身上搜刮而来。像这种不怀偏见，如实反映情况的调查报告，在当时的确是难能可贵的。拉卜楞寺在安多地区的黄教寺庙中有代表性，因此，这本调查报告，对于研究藏族的宗教和社会有重要作用。但是，由于时代的局限，作者对藏传佛教和藏文化的某些看法是欠妥的。如在第五章中说寺庙统治优于世俗封建贵族统治，活佛转世制优于封建父子继承制，等等。该书系李安宅于 1949 年所撰《藏族宗教史之实地研究》中的一部分。

第 三 章

社会学社会调查研究[*]

第一节　陈达领导的清华大学国情普查研究所对云南环湖户籍示范区的人口普查研究

陈达[1]认为，中国算是在世界历史悠久的国家中，唯一拥有长期无间断的人口估计记录的国家。这些估计大抵是由间接方法得来的。但从现代人口学来看，中国过去是没有人口普查的。过去所有的人口资料的性质因朝代而不同，它的内容、意义以及对于政府的用途，也因时而异。

---

　　* 本章第一至第四节参考了杨雅彬《近代中国社会学》下册，中国社会科学出版社 2001 年版。

　　① 陈达（1892—1975），字通夫，浙江省余杭县里河村人。中国现代著名社会学家、人口学家。1911 年考取清华学堂留美生，公费赴美留学，在哥伦比亚大学先后获硕士、博士学位。1923 年回国后长期在清华大学、西南联大任教。1939—1946 年兼任清华大学国情普查研究所所长。他领导该所同仁对云南呈贡县及其周围地区（统称为"云南环湖户籍示范区"，包括呈贡县、昆明市、昆明县、昆阳县、晋宁县）进行人口普查研究。实际上云南环湖户籍示范区是陈达教授人口问题研究的一块实验基地。这次人口普查与研究是中国现代人口普查与研究的重要开端。陈达是中央研究院院士，也是国内外人口问题、劳工问题和华侨问题方面的知名学者。1975 年 1 月 16 日在北京逝世。

一 对本土人口资源的认识

陈达把历史上人口资料的来源归纳为三个。

第一，在历代著述中，见于《通典》（200 卷）、《文献通考》（348 卷）、《通志》（200 卷）以及这三种巨著的续编的资料。这些典籍记载历朝纪纲、典章及职掌，并概述至各书付梓时止的各门知识。这些类似百科辞典的著作中的人口记载，范围有限，其真实性也有疑问。所记载的不外乎耕者的人数、壮丁的人数、能纳税赋的人数。虽各朝代遗留的人口资料各有差别，但其主要的相同之处，是注重纳税及强迫劳役。虽然 1712 年清康熙帝查出人口报告失实甚多，下谕旨令以后所呈报人口数不再为摊派人头税及地税的根据，但此令一下，给地方官吏虚报人口的自由更大，为取悦皇帝而夸张浮报人口的事件丛生。

第二，半官方的刊物。如 19 世纪后半期，清末邮政局和海关为了扩展业务，派遣调查员到各地，用地方上通讯陈报的办法搜集与业务有关的资料，同时也涉及人口的其他方面的资料。这些资料虽令人怀疑，但也不失为人口资料的重要来源之一。

第三，学者个人的著述。如杜佑（735—812）编纂的《通典》、马端临编纂的《文献通考》、郑樵（1104—1160）编纂的《通志》等。还有洪亮吉（1746—1808）等都曾论及人口生长率及人口增加对于个人、社会财富与国家的影响。洪亮吉不仅详细分析了当时的社会情况，且大胆地提出了人口的数量与质量问题。近代经济学家和革命家章炳麟（1869—1936）亦曾精辟地指出中国历史人口数字的不可靠性。

关于中国历史上的人口资料的特性与范围，陈达作了如下概括的说明。

其一，中国人口的记载直至 18 世纪初期，大都仅涉及全国一部分人口的资料，而未曾包括每一个时期的全部人口的数字在内。

其二，因缺乏直接调查，仅由间接方法来估计国家人口数字。其主要方法是：先确定某些地区的家数、户数及每家或每户的人数，然后以此估计全国的人口总数；由可耕地的面积来推算人口；或利用食盐的消费量来估计人口。用这些方法估计的人口数的可靠程度必定很低。

其三，在明清两代，社会中某几个阶级的人，或是因犯罪被剥夺公民权，或是被认为无文化的低微的人，都不准列入人口报表，如世仆、乐户、理发匠、少数民族、疍民等，还有各省的满洲戍卫旗人，以及特殊区域里受政府庇护的居民等均未列入户口册。由于以上种种原因，要将全国人口总数列入户口册是不可能的。

其四，一份稿本付印过程中，因种种原因有疏误，因此以讹传讹留下差漏也在所难免。

由于中国历史上人口资料是有限的，所以其研究价值也是有限的。

陈达认为，现代人口普查最早是在 1909—1911 年间举办的。当时，清廷为表示励精图治，试略向现代化的国家迈进，首先为实现人民选举代表及实施强迫适龄儿童受教育，开始在全国举行户籍和人口调查。这两种调查的外勤工作被委托给各级地方官遵办。该调查虽不是完全的全国普查，因为其结果仅包括全国的一部分，但据此估计的中国人口的总数，已为国内外所普遍应用，其方法也算标志中国举办现代普查的开端。1911 年，辛亥革命推翻帝制建立民国后，政府曾试图举办人口普查，但只局限于几个省。从 1932 年至 1937 年先后有七个普查实验，即江苏省江阴县峭岐镇（1932 年 3 月）、江苏省句容县（1933 年 2 月）、江苏省江宁县（1933 年 10 月）、河北省定县（1934 年 9 月）、山东省邹平县（1935 年 1 月）、福建省长乐县（1935 年 4 月）和浙江省兰溪县（1936 年 4 月）的人口普查。还有 1942 年 3 月在四川成都平原三个县进行的人口普查。以上人口普查实验的进行说明政府与一般社会科学家都对现代人口普查感兴趣，但目的有所不同，政府的目的是求得开明而有效率的行政，社会科学家是要探求学术研究更臻完善的途径。

二　中国现代人口普查的重要开端

陈达郑重指出，人口普查在中国有两点重要意义："1. 采取直接调查后，无需再以间接方法来估计人口；2. 提高分析人口资料的技术，由此可以增广人口资料的范围，及将其用途由纯粹行政方面扩展至科学领域。"①

在中国现代人口普查实验中，清华大学国情普查研究所占有极其重要的地位。该所成立于 1939 年 8 月，由陈达任所长，李景汉教授主持调查部工作，戴世光教授主持统计部工作，还得到陈长衡、陈岱孙、潘光旦、廖宝昀、李舜英等的支持和帮助，所址设在昆明青云街 169 号，后迁至呈贡县城。该所的人口普查与研究是中国现代人口普查的重要开端。

国情普查研究所的主要观点有以下三个：

第一，普查必须在一个指定时间和空间里直接调查全部人口数。至于具体的普查工作，应该循序渐进，从一县或一市起，然后推广至一省，最后到全国。而且这种普查不要与其他搜集人口资料的机构的调查混淆。例如，保甲制度的保甲户口着重于个人财政负担能力，所以一般穷人和依赖他人生活的

---

① 陈达：《现代中国人口》，天津人民出版社 1981 年版，第 10 页。

人，常不被包括在内。警察局的警察户口主要是调查一个地方暂时进出的人口，以维持地方上的治安，这两个机构的目的并不是查明一个特定时期内的总人口数。因此人口普查不要与这些机构的工作相混淆。鉴于中国是农业国，国情普查所基于一般居民的居住习惯，采用住所制的人口调查法，这是适宜中国的全国普查的方法。至于几个工业和商业大城市，则可以采用实际制。

第二，"举办人口普查和实施人事登记应由同一机构主持，因为前者是对付固定人口而设；后者是对付流动人口而设，两者彼此互有密切关系。就现在我国法律规定，将普查委托于一个机构，而将人事登记又委托另一机关，这种做法是把工作分成两部分，这就普查所的意见而言，简直就是使工作彼此冲突，重复，降低效率和浪费人力财力而已"[1]。

第三，"科学的人口学资料，对于政府施政与发挥明智及有效率的措施极有助益。它也使社会科学有健全的发展，尤以社会学方面，均有很大需要。我国现代普查正在开端时期，普查所将协助政府设计，并采用各种科学方法来分析人口资料"[2]。

为了实现上述目的，普查所逐渐发展了一种系统的科学方法，并使之可以应用于区域人口研究。1930年春，该所开始对云南呈贡县的人口进行普查。为方便起见，该次普查将呈贡县分为3个监察区和82个调查区。监察员由普查所研究员充任。调查员由本县经过慎重挑选及施以技术训练后的小学教师充任。从1939年3月6日开始，15天内完成了呈贡县的调查，涉及呈贡县的559.68平方公里，总人口71233人（每平方公里127.25

---

① 陈达：《现代中国人口》，天津人民出版社1981年版，第16页。
② 同上。

人）。1941 年，中国第一次全国主计会议在重庆召开，会议决议
1941 年开始县级单位的户口普查，1943 年开始省级单位普查，
1947 年则计划举办全国普查。为推动此决议实施，内政部组织
了一个训练班，指令地方政府调训户口工作人员，尤其注意现代
人口普查的技术。派人到部受训者有 16 个省、10 个县、2 个市，
包括民政厅办理保甲的人员、警察和县市政府办理户口统计的人
员。由于内政部对普查工作感兴趣，陈达建议该部与云南省政
府、云南经济委员会及国情普查研究所合作，做"云南环湖户籍
示范区普查"的工作。

云南环湖示范区，除了 1939 年已普查了人口的呈贡县外，
还包括整个昆明湖（滇池）周边地区。该地区包括昆明市、昆
明县、昆阳县及晋宁县，面积 2880 平方公里，总人口依照
1942 年普查统计有 507216 人。昆明湖区的居民定居多个世
纪，过着传统朴素的生活。1937 年抗日战争爆发，不断迁来
的移民打破了其宁静的生活，人口剧增，1937—1941 年人口
增加约 35%。虽然平均每年人口增加 8% 强，但增加率并不
高。最重要的是该区的社会变迁。昆明市抗战前是一个农村贸
易集市镇，抗战爆发后，迅速踏上了现代化都市之路。该市逐
渐建起工厂，商业趋于现代化，市民数量增加，职业种类也增
加了。为了了解其社会经济情况，普查所特地于 1942 年举办
环湖示范普查。

关于这次普查采取的因地制宜的科学方法，笔者主要总结了
如下七种：

1. 划分调查区与监察区，训练外勤人员。环湖户籍示范区
划分为 33 个监察区，管辖 1249 个调查区。监察员、调查员都要
经过训练，监察员大部分是参加过 1939 年呈贡县普查工作的人
员，调查员是从当地小学教师中挑选出来的，联络员大部分是保

长。这些人员经过短期实用课程训练后，其中成绩优良者委任为各种外勤人员。教师担任调查工作，受地方上尊敬，工作效率高而且方法正确，保长熟悉当地风土人情，最适宜做调查员与本地之间的联络员。

2. 采用人口调查表，并用"条纸法"统计分析。调查表内容分为 11 项，包括现代人口普查所必需的各种问题。调查员和监察员都经过填表的训练，因此保证了答案的正确性。在中国，大部分行政统计都采用"划记法"，1939 年呈贡县普查时对划记法与条纸法进行了比较，发现条纸法比划记法省时 8%，所需费用多 3%，但准确程度比划记法高 86.3%。

3. 人口普查与人事登记的配合。中国当时的法律规定这两种人口工作由两个机关（主计处、内政部）分担，其实这两种人口工作是有密切关系的，应当由同一机构来直接处理。而且人事登记也应当在人口普查完后立即举办，如呈贡县及昆明环湖户籍示范区一样。1942 年 10 月 17 日修订通过的人口普查法规定，在全国举办人口普查时，行政院长为普查长，主计部长及内政部长担任副普查长，这项修正案是两个机构合作的一个步骤。

4. 农村人口与市镇人口两分法。过去中国普查范围小，只包括农村人口，而环湖示范区的普查则包括了城市。当时，昆明市总人口为 174024 人，在整个区域里农村人口仍占 66.4%。但该次普查可以说是中国首次依社会经济情形把中国人口分成农村人口与市镇人口而分别加以考察研究的尝试。

5. 普查包括了少数民族。虽然该区域少数民族汉化程度已经很高，但他们仍保持其原来的生活方式，说其本民族语言。在昆明县与昆阳县主要是彝族和民家，少数民族在这两个县中各占总人口的 13.68% 与 19.66%。假若全国的人口普查都包括少数民族，那么就可以与环湖示范区的少数民族社会的组织和文化作比较研究。

6. 研究战时省际移民，对人口素质作了初步研究。1937 年，由于战争，中国出现了一次规模空前的省际移民，鉴于这次省际移民具有十分复杂的经济和社会影响，普查所对迁入昆明环湖示范区的居民进行了选样研究。这次在环湖户籍示范区进行人口普查时，收集了有关体质上残废的人口的资料。

7. 调查和分析宗教信仰问题。中国的宗教信仰一向是很复杂的，由于这个问题具有学术上和实际上的意义，在普查中对此进行了调查和分析，以了解普通人民的情感生活、道德生活以及精神生活等。

另外，这次普查，努力使费用最低化。这次人口普查与人事登记的费用估计，以每张表格所花的费用为标准，远低于物价高涨的水平。

国情普查所在昆明环湖示范区进行的普查，实现了专家、政府人员与实际工作者的结合，在组织上是合理的，即组织专家、政府人员和实际工作者共同参与；在方法上是科学的，采用了现代人口普查方法，这在当时尚属首创；普查内容是详尽的，其详尽程度前所未有。可以说，该次普查为以后的全国现代人口的普查奠定了科学的基础。

但是，这次人口普查也有不足之处。在进行人口普查与人事登记工作中，由县长、国民党县党部书记长及省政府各厅厅长会同陈达等人组成的"普查研究委员会"领导，以县党部为工作站，调查工作则主要依靠保甲长（保长任管理员，甲长为报告员）。很多人都是人民深恶痛绝的人，调查工作引起当地农民的反感与抵制。据当时担任普查工作的"辅导员"的《工作日记》记载，"人家把我们当做县府里的人，在查他们

的壮丁"①。"有的存意不登记，怕负担或抽兵……有的弟兄三五
人怕抽丁，就先逃走了。"② 调查时，"甚至全村如临大祸，家家
户户都锁起门来躲避到野外去，使你无法进行工作"③。有一个
保长甚至"为了人事登记，被人家打得满身伤痕"④。普查所工
作人员为了强行登记，对"抗不登记者"竟采用"罚款和拘禁"
或"罚充校役"⑤ 等办法。1942 年规定"每漏报一件处以国币十
元至二十元的罚金"⑥。1945 年罚金涨至二百元至八百元。而这
些罚款或则用于"奖励出力的警士"⑦，或则"以一半交乡公所，
余一半交保公所公用"⑧，即纳入乡保长私囊。工作人员常"用
哄骗的手段"或威吓"派警察来捉"，作为强行登记的"工作经
验"⑨。抗拒登记、漏报户口、虚报年龄、以男报女、以多报少
者，比比皆是。陈达一次亲自抽查 30 余家，漏报者即达 10 余
起。有些地区不仅把户口查漏，甚至连偏僻的山区里的小村寨也
查漏了。这次国情普查以人口调查为主，这项工作在抗战时期的
国民党统治区与国民党政府的保甲制度和征兵有一定的联系，因
而遭到农民的反感与抵制，因此遗漏之处甚多。但从社会学研究
来讲，这次人口普查是中国现代人口普查的重要开端，在中国现

---

① 国情普查研究所：《云南省呈贡县、昆阳县户籍及人事登记初步报告》（油印
版），1946 年，第 22 页。

② 同上书，第 17 页。

③ 同上书，第 12 页。

④ 同上书，第 21 页。

⑤ 同上书，第 16 页。

⑥ 同上书，第 14 页。

⑦ 同上书，第 15 页。

⑧ 陈达：《浪迹十年》，商务印书馆 1946 年版，第 328 页。

⑨ 国情普查研究所：《云南省呈贡县、昆阳县户籍及人事登记初步报告·外勤
报告》（油印版），1946 年，第 22 页。

代人口普查实验中占有极其重要的地位。

国情普查研究所的设立，是为政府战时及战后制订所谓"适合国情、通盘周密的统治计划与整个国策"提供社会情报，并提供"理论"根据与技术经验，以为政府实行所谓"全国总动员"和制定"建国"的"整个具体办法"服务。① 战前，政府已有实行全国人口调查的计议。战时清华国情普查研究所进行的户籍普查、人事登记与社会行政调查等工作，都是在内政部、社会部及云南省政府直接领导下进行的，属于政府社会行政工作的一部分，同时通过普查实验，专门研究各种国情普查的方法、技术，以便"推行全国"。其调查研究所需的数百万元巨额经费，均由政府拨给，清华大学只负担一个零头。

陈达先生为此课题制定了调研总纲，担任人口调查的"总巡视员"。课题严格按社会学科学程序进行。首先是培训从事调查和登记的人员，为此举办了乡保长和小学教师培训班，陈达先生亲自为培训班讲课。其次是制定大量表格和问卷，然后在呈贡全县展开，逐乡逐村登记调查。陈达先生深入到每一个登记点，每一个村寨，详细指导调查工作的开展。他记载说："所中每举行大规模调查时，余必亲赴各地指导。"安江、龙街、海晏、大古城、练朋尾……呈贡的山山水水、沟沟坎坎都留下了陈达先生的足迹。1940 年 8 月，顺利完成了这一课题的初步报告，出版了《云南呈贡县人口普查初步报告》（油印本）。今云南省图书馆还藏有陈达先生当年亲手制作的呈贡地区人口调查图表。1941 年 2 月，陈达先生以社会学高级顾问赴重庆出席第一次全国主计会议。根据他们在呈贡地区的初步研究，陈达先生又进一步提出以

① 李景汉：《呈贡县的国情普查研究工作》，《今日评论》4（19），1940 年 11 月 10 日。

云贵川三省作为全国人口普查试验区的正式议案，这一提案得到
了政府的批准。会议期间，应周钟岳先生的建议，将云南作为普
查实验区户籍示范工作的重点。返昆之后，陈达先生和研究所进
一步将该课题研究的区域扩大到当时的昆明市、昆明县、晋宁县
和昆阳县，将户籍示范工作作为核心问题。陈达任云南省户籍示
范实施委员会总干事。这项工作由内政部及云南省政府拨给经费
共达 95 万余元（清华仅负担 5 万元）。根据调查结果出版了《云
南省户籍示范工作报告》（1944 年铅印本）。1940 年 2 月至 1946
年 1 月，国情普查研究所对呈贡县及昆阳县一镇三乡进行的户籍
及人事登记工作，费用达 522 万余元，全由社会部及云南地方政
府拨给。最后油印出版了《云南省呈贡县、昆阳县户籍及人事登
记初步报告》（1946 年 6 月）。

三　从普查结果推导当时中国人口概况

中国人口概况可以通过人口普查、人事登记、人口职业、移
民运动的调查研究结果予以反映。在地理上，云南环湖示范区各
县都是云贵高原的典型区，这个区域的普查结果是不能代表全国
人口的。但是，这次普查是采取直接调查方法进行的，其结果比
较可靠。所以，这一小量的示范，对中国人口学研究的意义非常
重大。基于这一重要的理由，陈达根据调查资料对当时中国人口
概况进行了分析和推导。

（一）性别比例与年龄分布

关于性别比例，陈达认为，社会学学者特别感兴趣的是出生
性别比例，在中国，这方面的资料仍然很少，而 1939 年呈贡县
人口普查及 1940 年 2 月起进行的人事登记都可以提供这方面的
资料。从 1940 年 2 月到 1944 年 6 月，该县的平均出生性别比例
为 103.02：100。1942 年云南环湖户籍示范区普查的结果是，性

别比例为 102.7：100。呈贡县的出生性别比例与美国的数字相近。在中国，女婴出生数是较多的，但在成长过程中男孩逐渐超过女孩，说明女婴死亡率较高，这与中国一般父母出于宗祧继嗣和尽孝道的考虑而重男轻女的观念有关。

关于年龄分布，陈达利用宋德巴氏（Sundberg）的简单年龄三分法（0—14 岁，15—49 岁，50 岁及以上）分析，在环湖户籍示范区的年龄分组中，少年组占 33.7%，中年组占 52.8%，老年组占 13.5%。这表明，调查区人口的年龄结构处于稳定状态。但人口出生率较高。在美国，婴儿（未满 1 岁）只占人口的 1.8%，而在环湖示范区则占总人口的 4.94%。不过，当时中国人口的寿命较短，5—54 岁的人口数百分比与美国同一百分比类似，但在美国人口中，54 岁以上人口所占百分比较高。这些情况说明，当时中国婴儿的死亡率高，老年人寿命短。

（二）出生、死亡与婚姻

陈达指出："出生统计、死亡统计和婚姻统计通常是经过人事登记来收集资料的，那是属于人口动态的。这与由普查而获得各种人口静态的资料是有所不同的。"①

抗战后国情普查研究所进行的云南呈贡县人事登记，主要涉及农村地区。国情普查所的主要任务是进行人口研究方法上的实验，1939 年在云南呈贡县搞完人口普查后，又选择呈贡县城附近 27 个村庄，开始进行出生及死亡登记，1940 年扩展到全县，并增加婚姻及迁徙登记。这种登记于 1942 年在环湖户籍示范区实施，但后来该项登记工作未能继续进行。1943 年呈贡县人事登记又扩展至昆明湖南端的昆阳县。

---

① 陈达：《现代中国人口》，天津人民出版社 1981 年版，第 36 页。

1. 出生登记

根据呈贡县 1940—1944 年的各月普通生育率，陈达等计算出，整个登记期的平均生育率为 24.9‰。陈达指出，中国是一个农业国家，所以首先要注意农村的出生率与死亡率。

陈达还考察了已婚妇女的生育率。根据呈贡普查和人事登记，在 1940 年 2 月至 1946 年 6 月期间，呈贡县有 15—44 岁的妇女 16749 人。其中已婚妇女 13755 人，占妇女总数的 82.1%。该县 20—24 岁、25—29 岁、30—34 岁的已婚妇女各占同年龄组妇女总人数的 92.3%、96.2% 和 94.8%，而初婚年龄平均只有 17.6 岁。如果从产妇年龄来分析其生育率则 20—24 岁、25—29 岁和 30—34 岁三个年龄组妇女的生育率最高，各年龄组已婚妇女的生育率分别为 147.0‰、157.0‰ 及 150.2‰。

生育率是有差别的。陈达从环湖户籍示范区选出 57129 对已婚夫妇来分析其生育率。他按新生儿父亲的职业及母亲的年龄来进行研究，发现各个不同职业阶层有不同的出生率，同时，农村人口出生率比城市人口出生率高。在该地区，农家通常有地主、自耕农、半自耕农、佃农、雇工等几个阶级。在这几个阶级中，半自耕农的生育率比其他阶级高，100 对已婚夫妇的生存子女数为 216.40 人。半自耕农自己有一部分土地又租种一部分土地，农场较大，管理较佳，且生产有效率，属于较为进步的公民。市镇居民中以党政人员的生育率为最高。平均每百对已婚夫妇有 212.6 个子女。在城市，工人生育率较低，其他社会地位较低的阶级，也有较低的生育率，如店员及小贩每百对夫妇有子女 177.7 人，普通劳工每百对夫妇有子女 149.8 人，工厂技工每百对夫妇有子女 148.5 人，仆役每百对夫妇有子女 142.5 人，手工业工人每百对夫妇有子女 118.40 人。而社会地位较高一些的阶级的生育率也高一些，如零售商与店主每百对夫妇有子女 195.1

人，大商人与企业家每百对夫妇有子女 184.2 人，教育界中每百对夫妇有子女 163.2 人。虽然社会阶级与生育率的关系的趋势不甚明显，但受过教育的妇女结婚较迟，因而她们的生育率都较低。在 57129 位已婚妇女中，有 15 人曾在外国受过高等教育，她们没有一个是在 15—19 岁之间结婚的，而这个年龄段正是没有受过教育的妇女结婚最多的时期。同样，30 个已婚妇女的在清朝得过功名的丈夫，也没有一个是在 30 岁以前结婚的。民国前受过高等教育的往往晚婚。到国外留学的人虽不多，但都知道实行节制生育，所以生育率低，100 对已婚夫妇只有 120 个子女。但在那些没有市镇化的地区又不然，以昆明、昆阳及晋宁三县的乡村为例，这三个地区的生育率都比较高，100 对已婚夫妇的生存子女数，县城为 220.4 人，乡镇为 208.3 人，农村为 203.3 人。相反的是昆明市，其市镇化程度较高，城市生活影响生育率更显而易见，因而在这里，100 对已婚夫妇仅有生存子女 165.1 人，比起上面三个地区，这里的生育率低多了。生育率和生存率的这种差别含有优生意味，上流社会人家生存子女数比下层人家多，原因是前者受过较好的教育，经济收入较多，对子女的健康与卫生也更加注意。

2. 死亡登记

呈贡县的普遍死亡率登记从 1940 年 2 月进行到 1944 年 6 月，平均死亡率为 24.6‰ 或 21.94‰（扣除 1942 年霍乱死亡数）。至于死亡者的性别与年龄分布，从呈贡县的整个登记期间看，除了在 35—39 岁、40—44 岁、60—64 岁、65—69 岁、70—74 岁及更老的年龄组显示出女子死亡率较男子高外，在其余年龄组上均为男子死亡率比女子高。据陈达分析，也许农家以瞒报年龄较轻的妇女死亡为分内事，故形成农村育龄妇女死亡率较低的情形。如不包括疫症死亡情形，则男女合计死亡率为

22.1‰，其中男子为 23.3‰，女子为 21.0‰。

至于死亡原因，当时的中国政府曾颁布一份 27 种死亡原因清单。以呈贡县为例，男子的 15 种最重要死亡原因中，有 6 种明显属于传染病，即霍乱、痢疾、麻疹、天花、斑疹伤寒及肺结核病（即痨病）。这些疾病都是由于社会环境及公共卫生不良的影响所致。由于衰老及中风病死亡的占第 10 位，说明该地长寿人还占相当多的数目。女子死亡原因大致与男子相同，但导致女子死亡的比较显著的原因是衰老及中风症，居第 2 位，这说明女子比男子长寿。产褥热病及败血症也是女子死亡的重要原因之一，居第 15 位。至于婴儿死亡率，由于父母讳莫如深，登记极难。但陈达根据已有的资料估计，1934 年全国婴儿死亡率为 275.0‰，据此，陈达指出："我国从事公共卫生人员及社会改革家今后竭力谋求减低全国婴儿死亡率之举，似是急不容缓的事。一旦教育普及于下层社会阶层，使大众生活程度普遍提高，个人与社会卫生普遍扩大，及生育节制成为广泛采用，那么他们的努力是会产生很大成效的。"①

关于期望寿命，陈达指出，当时中国人民的寿命机会显然是不太好的。中国首次尝试编造生命表的，要推袁贻瑾医师以广州附近中山县李氏家谱为根据的研究。此外，金陵大学还利用 1929 年至 1931 年间的农业调查所收集的农村人口资料而编成中国农民生命表，该生命表涵盖了 17 个省 101 个地区。而根据人事登记资料做成生命表的首次尝试，则是国情普查研究所进行的。从 1940 年 2 月至 1944 年 6 月，呈贡县死亡人口数为男子 4254 人，女子 4136 人。陈达等人据此估算了当时中国人的期望寿命。其估算结果为，不论男女，零岁时的期望寿命为 36.0

---

① 陈达：《现代中国人口》，天津人民出版社 1981 年版，第 53 页。

岁，按性别来看，则零岁时男子的期望寿命为 33.8 岁，女子为 38.0 岁。经与多国的人口期望寿命比较，陈达认为，人口期望寿命与教育的普及、生活水平、公共卫生设备及社会环境相关。

1942 年在云南环湖户籍示范区举办人口普查时，陈达曾收集身心残废者的资料，尝试对人口质量进行初步研究。在这个地区的 381524 名本籍人口中，身体或心理智力上有缺陷者至少占总人口的 2%。陈达认为，对于如此重要而又富有社会性的反优生的社会问题，政府及社会学家们应该予以密切关注。陈达指出，中国的人口品质迫切需要改良，但政府方面除当时的国民党中央常务委员覃振对此一度注意外，尚未深切地注意到改良人口品质的切实办法。

关于人口的自然增长率，陈达指出，只有拥有出生与死亡的资料，并加以综合，才能进一步讨论人口自然增长的问题。在中国这样的国家里，出国与外国迁入的人数都很少，全国人口的增长主要来源于出生人数超过死亡人数。而当时的中国正处于社会经济不景气的情况下，高出生率伴随着高死亡率，自然增长率势必降低。确实，当时中国人口的自然增长率是低的，年自然增长率只有 5‰。陈达感慨地说，即使中国打算维持这个低水准的自然增长率，也实在无需像当时那么高的出生率及死亡率。中国虽也属于自然增长率低的一类国家，但其成因与工业发达国家大不相同，因为当时的中国是贫穷与文盲充斥的国家，医药落后，公共卫生设施极度贫乏，生活水平低下，而人们对生育又普遍不大节制，等等。

3. 婚姻状况

关于婚姻状况调查的方法，陈达说："假如我们只要描述特定时间内婚姻静态状况的话，可以用普查来获得婚姻资料。至于若想观察人民婚姻的变动情形时，即动态方面的资料，那么必经人事登记来获取。由登记报告而得的资料，比较来得详尽而可靠，但在这里两种形式得来的资料也一并提及。"① 陈达根据普查和人事登记资料，对中国当时的婚姻状况作了如下分析：

（1）婚姻方式。依当地习惯，呈贡县初婚登记方式可分为三种，即正常结婚、童养媳结婚和招赘。当时的呈贡与中国其他农村地方一样，对婚约仍极重视，形成一种牢不可破的民风，而离婚则无论是婚姻当事人双方协议离异还是法院判决离异，通常都会受到民风谴责，因此乡间离婚是鲜见的。但抗战期间则不同，夫妇三年分离并无音信者，男女均可重新婚配，即使寡妇再嫁及离婚再嫁也很普遍，这种再婚也可登记。但根据 1929 年公布的民法，妾侍不可登记，只能列入"同居家属"。在 1940 年 2 月至 1944 年 6 月的结婚登记中，按职业来看，登记结婚人数由多到少依次为农民、公务员、无职业者及学生。呈贡是个农村社会，结婚者中的大部分自然是属于务农的。其中无职业者，包括男女双方都属富有人家的，大概只是暂时没有就业，还有的是由于地区移动而未择定职业。

（2）结婚的一般情形。根据调查资料，陈达发现，"正在到达发育之前，不管对个人适当与否和社会地位如何，就为个人安排结婚。这种情形是很普遍的。所以在各个阶层的男女之间不结婚是罕有的事"②。陈达根据昆明环湖户籍示范区的婚姻资料，从两方面来研究婚姻状况：一方面研究全人口的婚姻状况；另一方面研究全人口中 15 岁以上人口的婚姻状况。陈达又把昆明环湖户籍示范区细分为昆明市、昆明县、昆阳县及晋宁四个地区。

---

① 陈达：《现代中国人口》，天津人民出版社 1981 年版，第 58 页。

② 同上书，第 60 页。

这些地方的婚姻状况与中国其他地区的一般婚姻状况相同。若单就全人口中的 15 岁以上人口看,则当时晋宁县未婚人口占9.37%,是最低的数字,而昆明市则为 20.95%,在四个地区中属最高。就已婚人口所占比例来看,昆明市为 68.09%,在四个地区中属最低;晋宁县为 72%,在四个地区中居最高。这些比例数均比欧美国家当时总人口中已婚人口所占的比例高。

(3)结婚率与初婚的年龄。陈达指出,从呈贡县当时的人事登记看到,一般婚礼的举行,通常集中在农历十一月、十二月、正月及二月,也就是秋收以后春耕以前的季节。因此,每年冬季几个月的出生率最高。

至于初婚的平均年龄,依照呈贡当地的传统习俗,理想的婚姻是同龄的男女互相订婚,但由于许多原因,这一理想很难实现。在呈贡试行人事登记期间,1299 对初婚夫妇中大部分丈夫的年龄大于妻子的年龄 1—10 岁,甚至还有年龄比妻子更大的丈夫,属于丈夫年龄比妻子大的情形的夫妇占初婚夫妇总数的65.5%。同龄夫妇只占 23.48%。妻子年龄大于丈夫年龄 1—5岁的初婚夫妇占总数的 11.18%,还有极少数妻子年龄比丈夫更大的情形。夫妇间的年龄差异产生了一些家庭不和。在呈贡县的2598 对初婚夫妇中,男子初婚年龄为 19.5 岁,女子为 17.6 岁,这种早婚现象是高生育率的主因。除初婚外,由于农村社会公众舆论放宽,再婚数量也逐渐增加。当然再婚者的年龄就比较大,在 224 对鳏夫寡妇结合的婚姻中,至少有 96 人年龄在 35 岁以上。陈达指出,当时中国初婚平均年龄比印度、埃及高,但与欧美的晚婚年龄相比还是较低的。

(三)职业

陈达认为,职业是人口研究的一个中心问题。陈达研究了当时中国人口的职业。他首先阐明了劳动的价值。中国人的传统观念对劳动颇为重视,一般人认为,凡是达到工作年龄的人,都应为生活而工作。所以,在中国社会里,勤俭是全民族的美德,如果一个人品性温良、手巧灵活、勤奋好学,就会受到众人赞扬。这些观念足以说明中国人对劳动价值的重视。但是关于职业的分类,在农业与手工业中并没有明显的界限,常常任意独断,不免与事实有所出入。对现代工业来说,职业分类却比较精密。陈达结合当时中国的实际情形,采用了国际职业分类标准。

陈达按照当时的中国国情,分析了中国的社会阶层。在中国,官吏与士大夫阶级历来占据着社会最高的位置。这些阶层集聚着才智与技能,不但富有,而且据有权势。自古迄今,中国一直保持着尊师重道的观念,因此学问为社会所崇尚,学而优则仕,或与仕有同样的社会地位。医师与工程师因为服务于社会而为一般人所尊敬。律师则因不当袒护或勾结官方而为人所不齿。在此之下为手工业者及在工厂与家庭手工业中服务的工人。社会地位低微而人数众多的是农民。与农民相对的是在城市谋生的普通工人,这些以劳力谋生的工人人数很多,但在中国传统社会里却是最下层的。

陈达按道德传统观念对中国人的职业评价等级进行了排序:"大体上其系统由上而下是官员,教育家,自由职业者(医生、工程师、律师),企业家,商人,工厂工人,手工艺工人,农民及普通劳工。当一个人要选择一种职业时,大概会在各种职业彼此之间来计较其收入和社会地位的高下。报酬往往不那么重视,仅当为社会地位的一个附属性质而已。换言之,社会地位比收入还格外被人重视些。"① 在现代工业中,机器制造业占重要位置。

---

① 陈达:《现代中国人口》,天津人民出版社 1981 年版,第 67 页。

在环湖示范区里，昆明市与昆阳县逐渐建立起机器工业，从事机器工业的人口已占有业人口的 13.7%。

既然农业人口占重要的地位，陈达首先着重考察了农村中的阶级，他根据土地所有权的原则，将环湖户籍示范区的农民分为以下五等。

1. 地主。他们是田地产权的所有者，但其田地不是自己耕种的，这些地主占农业人口总数的 2.4%，他们大多数不居住于乡间，而是居住于城市当官或经商，握有政治与经济权力。

2. 自耕农。他们自己有田地，且自己已耕种，这些人占农业人口总数的 36.2%，他们是农村里有钱并富于保守性的人家，也是农村传统主义的捍卫者。

3. 半自耕农。这些人既耕种自己所有的田地，也租别人的田地来耕种，其人数占农业人口总数的 39.4%。他们经验丰富，勤劳工作，善于管理，富有进取的热望，其中少数人可能会演变成占有田地的业主阶级。

4. 佃农。佃农本身没有自置的田地，靠租赁别人的田地来耕种。此等人的人数约占农业人口总数的 16.6%。他们可作为一般劳苦庄稼人的代表，平时生活艰苦。

5. 农工。这些人既没有自己的田地，也租赁不到别人的田来耕种，而只是给农家帮工。此等人占农业人口总数的 1.0%，他们是农村社会中地位最低下的一群人。此外还有 4.4% 的农民没有被陈达划等级。

由于农民社会流动的速度极缓，要实现耕者有其田，还要经过相当长的时间，因此农民的社会经济状况差。如抗战前昆明县及呈贡县的农民，收支相抵有余的人家占 50.8%，收支相抵而负债的人家占 45.99%，收支刚好平衡的人家占 3.2%。抗战期间，他们的情形变坏了，有余的农民只占 36.1%，负债的农民增加到 60.2%，收支平衡的农民也不过占 3.64%。农民之所以经济拮据，社会地位低下，是因为（1）在抗战期间，农民购买的物品价格高于农产品价格；（2）政府征购农产品的价格也低于市价，农民经济损失大；（3）由于壮年男子当兵，农家需雇用农业工人，从而加大了农产品的成本；（4）最根本的原因是农业生产效率的低下。

至于手工业工人，他们散居于各行各业里，大部分在农村，因为在农闲季节时，大多数农民多从事一种或多种手工艺以增加收入。在市镇中也有这种情况。但现代工业潮流所趋，许多手工业者在社会动荡中难以自存，许多大城市中的手工业行会分崩离析。在商业及职业还未受现代化生活影响的地方，手工业依然存在，但在许多地方，手工业在与机器工业的竞争中前途黯淡，行业在瓦解、消失、改组，原有的行会在被现代工会替代。手艺随着生活时尚的变迁而变化。但即使面对行会的衰落，手艺人也不愿意回到农村，因为农村工作无需技巧，同时生活单调。

关于现代工商业，陈达认为，中国正在向工业化慢慢迈进。抗战前，中国的工业主要集中于东北地区、长江流域下游及沿海各城市。抗战爆发，西南大后方工业化显然在急切进展之中，尤以昆明市及昆阳县为然，这些地区的职业渐次由农业和手工业转变至工商业了。陈达以昆明环湖户籍示范区本籍人口及移民职业状况来说明这种变化。据 1942 年的人口普查，环湖示范区面积为 2880 平方公里，人口有 507216 人。昆明市全市人口有 174026 人，其中本籍人口仅有 74174 人，其余的人口都是由本省各县或外省迁入的移民。在移民中，有 40912人是战时才迁入寄居在市内的，这些人主要从事工商业。昆明市本籍有业人口中，农业人口占 24.4%，工矿、商业、交通及运输各业人口占 53.7%。而昆明市移民有业人口中，业农者只占 0.4%，而工、矿、商、交通及运输各业的从业人员占 69.26% 以上。

陈达认为，职业的变动是社会经济发展的结果。如在环湖示范区，工业化的进展使许多居民改变了职业。而职业的变动又会使大多数人的生活环境受到影响，特别是会造成与工商业者及工商业有关的各种问题。陈达详尽探讨了这些问题。

第一，摆在本地社会面前并引起争论的是关于工业是集中还是分散的问题。一般爱国分子及有远见的工业家认为，中国今后的工业应当分散于各地，借收原料、技术、技工及国防与当地经济之利，这种意见为昆明大部分工业家所接受，持该观点的人还建议，战后当地迫切需要的工业应继续留在本地发展与经营。可是有少数人反对，认为战后昆明作为工业基地没有多大希望，因为该地缺乏工业的经验，缺乏技术工人，运输不便，也没有广大的市场等，这样就使从事工业的人与一部分工业家不为工业的长远发展作长远考虑。

第二，技术工人及其问题。工业要发展自然要雇用大批的技术工人。以昆明来说，抗战期间，首先招募的大批技术工人都来自上海、无锡或汉口。随着工业经营的扩展，技术工人显得非常缺乏，所以训练本地工人来逐渐补充。促进当地工人的工业教育的举措曾引起一些严重的社会问题。首先，有些青年男子和妇女因被雇用而群集于工厂及商店里，结果造成农村劳动力的奇缺，且附带成为招致家庭间许多不和谐的原因。最严重的问题是青年人的流动，给适龄壮丁（18—45 岁的男子）一个逃避兵役的方便机会。

第三，物价、工资与生活费问题。物价上涨迅速，而工资的上涨难以亦步亦趋地赶上物价。通常，物价上涨较工资上涨更快，所以工人们实在不能单靠工资以维持生活。许多工厂或商店为情势所逼，部分采取津贴办法，或是米贴，或是房租补贴等，故工人的收入大为改观，其津贴费所得有时反比工资所得高几倍。因此津贴与工资成为工人实际所得的收入，这种收入也逐年随物价波动。尽管如此，收入仍赶不上物价高涨的速度，一般工人都感到生活非常困难，难以应付，无技术男工人的经济状况更坏。

第四，工人流动问题。生活费的不正常高涨，造成普遍的社会不安现象，造成昆明环湖户籍示范区许多工业中的工人高流动率。陈达所调查的 7 个厂的每月流动率在 6.3%—24.5%之间，平均每月流动率为 10%，比美国工人中最高流动率还要大 3 倍。另一方面，工人们在不景气的社会经济环境中挣扎，而当时的政府却以战时的需要为借口颁布了压迫工人的法令，以束缚工人们的自由。其结果影响了中国的劳工运动。但陈达还是希望，滋长于战时的工业合作运动，能在有利的环境下使劳工运动逐渐趋于成熟。

（四）移民运动

陈达认为，移民是与人口变迁相关的重要问题。中国的移民运动有两个形式：向外与向内。由于向外的移民运动，中国的海外移民分布于世界 50 多处，包括亚洲东南海岸各国及印度洋、太平洋等地。虽然这种移民并未解决中国的人口压力，但现代华侨的经济与社会的影响，使中国与其他国家发生了复杂的关系，因此，中国对他们的政治与社会地位需密切加以关注。

1937 年中日战争爆发，促成了中国空间的国内人口大迁徙运动，除了西南及西北各省外，大部分地区被卷入移民运动的浪潮。陈达指出，与平时的迁徙不同的是，有多数富有人家也被裹在迁徙浪潮之中。陈达将这些移民分为三大类：（1）富裕及曾受过高等教育的人；（2）政治方面活动的人士，或同情重庆中央政府的人，或是为日伪政府所仇视的人；（3）爱国者及不甘受敌伪压迫的人士。当然在移民中占大多数的还是做生意的商人、工厂经理、医生、工程师和教育界人士以及其他自由职业者与技术工人。在这些人中，大多数都是青壮年。移民中青年男女学生为多，非学生移民中也是青壮年居多。迁徙运动的方向随日军所至之处而定。从抗战开始至南京沦陷止（1937 年 12 月 13 日），城市移民朝着两个方向迁移：陆路主要取道平汉铁路，而以武昌、汉口及汉阳三镇为驻地；海路先是天津至上海，随后是青岛至上海。从南京沦陷至汉口沦陷（1938 年 12 月 5 日），在华中，武昌、汉阳及汉口三镇直至其沦陷时，虽然华北许多难民都由海路逃至上海，但华北的大多数移民都以此三镇为一大集中地。有些人又从上海起程向华南移动，或是到香港或是广州。由武汉失陷至长沙失陷（1944 年 6 月 18 日），一部分人留在上海、香港。许多从华东、华中及华南沦陷区迁出的人，都集中在广西桂林，以这里为出发点，一路迁移到云南省的昆明，另一路迁移到四川重庆及成都。还有更远去西康、陕西、甘肃、青海等省以及新疆维吾尔自治区的。

在这个移民运动中，昆明环湖示范区里的移民是具有代表性的好典型。本地人与大批移民一起工作、生活，他们在接触中相互模仿。移民给当地居民带来了新习惯、新思潮和新的生活习惯，对本地居民产生很大影响。同时，居民的一般习惯也影响新来的移民。由于移民与当地居民间的相互作用，自然发生了几种类型的社会变迁。

1. 市镇化。一个显著的社会变迁是移民加速了工业化，促进了工商业的迅速发展。例如昆明 1942 年的普查显示，市内人口很快由农村人口变为市镇化人口，市内 12 岁以上有业人口中，至少占就业人口总数的 67.09％是从事工商业的，就所有市镇化的职业来说，全市有 77％是市镇人口，仅有 23％仍是滞留于农村的人口。市内的徙民在推进工商业的发展方面产生了最大的影响。

2. 市容的改进。这种改进促进了昆明市的现代化。

3. 个人习惯的改变。这种改变反映出日常生活向都市生活变迁的趋势。

4. 社交宴会也有改变。

5. 婚姻有了新局面。分居三年无音信者可以重新结婚，重新结婚多发生在公教人员及工商界人士中。许多重新结婚或初婚者多以本地妇女为对象。

6. 教育突飞猛进。在这空前的迁徙运动中，有许多从事教育事业的人，从沦陷区来到安全区。许多大学、学院、研究机关及科学实验所，在中日战争爆发后，逐渐把其全部或部分的教学及研究部门的办事处搬迁到西南或西北地区，从而使这些地区的教育突飞猛进，新的学校迅速增多，由小学至大学，各校学生与日俱增，学校品质也跟着大有提高。移民在教育迅速发展中的作用是不容忽视的，经过许多移民的教学或研究努力，当地的教育制度也建立起来了。一般说来，移民的文化水平较当地人高。如昆明市本籍人口中 59.2％的人是文盲，而在寄籍人口中，只有 39.6％是文盲；昆明县本籍人口中 65.1％是文盲，而寄籍人口中，只有 31.2％的人是文盲。而且，在移民中，许多是大学毕业的，从事教学和研究工作，或在工商界服务。移民的优越品质，还体现于许多移民是国内大学研究院毕业及国外留学的人。

7. 地方观念的变化。大批移民的迁入，造成了一个富有意义的社会关系，很明显地使云南人的地方观念渐渐削弱。抗日战争使中国人的民族意识空前强化，从而打破了乡土观念的壁垒，使迁入地的人民放弃了顽固的地方观念。本地人不再像抗战以前那样闭关自守。他们汲取移民的长处以改变动荡中的社会生活，放弃农村社会传统。交通的往还和接触的结果，是移民与本地人之间彼此协调谅解，产生新的社会经济环境。

陈达分析了环湖示范区的普查资料，指出中国迁徙运动的一般社会经济特性。同时，为获得一个较为真实而深刻的了解，陈达进一步研究了呈贡县的人事登记的统计资料。抗战前，呈贡是个纯粹的农村县，自抗战起，社会形势急速转变。该县的土地利用与中国别处农业区颇有不同。在一般农民中，地主占农民总数的 1.54%，自耕农占 46.55%，半自耕农占 36.96%，佃农占 10.50%，农业雇工占 2.46%。此外，大多数人以出产水果为最重要收入来源，蔬菜种类繁多，尚有手工业及捕鱼等。1939 年，呈贡普查了 27 个乡村，约为呈贡全县的 1/3，举办了出生死亡登记，并增加了婚姻与迁徙登记两项。陈达分析了登记资料，得出了如下结果。

第一，全县离境服兵役的壮丁共 2237 人（1940 年 2 月至 1944 年 6 月），占迁出人口总数（3343 人）的 66.91%。一方面农场因缺乏壮丁，减少了农产品；另一方面物价高涨，同时许多到了结婚年龄的青年男子离县。迁民与徙民的动机是为谋生，当然也有为安全而迁徙的。由于迁徙使父母对儿辈的控制权渐趋削弱，家庭的维系力渐趋松懈。

第二，移民的性别、年龄与职业分布有其特点。1940 年 2 月至 1944 年 6 月，无论是迁出还是徙入的人数，15 岁至 25 岁的年龄组中，都是妇女略多于男子。迁民众数集中在 15 岁至 29 岁，徙民都集中在 15 岁至 24 岁，大多数迁民和徙民都是年富力强者，因为迁徙可以增加收入，对改进他们的社会地位有帮助。迁民与徙民的职业，以农业为最多，其次为无业人口。迁民多数为公务员，徙民多数从事工商业，这说明在呈贡的农村及邻近地区，工业的发展引来许多求职者。

四 陈达领导的人口普查研究的重要意义

陈达之所以重视中国人口的研究，是因为社会学者大都需要人口学的资料，这些资料对于研究社会理论、社会问题及社会制度都有帮助。但在中国，可靠的人口资料却极端缺乏，因而阻碍了政府效率的提高，并阻碍了社会科学的正常发展。要改变这种局面，就需要有人口资料的搜集和分析，以资协助政府施政并借以激励研究。陈达在北平清华大学任教时就开始搜集中国人口材料，以为研究及参考之用，历经 20 多年。抗日战争期间，陈达在云南呈贡县和昆明市、昆明县、昆阳县、晋宁县等环湖县市主持清华大学国情普查研究所，负责进行关于中国人口的实地调查与研究，这些实际材料连同陈达在清华大学任教期内所搜集的人口资料，经过整理，其最大成就是陈达于 1946 年写出的《现代中国人口》一书，此书是陈达在 1946 年出席美国普林斯顿大学建校 200 周年纪念的学术讨论会的论文，此论文于 1946 年 7 月以专题报告形式全文发表在美国芝加哥的《美国社会学杂志》上，随即由芝加哥的大学印成专书《现代中国人口》在美国与欧洲流通，成为畅销书，受到欧美社会学界的重视和赞誉。

著名社会学家 W. F. 奥格本（William F. Ogburn）在该书的导言中说："在中国人口学上有一本好的著作，是一件值得夸耀的事，因为中国在全球中占有一大部分的人口——约占全球人口的五分之一，偌大的一个国家，事实上是极其重要的，特别是际此 20 世纪，世界是急进于以大国权力为重的时代为然，中国还未臻于强国之列，将来她一定会变为强国的，她已在强国的路上迈进。虽然她的潜伏着的力量还未发挥，但她的文化是最伟大系统中的一个，正是这理由，我们对于中国人民是特别感兴趣的。"① 他知道，中国人口虽然几乎是南北美洲人口总数的二倍，约是非洲人口的三倍，却从不知道其准确的数字。而且他认为，仅知道全国人口数，还不足以说明人口上的整个事实，一个真正近代的普查应该产生许许多多有关的人口项目，譬如家庭与户口的大小、出生率、一国人口增长的速度、农民的多寡、市镇人口、生命期望率、能服兵役的壮丁人数、未能就业而依赖他人生活的人数、性别比例、人民的婚姻状况、公民受教育的人数及有职业人口的总数，等等。陈达进行的就是近代的普查。奥格本说："关于这一类的近代普查，最近陈达博士在云南环湖户籍示范区曾经举办了。在这区域里，包括一个大城市及四个县的农村人口。其所得的资料，都是由经过特殊训练的调查员收集来的，这些调查员也是逐家逐户地实地访问后得到资料的。后来还选样抽查以核对其准确性。这种普查，还是中国破题儿第一次的尝试。中国以外的读者阅了本书之后，不但对中国人口有了一个梗概，而且还给予研究人口问题的学者一些基本表格内有价值的参考资料。"② 奥格本高度评价《现代中国人口》一书和陈达，他说，陈达"确是中国人口研究最著名的权威。这本书是介绍中国近代普查的创作"③。这本书现已经由廖宝昀译成中文，1981 年 10 月由天津人民出版社出版。此书对我国近百年来的人

---

①　陈达：《现代中国人口》，天津人民出版社 1981 年版，第 4 页。

②　同上书，第 5 页。

③　同上。

口发展规律进行了深入的研究，并结合 20 多个国家的人口研究资料，进行了对比分析；论述了我国人口发展变化与社会经济条件、婚姻、家庭、职业等的内在联系；研究了人口政策诸问题，并涉及了优生、少生教育等问题。但这本书的缺点也是明显的，由于作者思想观点的阶级局限和时代局限，有些分析缺乏深度，因此难以满足读者的进一步需要。

附件一　国情普查研究所概况（1940 年 5 月 12 日）[1]

（一）设置缘起

近年来，我国社会科学研究者，感觉关于本国政治经济及社会各方面，缺乏基本事实，以致各种建设，各种讨论及研究，难得系统的发展。本所拟搜集关于本国人口、农业、工商业及天燃富源等各种基本事实，并研究各种相关问题，以期对于国情有适当的认识，并将研究结果，贡献于社会。

（二）历年发展概况

本所成立于民国二十七年八月，当即选定云南呈贡县为实验区。二十八年一月至五月，举行呈贡县人口普查。二十八年十月在呈贡县选出二十七村，举行呈贡县人口普查。二十八年十月在呈贡县选出二十七村，试办人事登记，暂定出生与死亡为登记项目。二十八年十一月至二十九年三月，举行呈贡县农业普查。二十九年二月，推行人事登记于呈贡全县，登记项目增加婚姻及迁徙。

（三）经费来源及支配

本校发给本所每年国币肆万元。本所二十九年度预算如下：

---

① 北京大学、清华大学、南开大学、云南师范大学：《国立西南联合大学史料·教学、科研卷》，云南教育出版社 1998 年版，第 695—697 页。

（1）薪金 $ 10000

（2）人口普查 10000

（3）人事登记 3000

（4）农业普查 3000

（5）机器租金 4000

（6）统计用费 1000

（7）书籍与出版 6000

（8）房租 1000

（9）杂项 2000

————

$ 40000

（四）设备概要

（甲）图书：西文书 350 种，中文书 150 种，西文杂志 39 种，中文杂志 15 种，日文杂志 1 种。

（乙）仪器：

（1）统计机器，一套共五架（未到）；

（2）计算机三架。

（五）主要负责人略历

陈达　所长，本校社会学教授。

李景汉　调查组组长，本校社会学教授。

戴世光　统计组组长，本校经济系统计学副教授。

（六）各部的工作成绩

（甲）呈贡县人口普查：此乃人口普查方法的试验，内容包括自材料的搜集至整理各主要步骤。其中整理方法两种已试验完毕，尚有两种方法正在试验中，俟四种方法试验完毕，拟印行报告一种。

（乙）呈贡县人事登记：自二十八年十月起，以二十七村为试验区，每村每月有报告。自二十九年二月一日起，登记区已推广至全县，每村每月有报告。

（丙）呈贡县农业普查：材料正在整理中，整理完毕后，拟印行报告一册。

（丁）中国人口问题文献索引：本索引于民国十五年由社会学系开始编纂，于二十八年底由本所完成。内容包括中国人口文献（如书籍、报告、小册及杂志论文）之用中、日、德、法或英文发表者。凡重要论文或书籍，每种有简短的提要；其他论文或书籍仅列著者名、论文名、出版社、出版年月等项。索引总数约九千条。截至民国二十五年底止。

（七）出版刊物

（八）将来工作计划

（甲）大规模人口普查：拟在昆明湖邻近，选出十县，作一大规模人口普查，并拟于二十九年冬举行。

（乙）人事登记：拟于三十年春将人事登记区增加一县。

（丙）增设中国人口组：本所拟于最近期内增设中国人口组，其主要任务为搜集及分析本国人口资料，并拟定人口普查及相关问题之各种方案。

（九）所感困难

（甲）在抗战期内，不易举行大规模的调查及试验。

（乙）因经费有限，又因外汇关系，势难充分购置图书及仪器。

（丙）专门人才不易罗致。

（清华大学档案）

附件二 国立清华大学国情普查研究所工作概况（1941 年 3 月）[①]

（一）目的 本所之主要目标，在：（甲）试验并采用比较科学及比较经济之方法，搜集并整理我国人口及相关问题之材料。（乙）推广上述工作，以期全国可以采用此项方法。（丙）研究及发表甲项所述之工作，以期对于我国政府及我国社会科学，有所贡献。

（二）历年发展概况 本所成立于民国二十七年八月，随即选定云南呈贡县为实验区，筹备该县之人口普查。民国二十八年四月末，此种普查竣事。同年十月一日起，在呈贡选出二十七乡镇试办人事登记，以出生及死亡为登记项目。二十八年十二月至二十九年三月，举行呈贡县农业普查。二十九年二月，推行人事登记于呈贡全县，登记项目增加婚姻及迁徙。二十九年冬，开始筹备人事登记的推广。三十年三月，与昆阳县政府商妥，推广人事登记于该县。

（三）设备概要 图书方面有西文书三五〇种，中文书二〇〇种，西文杂志三十九种，中文杂志十八种及日文杂志一种。仪器方面有统计机器（Hollerith）一套（共五架尚未运到）及计算机（Monroe）三架。

（四）工作简述

（甲）呈贡县人口普查此乃人口普查方法的试验。所谓方法，包括自材料的搜集至整理各主要步骤。其中整理方法两种（国内所通行的划记法及印度法）已试验完毕，并已于民国二

① 北京大学、清华大学、南开大学、云南师范大学：《国立西南联合大学史料·教学、科研卷》，云南教育出版社 1998 年版，第 697—698 页。

十九年八月出报告一种，名曰《云南呈贡县人口普查初步报告》。俟其余两种整理法完毕，再出报告一种后，此项工作可暂时告一段落。

（乙）人事登记自民国二十八年十月起，以呈贡县城附近之二十七乡镇为试验区，包括全县人口约三分之一。每乡镇每月有出生及死亡报告。自民国二十九年二月起，人事登记推及全县。将全县分成一百三十五登记区，每区每月有报告，包括出生、死亡、婚姻及迁徙。

（丙）农业普查呈贡县之农业普查，业于民国二十九年春举办。其材料正在整理中。约于民国三十年夏，可出报告。

（丁）云南个旧锡矿区之调查民国二十七年秋季，本所派员至个旧调查。其材料正在整理中，约于民国三十年秋，可印行报告。

（戊）中国人口问题文献索引自民国十五年起，本校社会学系开始本索引的编制。本校迁滇后，此项工作已由本所于二十八年底完成。内容包括中国人口文献（如书籍、报告、小册、杂志论文）之用中、日、德、法及英文发表者。内中以中文文献为最多。凡重要学术论文或书籍，每种有简短的提要，其他论文或书籍仅列著者名、论文名、出版处、出版年月等项。索引总数约九千条，截至民国二十五年底止。

（五）下年度之计划　本所拟于民国三十年冬季举行云南省十县之人口普查，近来业已开始筹备。

本所并拟于最近期内增设中国人口组。其主要任务为抛售及分析本国人口资料，拟订人口普查及相关问题各种方案，撰著各种研究报告。

（清华大学档案）

　　附件三　国立清华大学国情普查研究所工作报告（**1941 年 7 月至 1942 年 6 月**）[①]

研究员	教授	陈达（兼所长）	李景汉	戴世光
	教员	苏汝江	周荣德	
	助教	罗振庵	何其拔	萧学渊

　　一、本年已完成的工作

　　（甲）《云南个旧锡业调查》。本报告包括锡矿的经营及矿工的生活两部，近由教员苏汝江编著，由开智书局承印，约于本年六月内出版。

　　（乙）《中国人口问题文献索引》。本著作近十余年来由本校社会学系编纂，由本所完成，近由贵阳文通书局承印，约于本年年底出版。

　　（丙）《呈贡县农业普查》。呈贡县农业普查，于民国廿九年由本所主办，其报告初稿近已完成，现在审查中。

　　二、进行中的工作

　　（甲）户籍示范。去年深秋本所提议与内政部及云南省政府合办户籍示范工作，未蒙采纳。云南省环湖市县户籍示范实施委员会，于今年一月十九日在昆明成立，选定昆明市郊昆阳县及晋宁县为户籍示范区。户口调查及设籍工作已于三月一日起始，五月底完成；示范区各市县人事登记，亦于五月一日开始。关于户口材料的统计与整理，于六月一日起在本所集中进行，预计总报告约于本年年底可以印行。

---

　　① 北京大学、清华大学、南开大学、云南师范大学：《国立西南联合大学史料·教学、科研卷》，云南教育出版社 1998 年版，第 699—700 页。

（乙）呈贡县社会组织的研究。呈贡县内主要社会组织，如关于政治、经济、教育、卫生等项，由助教箫学渊负责研究，已历一年，近已着手编著报告。

（丙）呈贡县公路的研究。呈贡县自抗战以来关于公路的修筑，近由助教罗振庵担任研究，其报告即可完成。

三、计划中的工作

（甲）关于昆阳县者，专题研究暂定下列各项：

（1）农民的经济与社会生活。

（2）五种手工业调查。

（3）人口密度。

（4）制铁业研究。

（5）渔民生活。

（6）夷人汉化的经过。

（乙）关于呈贡县者，专题研究暂定下列各项：

（1）全县户籍工作。

（2）瓦窑业研究。

（3）人口密度。

（4）乡村劳力制度。

（5）壮丁与抗战。

（丙）关于本所组织者：

（1）拟于最近期内设立中国人口组，以便进行文献的研究。

（2）拟于最近期内发行定期刊物一种，以鼓励同仁对于研究的兴趣。

（清华大学档案）

第二节　费孝通对抗战时期禄村农田的调查研究

一　费孝通与"魁阁"研究室

费孝通①发展了社区研究，贡献巨大。所谓社区研究，是指"研究一个一定地域，具有一定社会组织，一定文化传统和人为环境的人类群体"②。20 世纪 40 年代，费孝通在云南指导了对农

---

①　费孝通（1910—2005），江苏吴江人，中国著名社会学家、人类学家和民族学家。1933 年毕业于燕京大学，获社会学学士学位。1935 年毕业于清华大学研究生院。1938 年获英国伦敦大学哲学博士学位。1938—1940 年任云南大学与燕京大学合办的社会学研究室主任、社会学副教授。1940—1945 年任云南大学社会学教授。1945—1952 年任清华大学副教务长、社会学教授。1952—1957 年任中央民族学院副院长、人类学教授。1957—1982 年任中央民族学院人类学教授。1978—1982 年任中国社会科学院民族研究所副所长。1979 年起任北京大学社会学教授。1980—1982 年任中国社会科学院社会学研究所所长。1982—1985 年任中国社科院社会学所名誉所长。1985 年任北京大学社会学研究所所长。1979 年起任中国社会学会会长。曾先后担任中国民主同盟副主席、主席，全国政协副主席、全国人大常委会副委员长等职。2005 年 4 月在北京病逝。

费孝通论著甚丰，影响颇大，主要有《花篮瑶社会组织》、《江村经济》、《禄村农田》、《生育制度》、《乡土中国》、《小城镇四论》、《从沿海到边区的考察》、《从实求知录》等。其中，《江村经济》一书的英文版 *Peasant Life of China*（中译名为《中国农民的生活》）于 1939 年在英国出版。1986 年该书由戴可景译成中文，并加进《重访江村》、《三访江村》及附录 W. R. 葛迪斯的《共产党领导下的中国农民生活》一文，合编成《江村经济》，由江苏人民出版社出版。费孝通对于江村（"江苏吴江开弦弓村"的简称，费孝通根据 1936 年在江村的实地考察写成《江村经济》一书，此书又名《中国农民的生活》，这是费孝通一访江村的研究成果）和云南三村（禄村、易村、玉村）的研究极大地推动了中国人类学和社会学的发展。著名人类学家马林诺夫斯基高度评价和称赞费孝通的《江村经济》一书为"人类学实地调查和理论工作发展中的一个里程碑"。

②　潘乃谷：《但开风气不为师——费孝通学科建设访谈》，《社区研究与社会发展》，1996 年，第 52 页。

村、工厂和少数民族地区的各种不同类型的社区调查研究工作。他采取了社会学和人类学的实地调查方法，重视对制度与经济生活的分析，尤其重视社区的比较研究。费孝通 1938 年在英国伦敦大学获哲学博士学位后回国，得到中英庚款和中国农民银行的资助，在云南开始了他的实地调查研究工作。在昆明期间，他领导了由吴文藻创立、云南大学和燕京大学合办的社会学研究室（或称实地调查工作站，即"魁阁"。由于 1940 年昆明遭日本飞机轰炸，云南大学—燕京大学社会学实地调查工作站迁到昆明附近的呈贡，住在一个三层楼的魁星阁，所以该实地调查工作站也称作"魁阁"研究室）的研究工作。参加该室工作的前后有张之毅、史国衡、谷苞、田汝康、李有义、胡庆钧、许烺光、张宗颖等十多人。他们对内地农村作了一系列的典型社区调查，如对农村社会经济生活、基层社区管理、兄弟民族的历史现状和风习、城乡关系变迁、小农经济的社会传统习惯与现代工厂生产之间的问题、现代工业管理中要重视人事因素，等等，都作过比较深刻而有意义的调查研究。其中尤其是"从江村到禄村，从禄村到易村，再从易村到玉村，都是有的放矢地去找研究对象，进行观察、分析和比较用来解决一些已提出的问题，又发生一些新的问题。换一句话，这就是理论和实际相结合的研究方法"[①]。

　　抗战时期，费孝通在云南大学执教期间，带领一批青年学者，选定了云南的禄村、易村、玉村等不同的社区，与以前所做的"江村"研究进行不同类型社区的比较研究。他们的研究目的是通过对不同类型社区的研究来认识中国的社会及其发展，所研究的问题都是中国各地各种社区所共同面临的，那就是现代化的过程。

---

①　费孝通：《从实求知录》，北京大学出版社 1998 年版，第 155—156 页。

费孝通在云南大学执教期间，于 1938 年 11 月和 1939 年 8 月两次对云南禄丰县以农田为主的大白厂村（简称"禄村"）进行了实地调查，1940 年写出调查报告《禄村农田》，获教育部奖。1943 年重庆商务印书馆出版了《禄村农田》这一调查研究报告。此书的目的在于说明"禄村人民利用农田而发生的一套社会关系，或称作土地制度"①。《禄村农田》一书的特点，是用社区研究法分析尚未受现代工商业影响的农村。费孝通把农村土地制度看做一种动态现象，能适应于环境的状况。他在分析以自营小地主为基础的禄村经济结构时，拿它与地少人多受近代工商业影响较深的江村结构对比。通过对比，他发现，江村的经济结构由于受近代工商业的影响而发生了变化，而禄村则仍保留内地以农业为主的经济结构。

二 对禄村农田的研究

（一）禄村与江村的对比研究——类型研究

《禄村农田》是《江村经济》（指费孝通 1936 年一访江村的研究成果，即 1939 年在英国出版的 *Peasant Life of China*，中译名为《中国农民的生活》，下同）的续篇，修正和发挥了《江村经济》的结论，同样采取了以村落为单位的实地观察法。不同的是，《禄村农田》以土地制度为研究中心，范围比较狭窄。此书以理论为经，以叙事为纬，以全面解释禄村人民利用农田而发生的种种现象为目的，与《江村经济》相比，更合乎解释和叙事并重的社区研究方法。

江村已经脱离了自给自足的经济模式，江村居民并不全靠农田里的收入维持生计，他们有发达的手工业。江村的经济受都市

---

① 费孝通：《禄村农田》，商务印书馆 1943 年版，第 8 页。

工商业的支配，是附近都市的附庸，代表着受近代工商业影响较深的农村社区类型。江村经济活动依赖着市镇资金的接济，市镇资金流入农村的另一面就是农村土地权流入市镇，全村中已有70％的人家成了无田的佃户。江村的土地问题绝不是孤立的问题，而是整个经济处境的表现，因为正是此地手工业的崩溃和近代工商业势力的侵入，影响了土地制度。

费孝通想研究一个受近代工商业影响较浅的农村，看看它的土地制度如何，大部分还是自给自足的农村经济是否也会以土地权来吸收大量的市镇资金，农村土地权会不会集中到市镇而造成离地的大地主。于是，1938年，费孝通选择了距离昆明100公里的禄丰县（今属楚雄彝族自治州）大白厂村（以下均简称"禄村"）进行实地调查。

费孝通的禄村调查的主题是"现代工商业发达过程中农村社区所发生的变迁。我将暂限于这主题的一方面，就是土地制度中所发生的变迁。禄村和江村正代表着两种类型。江村是靠近都市的农村，深受现代工商业的影响，而禄村则还是在开始受现代工商业影响的初期。在禄村，我们可以看到一个差不多完全以农业为主要生产事业的内地农村结构"①。禄村靠农田生产来维持最低的生计，土地分割很细，村中住着大量的小地主。因为农村劳力的供过于求，有便宜的劳工可以雇用，所以雇工自营的农田经营方式特别发达。禄村的地主多在村子里，土地权保留在村子里，不向外流。在这样的工商业不发达的农业社区里，资本的积累靠的是农田生产与农民生计的差额。费孝通用劳力充斥和资本分散来说明自营小地主的土地制度，从而也分析了现代工商业发达前期的一种传统的经济模式，指出了内地农村变迁的走向，并

————————————

① 费孝通：《禄村农田》，商务印书馆1943年版，第5页。

发现劳工的外流已威胁了传统雇工自营方式的基础。

（二）禄村的土地制度与经营方式

在只有农业而简单的手工业都不发达的禄村，每年只需要1/3的米产已够全村人民的消费，其余 2/3 用来换取其他消费品，但因土地所有权分配不平均，每家所得农产物品也不平均。禄村经济以农田为主，劳力的利用，生产水平的差别，都取决于农田的有无和多少。禄村没有田的农家占 31％。有田 5 亩以下的占 35％，大部分农田集中在少数人手中，而大部分人不是没有田，就是只有很少的田，不能单靠自有农田上的收入来维持日常生活。而大地主也只有 25 亩田地，所以禄村地主的地产也不大，并以雇工自营为主要经营方式。

同时，有田没田是划分劳动与闲暇的界线，决定农村劳力利用的不仅是农业的性质，而更直接的是农村的社会结构。实际上享有闲暇的人，不是因为没有工作的机会，而是因为拥有土地所有权，即使不劳作，也能靠着不劳而获的部分来维持生活，闲忙之别，刚好划在有田没田的界线上。费孝通说："有田者可以脱离劳作的现象，是发生在我们遵守着一条法律原则上：依现行的法律，劳作并不是享受土地利益的必要条件；享受土地利益的是土地所有者。不论他自己劳作不劳作，他所有的权利是不受影响的。土地使用根据于土地所有，不是土地所有根据于土地使用——这是个现行原则。这是很重要的，因为只有承认了所有权是使用权的基础，生产工具的所有者才可以自己不劳作而仍有权利来分享别人劳作的结果。"[1] 土地所有者有便宜的劳动力可以利用，他们在劳力的竞争上被外来的劳力挤出农田劳作领域，地域间生活水平的差异则因劳力流动而出现了平衡趋势。费孝通指

---

① 费孝通：《禄村农田》，商务印书馆 1943 年版，第 41 页。

出，这是内地农村经济中的一个重要原则。他又着重指出，禄村吸收外来劳工的趋势开始逆转，劳力供给发生变化，开始表现出内地农村经济的新动向。

利用雇工的劳力来经营农田，是禄村农田经营方式的主要部分，只有在地地主才能直接经营农田。在江村，一半以上的土地权掌握在离地的大地主手上，他们不可能经营农田，而禄村大部分是在地的小地主，他们在工商业不发达的内地，一旦不管农事，就无事可做。所以，内地农村中雇工自营方式发达。地主采取雇工经营和租营方式的利益由工资和租额的高低来决定。禄村的土地制度基础是雇佣关系，而不是租佃关系。私家不愿意把所有农田出租，因租额太低，不如雇工自营。这是费孝通解释禄村土地制度的主要理论之一。

（三）雇工自营是消遣经济

费孝通概括了不同社会的经济中心，他说："资本主义的基本的精神是出发于非人本主义的假定上，它叫人为利润而活动，不是叫人享受而生产。"[1] "我们看见了为提高生活程度，以消费为中心的计划经济的兴起。这种趋向可以笼统地说作社会主义的要义。可是，以消费为中心的经济，依旧是以快乐主义的人生态度为基础。"[2] 他又说："我在这里指出第三种经济，我叫他作消遣经济……若是欲望本身是可以伸缩的，则人们可以从减少欲望入手，使人们可以减轻很多为免除欲望不满足而发生的种种辛苦劳作了。"[3] "这种在节流方面作经济考虑以避免开源时所得忍受的痛苦，却是我们传统经济中常见的态度。"[4] 这就是"消遣经

---

① 费孝通：《禄村农田》，商务印书馆1943年版，第111页。

② 同上。

③ 同上。

④ 同上书，第112页。

济"。费孝通认为，像禄村这样的内地农村，自给自足的程度很高，村民们不想在消费上充实人生，而似乎想在消遣中了此一生。这个知足的界线，把那些小地主划在劳动圈外，他们愿意生活苦些，而不愿下田劳作。只有那些逃不了生活压迫的人，无可奈何才来从事劳作。从整个农村来说，一般的生活都在近乎最低的水平上将就。他们知道如何不以痛苦为代价来获得快感，这就是所谓的消遣。消遣与消费不同，消费是以消耗物资来获取快感的过程，消遣则不必消耗物质，所消耗的不过是一些空闲的时间。虽然厌恶劳作是禄村的普遍态度，但实际只有 30％左右的地主才有资格脱离劳作。但是在物价的刺激下，禄村的商业化加速了。劳力供给之所以减少，一方面是劳工不易雇，另一方面是禄村的地主们不肯出较高的工资。农村中的工资赶不上物价，使卖工者脱离农村，小地主们开始亲自劳作。

（四）不同农业社区在工商业发展过程中有不同的变化

由于工商业不发达，交通不便利，土地权的集中比较不易发生。禄村这种以自营的小地主为基本结构的农村，与江村大部分都是佃户的农村结构形成鲜明的对比。禄村是在地地主最普遍且受现代经济影响不深刻的地方，因为工商业影响很小，土地的生产力太低，不足以吸收资本家的投资，并且农民也没有余力来租地。而江村是受工商业影响大的农村，在地地主少，离地地主多，这是由于农村自给自足性下降，都市发达，工商业现代化，使农村原有的手工业不能维持，这就减少了农家的收入，使农村除农产品之外，没有其他力量来吸收都市资金。在农村自身资金竭蹶的情况下，这些因素就造成了土地权外流与都市资本流入农村。这就是江村和禄村形成不同农村结构的原因所在。

禄村经济结构的重心是农田，并没有手工业。禄村的金融不至于像江村那样，受现代工商业的威胁，所以禄村的土地权不会外流。但费孝通预测，在现代工商业发展过程中，禄村所发生的问题，不在金融而在劳力。都市要来吸收禄村的劳工，而劳工问题是禄村经济的关键，若劳力被吸收到都市中去，禄村现状必将改变。到工商业发达时，雇工自营的地主就会劳作了。只有都市的工业与乡村的农业竞争劳工时，农业才有改良的希望。

费孝通认为，对于中国文化模式，应从产生它的农村社会里理解。传统的生活方式只在稳定的社会有作用；环境变了，老的方式也就不适应了。在农村社会向现代社会演变的过程中，农村社会生活方式的缺点逐渐暴露出来，只有农村社会的旧传统被摧毁，中国才能走上现代化的道路。

三 禄村调查研究中的方法和经验

（一）调查与研究相结合

在调查方法上，费孝通强调调查与研究相结合。他说，以前国内举行的社会调查，总是在调查之前，预先制定调查表格，然后由调查员调查，填好表格，找人统计一下，专家根据这些数字推论被调查社区的形态。他认为这种调查是有缺陷的，因为一个与所要调查的现实没有直接接触的人，是不能发现对该社区来说该用数量来表现的是些什么项目的，也不能凭空或根据其他社区的情形来制定调查表格。他指出："过去社会调查的缺点，就发生在'分工'上。规定概念和解释现象的是一些'专家'，而实地观察的却多是一些没有受很深科学训练，甚至对于调查工作本身没有多大兴趣的'雇员'和'学生'，这些和现实接触的人，没有修改概念的能力和权利，他们的工作是依照表格填写。结果是用了死的表格来说明活的事实……把社会调查和研究看做做表格——统计——写报告的机械工作。这是我们认为极应纠正的错误。"① 费孝通说，当一个社会学者去实地观察一社区的活动时，他的任务在于寻求人类社会生活中的基本原则，说明各种活动对于人类生活所具有的功能。因此不能以记录事实为满足，而要在事实中构成理论。记录事实的人很难决定记录哪些事实可以满足政策或理论的设计者的需要，因为社会事实复杂众多。因此学者自己应当直接在可能的亲自观察中，去采访一切与他的理论有关的事实。他要在实地检讨他原有的概念，在实地发现新的问题，以便自己获得最充分的了解。这样，社会科学方能得到较健全的基础。

（二）贯彻社区研究方法，勇于开拓创新

费孝通在社区研究方法上是有重大贡献的。《禄村农田》在研究方法上有独到之处。他写《花篮瑶社会组织》（1935 年费孝通赴广西大瑶山从事人体测量和社会调查，著有此书，1936 年由商务印书馆出版）时，极力避免理论上的发挥，1936 年在江村实地调查时，还主张不带任何理论下乡。但当他写《江村经济》时，就感到作实地调查没有理论做指导，所得材料是零星的，没有意义的。经过两次实地调查，他觉悟到这个方法论上的错误。因此，他说社会调查只是某一人群社会生活的见闻的汇集。而社会学调查或研究是要依据某一部分事实的考察，来验证一套社会学理论。《花篮瑶社会组织》只是一种社会调查报告，《江村经济》是从社会调查到社会学调查或社区研究的过渡作品，而《禄村农田》则是费孝通贯彻社区研究方法的著作。

费孝通在禄村的深入调查研究中，不断修改自己过去的理论

---

① 费孝通：《禄村农田》，商务印书馆 1943 年版，第 105—106 页。

和西方已有的理论。例如，关于农村社区土地权外流的理论，在《江村经济》中，他引用了托尼（Tawney）的说法："农村吸收都市资本的能力，是倚于土地的生产力和农民一般的生活程度。生产力越高，农民生计越好，吸收资本的能力越大；在地地主越少，离地地主越多"[①]，用以解释都市附近农村土地权外流的现象。而禄村调查的结果却与这种说法不相吻合了。禄村生产力较江村高，而土地并没有外流。费孝通认为，"农村土地权的外流，和都市资本的流入农村，是出于农村金融的竭蹶"[②]，而不像托尼所说的那样，是因为靠近都市的农田生产力高，自然有吸收都市资本的倾向。而是在靠近都市的农村，凡是有传统手工业的，皆不易抵挡现代工业的竞争，容易发生金融竭蹶现象，产生土地外流，如江村。因此，土地权外流不一定是靠近都市的农村必遭的命运，一个原来就不靠手工业来维持生计的农村，其所遭遇到的都市威胁，绝不会那样严重，如禄村。费孝通的这种理论，"很可以用来解释为什么以丝业为基础的江村在都市工商业发达过程中，沦为佃户的集团，以及为什么内地以经营农田为主要业务的禄村，至今能维持以自营小地主为基础的结构"[③]。

又如，在禄村日常生活费用的分析中，费孝通根据中国的具体实际生活情况，指出恩格尔（Engel）定律在当时中国使用的错误。恩格尔定律是：（1）收入增加则食物一项支出所占全部支出比例将会降低；（2）衣着的支出所占全部支出的比例，不因收入的增加而变动；（3）住及燃料的支出所占全部支出的比例，不

---

① 费孝通：《禄村农田》，商务印书馆1943年版，第186页。
② 同上书，第187—188页。
③ 同上书，第189页。

因收入的增加而变动；（4）其他支出所占全部支出的比例，将因收入的增加而提高。费孝通认为，恩格尔定律是从静态来分析，并不是从动态来分析。这个定律在一个经济变动较小的社区中是正确的，可是在一个财富正在重新分配的社区中，就不能呆板地应用这一定律了。恩格尔所研究的对象是饥饿线以上的德意志都市居民，自然会觉得食物项伸缩性是很小的。可是对于在饥饿线之下的当时中国农民，这种见解是不正确的。

费孝通在一系列的社区研究中，能结合中国的实际提出自己的理论和方法，不仅发展了社区研究，同时也对社会学中国化（所谓社会学中国化是指要使一般社会学理论与中国的社会实际相结合，提出适于中国的社会学体系）作出了重要贡献，他为此呕心沥血，殚精竭虑，付出了一生的努力。

四　费孝通的云南农村社会经济调查

云南内地农村经济调查，最著名的为由费孝通与张之毅于1938—1942年进行的一系列调查。最后形成了《禄村农田》、《易村手工业》和《玉村农业和商业》三本调查报告。其中前两份报告于1943年由重庆商务印书馆出版，用的是抗战后方的土纸。第三份报告一直没有出版。1943年费孝通访问美国，曾以英文把这三份报告写成 *Earthbound-China*（《土地束缚下的中国》）一书，1945年由芝加哥大学出版社出版，后来收入英国Kegan Paul书局的国际社会学丛书里。1987年，三份报告由费孝通重新编写，取名《云南三村》，1990年由天津人民出版社出版。关于《云南三村》的调查经过，费孝通在《云南三村·序》中这样写道："张之毅同志参加研究室的第一课是跟我一起下乡，去禄村协同我进行调查……从1939年8月到10月中，张之毅同志和我一起在禄村生活和工作。随时随地提问题，进行讨论。所以他摸出了我从江村到禄村比较研究的线索和共同构思出今后研究的方向。我们又在该年 10 月 18 日一同去寻找一个内地手工业发达的农村来为以农田为主的禄村作比较研究。走了六天才找到易村。拟订调查计划后，11 月 17 日，他便单独去易村进行工作。这时他已经有了调查的初步经验，而且对要了解的问题已心中有数。从这个基础上，他克服种种困难，在 27 天内取得了丰富的数据，而且提高了认识，提出了新的问题。为下一步玉村调查打下了基础。""玉村调查是在 1940 年和 1941 年进行的。由于玉村离呈贡的魁阁较近，而且交通方便，所以他能和我的禄村调查一样，在整理出初步报告后，再去深入复查，步步提高……由于这本稿子曾经反复在魁阁的'席明纳'里讨论过，又在我改写英文时细嚼过，所以我对玉村调查的主题印象相当深刻。实际上，它已为我在 80 年代的小城镇研究开辟了道路。玉村是靠近玉溪县镇的一个农村。玉溪县镇是云南中部一个传统商业中心。它在土地制度上是从禄村到江村的一个过渡形式，在农业经营上具有靠近城镇的菜园经济的特点，在发展上正处在统制经济开始被现代经济侵入的初期阶段。"[①]

　　谈到研究方法，费孝通接着又写道："从《江村经济》到《云南三村》，可以说是一直到 80 年代城乡关系和边区开发的研究，中间贯串着一条理论的线索。《云南三村》是处在这条线索的重要环节上，而且在应用类型比较的方法也表现得最为清楚。""《云南三村》是从《江村经济》基础上发展出来的。《江村经济》是对一个农村社区的社会结构和其运作的素描，勾画出一个由各

　　① 云南省地方志编纂委员会、云南省社会科学学会联合会：《云南省志》卷 75 《社会科学志》，云南人民出版社 1997 年版，第 153 页。

相关要素有系统地配合起来的整体。在解剖一只'麻雀'的过程中提出一系列有概括性的理论问题，看到了在当时农村手工业的崩溃、土地权的外流、农民生活的贫困化等等，因而提出了用传统手工业的崩溃和现代工商业的侵入来解释以离地地主为主的土地制度的见解。但是当时我觉得'这种见解可否成立，单靠江村的材料是不足证实的。'于是提出了类型比较的研究方法，就是想看一看'一个受现代工商业影响较浅的农村中，它的土地制度是什么样的？在大部分还是自给自足的农村里，它是否也会以土地权来吸收大量的市镇资金？农村土地权会不会集中到市镇而造成离地的大地主？'《禄村农田》就是带了这一系列从《江村经济》中产生的问题而入手去研究的。从江村到禄村，从禄村到易村，再从易村到玉村，都是有的放矢地去找研究对象，进行观察、分析和比较，用来解决一些已提出的问题，又发现一些新问题。换一句话，这就是理论和实际相结合的研究方法。""应用类型比较法，我们可以逐步地扩大实地观察的范围，接着已有类型去寻找条件不同的具体社区，进行比较分析，逐步识别出中国农村的各种类型，也就由一点到多点，由多点到更大的面，由局部接近全体。类型本身也可以由粗到细，有纲有目，分出层次。这样假以时日，即使我们不能一下认识清楚千千万万的中国农村，但是可逐步增加我们对不同类型的农村的知识，步步综合接近认识中国农村的基本面貌。这种研究方法看来有些迂阔，但比较实切。做一点，多一点，深一点。我不敢说这是科学研究社会的最好方法，只能说是我在半个世纪里通过实践找出来的一个可行方法。"①

---

① 云南省地方志编纂委员会、云南省社会科学学会联合会：《云南省志》卷75《社会科学志》，云南人民出版社1997年版，第153—154页。

关于农村调查的意义，费孝通在《农村调查自述》中写道："要认识中国社会，认识中国人，不认识农民生活，不认识农村经济是不行的。由此可知，农村调查是达到我们认识中国社会、解决中国社会问题的最基本手段和途径。我对中国社会的看法，对中国传统农业经济转变方式的看法，几乎都是在农村调查中累积起来的。"[①] 直到今天，"三农"问题仍是我们亟待深入认识、解决的重大问题。正如中共十六大明确指出的，建设现代农业，发展农村经济，增加农民收入，是全面建设小康社会的重大任务。因此，解决好"三农"问题对全面建设小康社会具有决定意义。没有农业现代化，就没有整个国民经济的现代化；没有农村的全面进步，就没有整个社会的全面进步；没有农民的小康，就没有全国人民的小康。所以，解决好"三农"问题是全面建设小康社会的重大任务。

2010年是费孝通先生诞辰100周年，费孝通先生是享誉海内外的社会学家和人类学家，中国现代社会学和人类学的创始人。抗战时期，费孝通先生深入云南农村，开展实地调查，对抗战时期的云南农村社会经济结构进行了系统深入的调查研究，取得了丰硕的调查研究成果。在费孝通先生诞辰100周年之际，深切缅怀他高尚的道德人品，学习他勇于探索、严谨治学的精神，学习他深入实际、认真实践的作风，很有意义。他为中国社会学和人类学工作者树立了光辉榜样，永远值得我们钦佩、敬重和学习。

---

① 云南省地方志编纂委员会、云南省社会科学学会联合会：《云南省志》卷75《社会科学志》，云南人民出版社1997年版，第154页。

第三节　张之毅对抗战时期玉村农业和
　　　　　　商业的调查研究

张之毅[①]对玉村的调查是 1940 年到 1941 年之间进行的。费孝通说："实际上，它已为我在 80 年代的小城镇研究开辟了道路。玉村是靠近玉溪县镇的一个农村。玉溪县镇是云南中部的一个传统商业中心。它在土地制度上是从禄村到江村的过渡形式，在农业经营上具有靠近城镇的菜园经济的特点，在发展上正处在传统经济开始被现代经济侵入的初期阶段。"[②] 张之毅写成的玉村调查稿，经费孝通整理，于 1990 年收入《云南三村》，在国内正式出版。该书是费孝通、张之毅两人合作的成果，无论理论还是方法都很精致，是社区研究的样本。

一　玉村农业耕作和蔬菜种植

（一）菜地在玉村农业经营中的地位及性质

玉村主要农业是种粮和种菜。全村 156 户 785 人，共有农田

---

① 张之毅（1919—1987），又名张子毅，湖南醴陵人。1939 年毕业于西南联大的历史社会学系（清华大学学籍），同年进入云南大学社会学研究室工作，并任云南大学社会学系副教授、代理系主任。抗日战争胜利后，任福建省研究院研究员。中华人民共和国成立初期，在中央财政经济委员会统计处、国家统计局农业统计司任职。1956 年以后，任中国科学院经济研究所副研究员和中国社会科学院社会学研究所副研究员、研究员。他长期从事中国农村社会的调查研究，抗战时期他在云南所做的调查研究尤为引人注目。著有《易村手工业》、《玉村商业和农业》，上述两书收入与费孝通合著的《云南三村》；另著有《冀西山区考察报告》、《无锡、保定两地调查报告》等。

② 费孝通、张之毅：《云南三村》，天津人民出版社 1990 年版，第 5—6 页。

556 亩，菜地 109 亩。玉村每人最多只有 266 斤粮，粮食不能自给，主要原因是农田过少，亩产也不高。

怎样弥补农田的不足？主要依靠经营菜地。玉村是个商品性菜园村，蔬菜种植的种类，主要由销售情况决定。全村出产蔬菜除小部分（约 1/6）自给外，其余大部分（约 5/6）均被卖出去，销售市场很大。随着食品加工业的发展，对玉溪蔬菜的需求量扩大，蔬菜种植朝着商品化和专业化方向发展。这得力于玉溪的滇中商业中心地位及其便利的交通。玉村沙地提供五六倍于农田的收入，109 亩菜地的收入抵得上 556 亩粮田的收入，这是商品经济有利于发展农村经济的极为明显的例证。

玉村的粮食生产主要是自给性的，而蔬菜生产则主要是商品性的。这是粮田与菜地的区别，也是自给性生产与商品性生产的区别。虽然每亩菜地的收入比农田多得多，但玉村的富人热心于集中农田，而不热心于集中菜地。所以，玉村的农田和菜地的分别，也多少反映了贫富之间的分野。

玉村农业的半商品性的形成原因，主要就在于玉村处在玉溪县这样一个商业和交通均很发达的地区。所以，研究玉村农村经济时，不能脱离玉溪的商业环境。

（二）农作活动

玉村农业生产的特点是，受气候、土质和作物种类等自然条件的支配。农作活动只起一定的配合和辅导作用。在作物生长的过程中，农作活动也相应地发生变化，并且还有农忙季节与农闲季节之分。这就导致了劳力供不应求与休闲的不平衡和不连续状况的出现，给农业生产中的劳力调剂造成种种问题。

同时，农业生产的季节性影响面广，如影响收入、借贷、农产品价格等，还造成资金周转慢和农民生活的季节性等现象。这说明农业生产的季节性起着支配农村生产生活各方面活动的作用。所以要了解农村社会经济状况，就不能不研究农活的季节性。

玉村农业用地，可分成水田、干田和菜地三种。玉村农作活动的一个最重要的特点，就是全村经营了大片商品性菜地。与经营农田不同，经营菜地没有季节性的忙闲之分，只要多种几种蔬菜，在时间上配置得好，就一年到头有活干，也一年到头都有收获。再者，种植商品性蔬菜是一种比较专门的细活，其他农民不会干。因此，玉村菜地所用的劳动力主要依靠自给，而不像农田用工那样可以通过雇用工人来解决。所以玉村菜园的经营方式也不同于农田。玉村菜地上种植30多种园艺作物，蔬菜种植者不仅在培育技术上见高低，而且在配置蔬菜品种及适时播种上都要计划周详，这就在劳力调剂和金融融通上都胜过农田。

（三）劳动力调剂

中国的农村问题主要是劳动力过剩的问题。玉村粮田拖住了大批劳动力，却不能全年养活这些劳动力。玉村菜地使用了较小的一批劳力，并且完全能在全年中养活他们。造成这种差别的关键，无非在于农田有利于吸收资本，菜地有利于吸收劳力。富人资金多，穷人单靠卖劳力，这种贫富差别就表现在对农田经营和菜地经营各有偏爱上。

玉村劳力供应是能够自足的，但为什么玉村还要雇用外地工人？这是因为玉村壮劳力离村的较多，也因为去工市雇工时，雇主与雇工没有情面关系。劳力的供应对于经营者不但很便利而且很经济。所以雇工经营的方式在玉村颇为普遍。但是这种雇佣关系不是发生在本村富人与穷人之间，而是发生在本村富人与贫穷的夷人和普通人之间。经营菜地的劳力是由本村自给的。菜地上的全部自给的劳作再加上农田上的小部分自给劳作，玉村在劳力供给上还是自给超过雇用外工。玉村土地上的劳作仍以自给劳作为主，以雇用外工劳作为辅。玉村的菜地主要掌握在穷人手上，农田主要掌握在富人手上。因此，贫富两个阶层通过经济上相互需要而发生的雇佣关系，就不表现在同村的贫富者之间，而表现为不同地域上的穷人与富人之间。

一方面玉村穷人卖工的机会不多，而另一方面玉村穷人也不看重农田卖工的路。玉溪地理、地质环境特殊，各地物产差异大，这就增加了地区间货物交换的需要。玉溪商人经营大批洋纱、土布、鸦片、百货、土特产、手工艺品，于是出现了另外一种雇佣关系，即大商人出钱，农民奔波出力。由于这种关系，玉溪农民大多具有出远门的经验。

（四）农业利润

农业生产中的支出，以劳力、工具及肥料三者为主，按三方面核算，水田和干田的收入都是 287 元/亩，虽然水田种稻的利益大于干田，但因干田种稻而遭受的损失可由冬季作物补救过来。玉村各种粮田净收入相当多，每亩地租是 140 元，如租田经营，除地租外尚剩 48.86—94.96 元。净收入在扣除地租后，尚有一笔余额作为经营所得，这样，雇工经营的净收益大于出租的地租收入，所以玉村地主多愿雇工经营粮田。

从净收益来看，一亩菜地的净收益抵得上一亩水田收益的五六倍。但菜地并没有成为有钱人争夺的对象，其主要原因"是劳力供应问题。经营农田可以到工市上雇工，而经营菜地却不能在工市上雇到会种菜的工人。种菜的技术比农田要求高，主要依靠农家内劳力的自给。一家所能自给的劳力的限度也就成了菜园经营规模的限度。菜园所能经营的规模远比农田小，所以尽管菜地单位面积上收入大，从经营规模的角度看就远不如农田大了，尤其是自己不能脱离劳动，这就更不适应富人的需要"①。富人并不争夺菜地，尽管菜地单位面积收入大，且一亩菜地的地价与农田很接近。这也说明玉村菜地经营尚停留在小商品生产阶段，没能进到资本主义阶段，而这也是因为玉溪县的市场虽比较发达，但具有很大的局限性，没有为资本主义性的菜园经营创造条件。

从各种经营方式的利润率来看，"自由经营的利润率高至二分，低至一分七厘，这和旧式商业的利润以及旧式金融业的利息比较起来显然是低得多。所以在旧式的农田经营中，不能得到旧式金融业的支持。要扩大经营规模，主要依靠自家的资金，如果因为资金周转不来而落入高利贷网中，就要靠卖田典田还债或非破产不可"②。

除自田自地经营方式外，租田租地经营方式在玉村亦颇发达。租营田利润率达38％—61％，比自地雇工经营利润高得多；菜地利润率达120％，比租地雇工经营的利润率也高得多。"各种经营的利润率所以能够维持很大差别，这正说明在各种农业经营之间，资金并不能转移，经营规模不能随意扩大。经营规模不能随意扩大，则在利润率虽高而经营规模很小的情况下，收益可能较小，反之，在利润率虽低而经营规模很大的情况下，则收益可能较大。因此，观察经营利益大小的问题，利润率高低仅是一个因素，不是唯一的因素，反之，经营规模能否充分扩大，倒是更为重要的因素。"③ 玉村中小土地所有者大多雇工从事经营，而很少把田出租而靠租田过活的。但在一家一户的经营单位中，雇工经营的规模是相当有限的。反之，农户只要家中资金多，又

① 费孝通、张之毅：《云南三村》，天津人民出版社1990年版，第373页。
② 同上书，第375页。
③ 同上书，第376页。

能购到大批土地，就可把土地大批出租，并通过大批出租粮田来获取大批租金。正是这批商人大批出租的粮田，构成了玉村租田的一个重要来源。当然，商业的利润比粮田大，但经营风险大，而用赚到的钱买田出租，虽然利率低一点，但可以获得商业所不能比拟的稳妥性。

最后，玉村还存在着典田典地的经营方式。对于典来的田地，无论是雇工经营还是将其出租，所得利润率或利息率都比自田雇工经营或自田出租的利润率或利息率高。典田典地经营的净收入与自田自地经营的净收入相等。不过典来的田地在一定时限内将被业主赎回去。因此典田典地的所有权是短期的，如遇货币贬值，出典者要赔一大笔钱。

人们的经济活动，不单取决于利润率，最终还取决于其收益额。收益额是投资额与利润率的乘积。投资额相同，则收益额随利润率的高低而变化。例如自田经营除没有地租外，还多花一笔生产支出，结果净收益最低188元，最高234元。如果把田地出租，则虽少花了一笔生产支出，但由于脱离了经营，结果仅能收到140元地租。所以，在玉村，田多的人家宁愿从事自田经营，而不愿把田出租。总的说来，在当时的中国，"要发展资本主义农业是非常困难的。首先不易取得连片的大面积土地，其次不能取得为农业生产服务的金融支持，从而也就不能扩大经营规模和增加经营收益。这就没有发展农业资本主义的条件，从而也就不能使利润成为起着指导生产的主要作用，所以在玉村的农业经营中，利润率的高低极为悬殊，这种现象正反映了前资本主义农业经营的特征"[①]。

---

① 费孝通、张之毅：《云南三村》，天津人民出版社1990年版，第380页。

二　土地所有和土地使用

（一）　土地所有和雇佣关系

张之毅发现："玉村农民若不靠长久租入一些农田，则连食饭问题都不能解决。这说明玉村农田严重不足。同时，也突出了菜地在玉村农业生产中的重要地位，还是由于玉村有了100多亩经营得很好的菜地，玉村人生活支出才有了保障，玉村人的农田、菜地收入接近了支出，补救了收支的严重不足。"[1] 玉村总的来说是一个人多地少、患有土地饥饿症的村庄，不过与全国当时的情况相比，这一症状还是比较轻微的。最明显的一个特征是，自田自地的农家多，纯粹处于佃户地位的农家少。

玉村由于粮田少，本村出租土地的人家很少，村内租田的机会也极少，所以雇工经营方式是玉村的普遍经营方式。穷人主要靠经营菜地过活，即使非要卖工的穷人，也宁愿到工市出卖劳力，而地主也宁愿到工市上雇用夷人，所以村内穷富之间无论在租佃关系上还是在雇佣关系上均不发达。易村土地集中在本村的机会少，所以租佃关系和雇佣关系在易村也不发达。然而，禄村富人专在土地上讨生活，而穷人则因富人地多而仰仗富人讨生活。张之毅说："由以上可以看出各村土地多少，土地种类如何，土地分配情况如何，均对各村的经济活动和贫富之间的经济关系发生影响。"[2]

张之毅按经济情况好坏把玉村农户划分为四种：出租田地专靠收租维持生活者归入甲种村户，凡是自己经营自己田地能够维持生活者归入乙种村户，凡是自己经营自己田地不够维持

---

① 费孝通、张之毅：《云南三村》，天津人民出版社1990年版，第383页。

② 同上书，第385页。

生活者归入丙种村户，全无一点田地者归入丁种村户。在这里，张之毅在划分阶层时，不单以地亩数为标准，而是结合考虑以下四个方面的情况：（1）是自田自营还是出租；（2）田地的收入；（3）田地收入是否能维持一定的生活标准；（4）是否脱离劳动而有余。

玉村农田虽远比禄村少，但在农田的分配上却比禄村更集中，这是由于玉溪商业发达之故。一些大地主都通过商业积累资金，以其余资购买土地。玉村土地集中的表现是，甲、乙两种农户不到23%的户口，却集中将近80%的粮田。但全村无一点田地的农户仅占2.8%，比禄村的31%要小得多，这就形成了玉村菜地上不雇工，地主宁愿到工市上雇工，赤贫农民比禄村卖工机会少的状况。

从菜地所占田地总数的百分比来看，甲种农户为9.4%，乙种农户为15.8%，丙种农户为27.8%，田地总数中菜地所占百分比，由富户到穷户依次增大。

（二）租田租地

田地所有权与田地经营的分离，是通过租田租地和典田典地来实现的，其中租田租地最重要。玉村556亩粮田中租出89.2亩，占所有粮田的16%；109亩菜地中租出17.5亩，也占所有菜地的16%。无论农田还是菜地，被出租部分所占比例均很小。玉村的自有田地主要由所有者自己经营，很少被出租。那些被租给外村的田地，多在外村界内。即使有经济条件出租粮田的甲级村户，也仅出租其粮田的30%，乙、丙级农户没条件把田出租而过地主生活。因此，"甲级村户是能真正把田地出租靠收租过活的地主，乙级和丙级都是劳动农民。前者或是把土地出租或是雇工经营，都是靠剥削他人劳动过生活。乙级、丙级农户则是劳动人民，他们出租田地的社会性质截然与甲级农户不同"①。

玉村出租田地的人家很少,出租田地的数量也很少,远不足以满足无地农民的土地要求,于是有人向本村以外的私人业主租田,这些村外私家业主多住在玉溪县城内。这些商人兼地主的田地占玉村租田总数的46%。"所以单纯从农村地主而不把城市地主也包括在内来看,是忽视了玉村所在的整个县的土地集中情况的主要一方面。如果离开商业,则又不足以理解何以玉溪城内会出现许多大地主。这批商人兼地主,既从商业方面又从土地方面双重地剥削农民,这就是玉溪城乡关系的特点。"②

张之毅指出,玉村所租进的田地,多属四种业主:本村的私家业主和城市的私家业主,还有本村的公家业主和城内的公家业主。本村公家业主的公田77.9亩,占全村租进田总数的23%,本村公田是在顾全多数人愿望与救济贫苦农户的原则下,租给各公属下人家的。村外公田是县财政局的学田,以甲、乙、丙级村户租到的数量较多,因甲、乙级村户的社会地位高,易与管学田的人接近,再者把田地整批出租给家道殷实村户,收起租来稳妥简便。全村租入粮田337.2亩,其中21%属于公家业主。全村租进内外公田共149.26亩,占全村租田总数的44%,公田在玉村的租田活动中,显然占有重要地位。另外,租自城内私人业主的田地占37%,租自城内公家业主的田地占全村租地的21%,两项合计占58%;而租自本村私人业主的田地占17%,租自本村公家业主的田地占25%,两项合计占42%。由此可见,"玉村的租佃关系主要发生在城市和本村之间。这是玉村租佃关系的一

---

① 费孝通、张之毅:《云南三村》,天津人民出版社1990年版,第391页。
② 同上书,第391—392页。

大特征"①。而菜地租佃关系主要发生在村内各级农户间，不像粮田租佃那样主要依靠城市业主。

玉村 156 户中，72 户租进田地，3 户既租进又租出，总共 75 户，几乎占全村总户数的一半。在 75 个租户中，甲、乙两级富户占 28.6%，但所租粮田竟然占租田的 45.6%，而占租田户数 71.4% 的丙、丁两级穷苦户，只租到租田的 54.4%。"少数富户除有自田外还增加较多租田进来经营，这种现象值得注意。这是因为玉村地租不算高，工价又比较便宜，而且散工的供应很充分，土地又较肥沃，普通一亩农田的净收入支付地租后仍可得到一笔利润。这说明在玉村这种条件下，出现了资本主义经营方式是有条件的。"② 玉溪城市大地主是把地租给农村的大租户，即靠租地雇工经营的这批人。他们社会地位相同，共同剥削穷人。一个分配地租，一个分配利润。一般玉村人在形式上雇工租营大批农田形成资本主义经营方式，但在根子上却完全是前资本主义的、落后的然而却切合当时实际的思想。

租田租地的增益，几可抵补全村亏空的一半，承租田地对于玉村经济的帮助甚大。

（三）典田典地

典田典地在农村并不发达，全村 556 亩粮田，仅出典 54.8 亩，约占所有农田的 10%。全村 109 亩菜地，仅出典 8.1 亩，还不到 8%。把田典出去是一种过渡性的买卖行为。在出典田地的业主中，村外私家业主值得一提，这批村外私家业主一共 10 户，多是玉村的迁出户。

---

① 费孝通、张之毅：《云南三村》，天津人民出版社 1990 年版，第 393 页。
② 同上书，第 394 页。

（四）田地经营

在玉村全村经营的 798 亩农田中，租田占了 42.3%，显然租田对于补救玉村农田不足起了很大作用。

"全村 156 户中，除了 44 户无田无地的农户外，其余有田地的农民一共是 112 户，这 112 户中，经营的农田数完全等于自有田的 56 户，刚好占 112 户的一半。在菜地方面，经营菜地数完全等于自有地的 72 户，占到 112 户的 64.3%。这说明无论农田或菜地的经营，都主要建筑在自有田、自有地上，但两者之间，菜地经营比之农田更多依靠自有的土地。"① 玉村兼营农田和菜地者最多，占到全村的一半，单营农田者只有 39 户，仅占全村户数的 25%。单营菜地者 18 户，少到只占全村的 10% 多一些。兼营田地和专营农田的合计占 70%，兼营田地和专营菜地的合计占 61%。

在兼营田地者、单营农田者和单营菜地者中，都混合了甲、乙、丙、丁不同级别的农户。但其中甲种农户兼营田地者最多，达 67%，其次是单营农田者，占户数的 33%，单营菜地的没有；乙、丙两种农户的分布，按兼营田地者、单营农田者和单营菜地者而依次降低，而且乙、丙两种农户中都出现了单营菜地者，其户数分别占 4%、14%；丁种农户兼营田地的户数已由第一位退居第二位，单营农田的占 41%，单营菜地的占 26%。乙、丙、丁农户单营菜地户数所占比例分别为 4%、14% 和 26%。菜地单营百分比的依次升高，有力地说明了穷人爱糟地的特性。从农田和菜地的经营来看，确实是穷人偏重于菜地的经营。

甲、乙两种农户合计户数占 23.71%，所拥有的农田却占了 79.4%，菜地占 59.53%；同时经营了 62.9% 的农田，40% 的菜

---

① 费孝通、张之毅：《云南三村》，天津人民出版社 1990 年版，第 411 页。

地。甲、乙两种农户经营的农田所占百分比均大于经营的菜地所占百分比。反之，丙、丁两种农户经营的农田的百分比均小于经营的菜地的百分比。

从农业的净收益的分配看，菜地是一个重要因素，对缩短贫富差距起了一定作用，其次，在农业收益分配上还有一个重要因素，就是劳力费用，也起了缩短贫富收入差距的作用。但这根本不能改变土地占有的贫富差别，最多使占有和使用土地较少的穷人能够通过劳动收入维持最低的生活水平而已。从农业净收益和劳力收入合计的分配情况看，张之毅发现，从甲到丁级户，每户平均收入中的劳力收入所占百分比依次加速提高。这说明富裕农户农业收入的增加主要靠经营田地多，而对贫穷农户收入的增加来说，劳作收入就占有重要地位了。

三　织布和养鸭

（一）织布——城乡关系

在农业活动以外，玉村人还有一些经济活动，以求增加收入，织布就是其中的一种。全村除 44 户外，其余 112 户都织布，织布户占村户总数的 71.8％。具体地说："甲种农户中织户占33％，乙种农户中织户占 71％，丙种农户中织户占 80％，丁种农户从事农业的 27 户中有 22 户是织户，占 81.5％。所以愈是贫苦的农户，从事织户的百分比愈大。"[1] 而且贫户的妇女织布者较多。

玉村专业织户极少，织布业没有向专业化发展。这主要是由于织布的利益太小。织户卖布买纱，而纱布庄则卖纱收布，由此便产生了纱布互换的办法。布纱的换率由纱布庄参酌织工优劣及

---

①　费孝通、张之毅：《云南三村》，天津人民出版社 1990 年版，第 424 页。

市场情况来决定。

张之毅比较了织户处境的今昔差别。清末年间，洋纱洋布还未进口，玉村以及玉村所在全县的织户购用土花纺成土纱，织成土布，土布的价格较高，织布的收益相当好。但自洋纱、洋布进口后，织户处境日非，洋纱取代了土纱的地位，因此，大都市洋纱市场一有风险，即波及乡村织布工业。事实上是外国机器纺纱业通过中国纱商之手，打垮了中国手工纺织业，挤倒了中国的手工织户。

不过，由于当时"机织布的生产率还不够高到把布价大大降低下来。另一方面则由于农村织户的工价特别低廉。而一般农民的生活程度又很低，他们宁愿要粗厚结实的土布，而不愿要精细美观然而并不耐穿的机织细布。这样，手织业就仍然残留下来出现在农村市场上"①。

农民的农业收入不足以维持全家生活，不得不搞些副业，织布就是农业以外的副业。他们把织布当做农事以外的余时余工，赚几文添补家用，而不专靠织布讨生活，也就接受不够一饱的工资条件。但这竟给少数纱布商人创造了巨大的收入，而且出现了属于资本主义性质的工场织布手工业，不仅如此，他们还以商人身份雇用农村织户为他们织订货，形成资本主义性质的商人雇主制，亦即"家内工人制"，打破了土布行销农村的局限性。"所以作为农家副业之一的织布业不仅造成了玉溪的纱和布的贸易，而且也带动了其他巨宗货物的贸易。这些大宗贸易育出了一大批巨商。这批巨商利用其余资的一部分又从农村购去了大批农田，他们成为出租农田给农民的城居地主。这就是由织布业组成的城乡关系和农田租佃组成的城乡关系的一种内在联系。这样就形成了

---

① 费孝通、张之毅：《云南三村》，天津人民出版社1990年版，第430页。

玉溪商人，既从织布业剥削农民又从农田耕作上剥削农民。"①

（二）养鸭

在玉村，除农业外，织布是比较普及的生产活动，其次就是养鸭。养鸭正如织布那样是以乙、丙两种农户占多数，甲户不养鸭，丁户少养鸭。因为养鸭户须具备收益稍多和人口稍多的条件，乙、丙两种农户正好具备这些条件。

在农业、织布和养鸭三种经济活动中，全村织布收益为田地收益的 3.5％，养鸭收益约为田地收益的 1.5％。在全村的整个收益中，仍以田地收入占绝大部分，织布和养鸭均只占很小部分，而养鸭所占的部分尤小。所以从事农业是玉村农户全体参加的活动。织布亦是普及全村的活动，养鸭户只占全村 7％ 的人家。养鸭之所以不能普遍，不外是因为野食供给量非常有限以及村域内田地有限之故。

四　家庭消费和积累

从生产收入的综合比较，从村户的自田自地外的各种增补收入所发挥的作用及所占的比例，可以看出：（1）农业收入占该村全部收入的 81.53％。（2）112 户所从事的织布业的收入仅占全部收入的 3.25％，在全村收入中处于一个微不足道的地位，但却为商人创造了致富的条件，而织户得益很少。（3）农业收入和织布收入合计只占全村总收入的 84.78％，仍然不能完全解决村人的生计问题。所以全村竟有 90 人离村外出讨生活，从事手艺、商贩、杂工、杂役。这批人的外出谋生很值得注意的是：第一，人数众多，出外谋生的有 90 人，几乎与农田上劳动的男子数

---

①　费孝通、张之毅：《云南三村》，天津人民出版社 1990 年版，第 433—434页。

（93 人）相近；第二，外业收入占全村总收入的 15.16%。所以玉村农田上所需劳力的 54% 要通过从工市雇用村外人（主要是夷人、山边人）来解决，以致农田劳力自给部分只占 46%。（4）在农业收入中，田地收入占主要部分。在田地收入中，由于菜地的净收益超过农田收入五六倍，而菜地又可以利用本村农业劳力，不像农田需要向外雇大部分工，所以尽管菜地比农田少很多，但菜地收入所占比例达到 54%，而农田收入只占 46%。（5）玉村收入构成中还有一个显著特点，即商品性生产占绝大比重。单是商品菜地收入一项，就占到全村收入的 39.69%，加上养鸭、织布就增至 44.35%，再加上手艺、商贩、杂工、杂役的收入，这一比例达到 59.51%。所以，玉村的生产与商品市场关系很密切。这种特点影响了玉村的金融融通和消费生活。

玉村是个人多地少、田地收入不足以维持全村人民生活的农村，所以玉村人从各方面寻找补充收入。从全村生产收入和生活支出来说，谈不上盈余。玉村四种农户由贫到富，在生活费用上的差别是很大的。但是收入多的农户，人口也多，每人的生活享受水平也高，因此玉村的富户并没有什么积累。"本来甲乙两种农户是有条件积累一些资金的，但由于他们一方面既未能利用他们的田地发展各项生产，增大收入，另一方面又由于他们生活随收入而上升得很多，这可能与玉溪县商业发达，有钱商人的消费高造成的影响有关，所以也就盈余不了多少资金下来。"[1] 至于丙、丁两种穷困农户，收入少，维持日常生计尚有困难，所以在婚、丧、住宅上的支出就显得特别寒酸。

玉村人比易村人更爱花钱，而这与玉溪的城市繁华有关。一方面，玉村因玉溪的繁华而在园艺上谋求发展，另一方面也增加

---

① 费孝通、张之毅：《云南三村》，天津人民出版社 1990 年版，第 480 页。

了一般村人的花费。玉村的织布业、种菜业、养鸭业都是商品性生产，玉村人因此手中活钱多，又处于纱布商业发达的县境，各地特产与纱布的交换使玉溪成为一个商品集散中心。商业上许多致富的例子，使玉村人深深懂得，在资金积累的速度上，在经营利润的厚薄上，农业远不是商业的敌手。玉村富人就多是通过商业致富的。因此，玉村人就不像纯农业地区的地主们那样重视农业生产的积累作用了，更不愿靠生活支出上的节俭去寻求资金的积累。这些客观存在的事实，不能不对玉村富人的生活享受态度发生一定影响。"总之，玉村大多数人家无由累积财富。少数富农中又有一部分在消费上放纵无由累积。即使有小部分在累积财富，但在财富累积的过程中，又有一些生死嫁娶建屋分家一类不可避免的事情来消耗和分散累积起来的财富。于是农村里的财富，始终限于随聚随散的一种局面中，很少能超脱这种局面而致富的。"①

五　农村人口的外流

（一）浮悬未系的赤贫之家

玉村村户的主要生产收入都来自农田菜地。但因地少人多，加之分配不均，很多村户均只占有极小一点儿田地，更有不少村户竟完全没有田地，像这样的人家有 44 户。如果自己无田地而又不愿放弃农业经营的企图，则唯一的机会就是租田。但由于玉村的富户多采取自田雇工经营方式，在玉村村户间，租田租地的机会很少，全村主要靠向县城内的地主租田。但玉村富户却和穷人争着从外面租田，结果是 14 户富户，租入 154 亩农田，61 户

---

　　① 费孝通、张之毅：《云南三村》，天津人民出版社 1990 年版，第 485—486页。

穷苦户仅租入 184 亩。在全村 44 户毫无一点儿田地的赤贫户中，有 17 户没能租到一点儿田地。因穷人缺少农术，田种不好，所以穷人比富人租田难。而且租田经营利薄，不比小商小贩好多少。于是，玉村穷人们靠租田讨生活的，就不像纯农业地区的农村多。

况且，如上所述，玉村的富人们宁愿去工市上雇用夷人，而不屑雇用本村穷人。因此，玉村穷人一则在卖工的机会上竞争不过夷人，二则因为在农田上卖工的时期一年不过三四个月，所以在农田上卖工的事亦无多大发展可图。菜地上劳力自给，没有卖工的机会；农田上本村的劳力仅自给 46%，其余 54% 靠外来的劳力。丙种农户农田经营在劳力上主要靠自给。只有丁种农户才以 54% 的劳力自给，46% 的劳力出卖。不难看出，玉村穷人靠在农田上卖工谋生的人数是极少的。村中副业只有养鸭、织布两项，工作报酬还不敷饭食费。穷人们不能不走出村外谋求发展，他们多靠小手艺小生意营生。1922 年以后，玉村没有穷苦户迁入，却先后有 33 户迁走，即将近 1/5 的村户因贫困难以维生而迁走。这说明两个问题，一是贫苦户不易在玉村继续谋生，二是玉村人向外活动能力强。

（二）富户迁去城市

玉村的贫苦村户为了维生迁出玉村，而一批殷实之家，在玉村有较雄厚的经济基础，为了生活上更安全舒适，经济上更加发展多迁至附近县城。玉村先后迁出殷实之户共 20 户，17 户迁到玉溪县城，2 户迁至峨山县，1 户迁到上海。地主进城不单求安全，还为了做生意。玉村地主迁移的路线是在农村与城市间。而 37 家贫苦村户中，20 家迁往外县。富户迁至县城，采取田产在乡而居住在城的分离办法。田产和居住地分离的结果是他们只能放弃田地经营。把田地全部租出去收取地租的有 13 户，只有 5

户仍不放弃农田经营。"但是在 13 户全部放弃经营的离地地主中，专靠收租过活的有 8 家，其余 5 家兼营商业，这种把地租收入和商业收入相结合的现象，正反映了玉溪商业发展的这种特征。"① 穷户和富户迁出共 57 户，使玉村从 213 户减为 156 户，亦即迁走了 27％的村户。

（三）个人离村

除了全家迁走的情况外，玉村人口外流的另一种方式就是个人离村。全村 156 户 785 人，离村的有 75 人，每 2 户或每 10 人中有 1 人离村。其中直接被征兵征走的、显然为避兵役而出走的以及多少也与逃避兵役有关联的共有 26 人左右，约占离村的 75 人的 1/3。这部分人离村的目的不仅是保全个人生命，也是保全一家生存。

费孝通和张之毅发现："离乡背井在玉村人心目中不算一回难事。这已是他们的传统了。此种传统是在交通便利商业发达的玉溪整个环境中养育成的。它的根基却深植于农村经济结构中，由于田地分配太少，许多人不能待在村里单靠农业维生，被逼出外谋生活。更由于农业里不易累积财富，要想发财必得离开农村，绕出农业以外谋发展。这种产生于玉村经济结构中的内在因素，配合上玉村所处的商业环境，遂形成他们轻于离乡背井的传统。"② 这批出门的人大多是年轻力壮的男子。在离村的 75 人中，被征兵征走的 11 人当然是年富力强的男子，其余 64 人中，除了 2 个妇女 2 个小孩外，余者都是 11—50 岁的男子，包括童年、青年和中年人。

在这外出的 64 人中，属甲种村户的 10 人，属乙种村户的 9

---

① 费孝通、张之毅：《云南三村》，天津人民出版社 1990 年版，第 498 页。

② 同上书，第 500—501 页。

人，属丙种村户的 23 人，属丁种村户的 22 人。各种村户中出门人数占其全部人口的比率是分别为 15％、5.1％、6.6％ 和 11.4％。甲种村户是村中最富的，丁种村户是最穷的，他们中出门的人在比率上均较大。

未受过教育的穷人和受过教育的富农子弟在外所择职业，显然有很大的分别。穷人们出门后，所从事的职业门类很庞杂，用得着专门技术的部门很少，他们可以随便就业，也可以随便弃业回村。他们往往游荡于各业之中，徘徊于乡村和城市之间。受过教育的富家子弟的择业态度不如穷人那样随便，他们从事的职业需要相当程度的教育，有特种技术的训练，需取得某种特定的资格，由本业转到另一职业困难多，职业性质固定，适于长期做下去。

（四）人口外流与田地经营

无论贫户富户，一旦外出，由于田地和居住分开而不便经营，往往就把田地租出去。在玉村人所经营的田地中，有 11.6％ 的农田和 6％ 的菜地，就是从这些迁走的人手中租过来的。迁走的人家因居住地和田地分离不得不趋于放弃田地的经营。留村的人家却因子弟出门而发生经营人手缺乏的现象。出门发展和农村经营是不能两全的。富家所走的路向，正针对着出门求发展的一方面，迟早要放弃田地的经营。而个人离村的穷人，家里本来田地少，他们缺的是经营中的田地，却不是经营中的人力。如不将全家迁走，终究须回到农村和农业里讨生活。受过中等教育的子弟，则转入城市中的其他职业，而不再回到农村从事农业经营。

人口外流对于农村经济的影响很多，使田地经营规模发生变化只是其影响的一端，而财富猎取乃其另一端。

六　传统社会中财富的猎取

在农村，一家一户拥有的土地那样少，资金积累既小且慢，所以没有一家是专靠农业来致富的。玉村在农业方面，也同样难于积累财富，织布、养鸭不能扩张，也发不了财。

"在谋生和发财的双重目的下，以及鼓励村人出门的传统精神中，玉村先先后后均有大批出门的人。他们在各方面试探和开辟发财的路径。可是成功的路径不外乎做官、私贩鸦片和经商三条路。做官发财是凭借政治权力作掩护，以权谋私。贩鸦片是通过政治权力的干涉，甚至武装集团走私的形式出现过。两者都是用非法的手段达到猎取财富的目的。"① 至于经商发家则属于经济活动的性质，与前二者的非法性质不同。

做官的虽未必都能赚钱，但若做官者愿把职权当做一种盈利的手段，在吏治腐败的传统官场中，发一笔横财并不是件太难的事。做了官要发财是容易的事，但难的却在做官所需的资格。无论从政从军，要想获得一官半职，均非相当学历不可。

从清末民初以来的四十多年中，玉溪县出了一批巨商，大都是靠贩鸦片和经商起家的。其中有一位就是玉村人，他发了大财后迁到了县城。这说明，在玉溪这个商业地区，发财的主要途径是鸦片和经商，至于升官发财已不占显要地位。

玉村贫苦人弃了锄头，从事小商小贩、杂工等，练就了一副胆子和一套出门的经验。他们就用这副胆子和全套经验作本钱，从事风云际会的鸦片偷运，居然在做官之外开辟了另一条猎取财富的路子。玉溪历史上曾种过鸦片，因清末民初禁种鸦片，鸦片缺货，价格高涨，于是玉溪以西各县及缅甸境内烟土大量内销。

---

① 费孝通、张之毅：《云南三村》，天津人民出版社1990年版，第509页。

玉溪是商业发达、金融融通之地，有大批人从事偷运鸦片的活动。鸦片贩运的盈利之速和盈利之大着实惊人。

烟土走私必须躲过政治权力的干涉和土匪趁机而起的掠夺，所以危险亦随大利而俱存。在贩运鸦片的活动中，也有贫富之分。富人出钱穷人出力，因为长途贩运既辛苦又危险，所以贩烟的报酬亦相当可观，远比在农田上卖工收入多。"玉村既有一些人家因吸鸦片败家或仍在走向败家的，又有少数人家因贩卖鸦片而兴家的，在玉村的土地转移过程中，鸦片起着正反两方面的作用。"[①]

七　商业资本的活动

商业比之农业，积累财富的能力要大得多。恰好以农业为主的玉村，正位于商业发达的玉溪县境内。农业的贫困和商业的富裕，存在一定的关系。

玉溪的商业活动中，洋纱似乎可以称作主角。玉溪开辟了一个推销洋纱的大市场。"这样洋商通过对洋纱的控制而控制了织户。其后纱布互换办法实行，织户成品的土布，亦被控制在商人手中。这样织户的处境就愈趋下降，成为替纱商把原料织成成品的织工，不复是经营布业的独立经营的小生产者了。但是织户的所失，正是商人的所得。织户由兼顾纺、织转为专事织布，于是织布的数量大为增加。"[②] 玉溪便成了纱、布聚散的交易中心地，由于纱布交易总数大，商人收益多，因此亦刺激了其他商业的繁荣。玉溪与外县物资交流所以频繁，除了受到纱布生意的刺激外，还靠玉溪经济地理基础的支持。

---

① 费孝通、张之毅：《云南三村》，天津人民出版社 1990 年版，第 517 页。
② 同上书，第 519 页。

成为玉溪商业骨干的洋纱业有个最大的特点，即风险甚大，富于投机性，也就是随着香港、上海等地行情而变。这些都说明，玉溪之所以能出现一批巨商，一则与玉溪县的商业传统有关，二则与中国进入半殖民地半封建社会的一定历史时期的时代背景有关。

而且，商业资金与鸦片贩卖相结合，正是玉溪这一地区的商业的一个特点。"在鸦片的贩运中，穷人出力气，富人出资金。这些资金中包括地主剩余下来的，也包括商人投放的。此外还包括由帮富人搞贩运积得的一些小本钱，进而也当做鸦片贩运资金的。但三者中，还是以商人资金雄厚，搞鸦片贩销的投资数额最大。"[1] 在诸种商业中，与鸦片关系最密切的是纱布生意。对于玉溪而言，是以布、纱换取鸦片。自玉溪以西、以南各县而言，则是以鸦片换取布、纱。两者在贸易上由此得到平衡，并起了相互促进的作用。"商业资金在作育成鸦片的兴旺市场，则反过来也可说，鸦片市场的存在亦足以促成商业资金的兴旺。"[2] 对于了解像玉溪这种内地商业所以繁荣的原因来说，鸦片是最为重要而不容忽视的因子。

玉溪商人在金融上的活动，分为"赊会"、存款和放债几种方式。因此农村里的金融大权大部分通过富农转移到村外的商人手里去了。商业资金的转化趋势是，一方面投资矿业，另一方面投资交通运输事业。但这两方面的投资与玉溪商业方面的资金比起来是微不足道的，至于在近代工业方面的投资则更是没有。在半殖民地半封建社会的旧中国，是不能期望玉溪的旧式商业资本会出现向产业资本转化的趋势的。在玉溪商业

---

① 费孝通、张之毅：《云南三村》，天津人民出版社1990年版，第525页。
② 同上书，第526页。

中，无论洋纱还是鸦片都是投机性的，经营者具有暴发户的性质，并不需要坚强的合理的组织，以便在发展正规的合法的业务方面求得生存。因此，玉溪商业的投机性中就包括商家所缺乏的持久性。玉溪的一批巨商，几乎都是在清末民国初年依靠洋纱和鸦片起家的。

即使是新兴富商，也采用两种经营方式，一种是工场手工业方式，另一种是商人雇主制下的家内工人方式。开办工场手工业，可以定期定量生产出一批宽面细布来，以便经常不断地供应市场需要，同时又可以利用家内工人织布，以扩大和调节布匹的供应量。

商业对农村经济的影响是巨大的。在玉溪的商业活动中，许多方面都有农村的一部分贡献在内，如在玉溪商业活动中唱主角的纱、布生意，就靠着农村织布工业的支持。又如，具有繁荣玉溪市场功用的鸦片烟，也有一部分是靠农村穷人出门运来的。繁荣起来的商业的一部分资金也投放到农村，而农村的一部分资金，又成为商业吸收的对象。贩来的鸦片中有一小部分就地在玉溪农村中销售。所以玉溪农村对于玉溪商业的发展起了重要的作用。再从玉溪商人与外地商人互市的物品来看，如由玉溪运出去的布匹，由镇宁、普洱、车里、佛海运来的茶叶，由楚雄、祥云、大理运来的猎物，由迤西、迤南贩来的鸦片、药材与皮革，无一不是本、外地农村生产的农产品。再者，由玉溪运出去的洋纱和土布，也以外地农村作为销售对象。所以这种商业完全是建立在农村经济基础上的。这是一种为推销洋纱服务的买办性商业，而且它还与非法的鸦片贩运紧密结合在一起。这样就形成了商业的某种掠夺性和投机性。

建立在农村经济基础上的商业，反过来给玉溪农村一些什么影响呢？纱商以布纱互换的办法，操纵了织户的成品和原料（纱）。即使商人开设了手工工厂，雇用了一批工人，却另外还实行家内工人制，把织机和洋纱交织户，再按件给付工资，于是织户在形式上和实质上都完全成为脱离工具和原料的劳工了。

八　资金利用与土地权的集中

（一）资金的利用

玉溪商业是一种旧式商业，洋纱生意即其一例。玉溪商业又与外国机器制品洋纱排挤手纺纱的过程不可分离，是极富冒险性的商业。这种商业是外国机器工业打倒中国传统手工业的过程的产物，是中国沦为半殖民地半封建社会的过程的产物。

玉溪在洋纱和鸦片生意上拥有的巨资，也曾往矿业、交通运输业上投放过，但是没有一户往近代机器工厂的制造业上发展过，当时的政府不仅不鼓励和支持商业资本向产业资本转化，反而对商人事业进行粗暴掠夺，并且官商勾结共同经营鸦片走私生意。

商业资金流向土地。商业里剩余资金的一小部分投向土地，商人们想买进一点儿土地为自己留点儿退路，但这并不是他们的主要经营方向和努力实现的最终目的。

（二）城乡地主在土地上的不同剥削方式

居住在玉溪城里的一批大小商人，用商业里剩余的资金购买了农村的大批土地，但由于忙于商业经营以及城居之故，他们多将土地出租给农村的贫农耕种，每年收取一个固定数目的租额。而居住农村的地主则由于有廉价的劳动力多系雇工经营，经营地主远比出租地主普遍。但村内贫富之间很少发生租佃关系。玉村农田是租入多于租出。长期租入的农田主要属城市商人所有。而且，在玉村的富农中，还出现了自地兼租地雇工经营的方式。"在玉村，富人爱榜田，穷人爱榜地。"① 可见玉村在田地上的剥削与被剥削关系，主要不是发生在本村的富人和穷人之间，而是发生在本村富人和山边穷苦夷人之间。

（三）田地的分散与集中

根据张之毅的计算："若把本村卖出买进的田地数加以比较，住村的共卖出田 23.9 亩，地 3.6 亩；买进田 3.5 亩，地 6.7 亩，故净卖出田是 20.4 亩，净买进地 3.1 亩。田的所有权向村外人（几乎全是住在城里的人）流动的趋势是很显然的（虽然数目并不大）。若把迁出的仍算做本村的，则本村人共卖出田 32.1 亩、地 6.75 亩，共买进田 19.5 亩，地 6.75 亩；仍净卖出田 12.6 亩，这 12.6 亩乃完全落在非本村人的手上。"② 卖田的原因很多，有的卖养老田，有的因鸦片嗜好经济窘迫，有的非常挥霍，卖田最多的是破落家庭，有的经商失败卖田。在土地的集中与分散的过程中，鸦片扮演了一个极为重要的角色。

张之毅认为："土地权所以向城市集中，意味着当时的农村经济日趋凋敝。所有使得农家出卖田地的原因，如鸦片嗜好，如疾病、死亡，如婚娶，如争讼，如兵役出钱请人顶替，以及其他种种，都只是使得田地出卖的近因或外在原因。真正的内在原因，还是由于当时农业生产力太贫弱，累积财富的力量太小。一般农家经济均很窘迫。这样他们保持土地权的力量本来就够薄弱了。"③ 一遇风波与打击，便非卖田不可。

---

① 费孝通、张之毅：《云南三村》，天津人民出版社 1990 年版，第 552 页。
② 同上书，第 553—554 页。
③ 同上书，第 557 页。

农业积累资金的速度太慢，"农村的土地就不断向城市集中，因为城市中做官和经商的人多，而农村则是经营农业为主，土地向城市集中，也就是由农业经营者手中转变到做官和经营商业的富有者的手中，但土地所有权可以进城，土地经营却只能留在村中。这样农村在手工业方面日益织工化的同时，在农村经营上就日益佃农化"[1]。

最后，张之毅指出了国民党政府对农村的加紧剥削及其后果。国民党政府发行法币代替银元，又实行统制实物的办法来掠夺人民。货币贬值对地价急剧下降起了很大作用。田地价格下降对购买者有利，但实物征购又对购地者不利。而且粮价看涨，地价看落，有钱买地不如购买粮食。换言之，与其投入农业收取地租，不如投入商业里从事投机生意，商业排挤了农业。

九　费孝通对四种类型社区的比较研究

费孝通对江村、禄村、易村[2]、玉村这四种不同农村类型的社区进行了比较。在这种比较研究中，他运用了家庭土地拥有量、主要农作物、平均亩产、农田总收入、家庭粮食消费量、租地量及租金、粮食消费和支（收）地租后的剩余等指标。通过比较，他发现，禄村和易村在支付（或收取）租金和日常开销之外，农田收入用于其他消费的剩余很少，而玉村和江村则是亏空

---

① 费孝通、张之毅：《云南三村》，天津人民出版社1990年版，第557页。

② 为了研究内地农村手工业的发达对土地制度的影响，以及如何使农村手工业转变成现代工业等问题，在费孝通的悉心指导下，张之毅翻山越岭到劳力密集和资本密集的易村进行调查，写出了《易村手工业》一书，1943年由重庆商务印书馆印行。张之毅的易村调查主要集中在两个重要方面：（1）乡村工业所占的位置及其对土地制度的影响；（2）乡村工业如何发展成现代工业。

状态。大多数村民处于贫困和无地状态，有 70％左右的人不能靠自己的土地维持生计。因此，大多数村民必须到农田之外去寻找收入来源。对此，费孝通提出了两种可能的解决办法："一个是改变原有土地使用的方式获得收入；另一个是利用农田上生产的原材料发展工业的方式，开拓新的收入来源。"[①] 玉村种植蔬菜是第一种方式的运用，江村的蚕丝业和易村的编篾器和造纸是第二种方式的运用。

第二种方式的乡村工业在中国相当普遍，费孝通看到了中国传统工业的性质和其存在的必要。中国传统工业是分散性的工业，甚至分散在家庭中。传统工业之所以存在，是因为农民不能完全依靠土地生产维持生计。传统工业的分散是因为农业生产需要季节性劳力，而农民则利用农闲时的劳力从事分散于家庭中的工业。

通过江村、易村、玉村的对比研究，费孝通得出了现代都市工商业的发达促成乡村工业崩溃的推论。易村受现代工商业的影响浅，乡村工业依然；在玉村，由于受现代工商业发展的影响，农民不得不放弃纺纱，用织布去换纱，由于失去了原料生产者、纺纱和销售者的地位而收入减少，由于贫困而出卖土地。受现代工商业影响深的江村、玉村工业衰落，大量土地外流，一半土地在不在地地主的手中。现代工商业尤其是外国工商业给中国乡村工业的冲击造成了一系列土地问题。同时，费孝通提出了一系列挽救乡村工业和解决中国土地问题的设想。

---

① 包智明：《论费孝通的比较研究》，潘乃谷、马戎《社区研究与社会发展》，天津人民出版社 1990 年版，第 167 页。

第四节 陈达和史国衡对抗战时期昆明
工业和劳工问题的调查研究

一 陈达对抗战时期昆明工业和劳工问题的调查研究

在抗日战争时期，陈达教授在西南联大工作期间，搜集国民党政府公布的劳工材料、报纸杂志等，并且亲自领导清华大学国情普查研究所对昆明的工厂与劳工进行实地调查研究。陈达采用科学的调查方法，对资料进行了准确严谨的分析。其研究成果既反映了中国战时劳工的特点，又比以往研究有所深入和创新，是今天研究 20 世纪 40 年代中国工业和工人阶级状况的极为宝贵的历史文献。

（一）抗战时期昆明工业各阶段的特点

由于抗战工业和大量人口的迁入，而且移入的人大多是工商业者、技术人才和技工，输入的则是大量工业器材设备，所以，昆明成为西南交通的枢纽。1937 年，昆明及其附近只有 7 个厂，而 1938 年以后发展到 35 个厂，1945 年达 42 个厂。昆明工业的发展可分为以下几个阶段，且各有特点。1940 年上半年是创立期，该期的特点是：有滇越铁路与海路交通；有官僚资本工业企业迁入或开办；向沿海一带招募技工；物价平稳。1940 年下半年至 1943 年上半年是工业发展期，该期的特点是：滇缅公路代替滇越铁路成为主要交通干线；小厂纷纷成立；大量需要交通运输工人；粮价物价狂涨；厂方挑选工人与工人跳厂盛极一时；工人的训练特别受到工界的重视；工厂实行囤积原料的政策；出现工资津贴制度。1943 年下半年至 1945 年下半年是昆明工业的维持期。期间，与交通运输有关的小厂，特别是修理工厂，纷纷停闭；造成交通运输工人一时失业；物价加速上涨；工业大多靠美军需要来维持；工人的生活更趋贫困；最后，由于日寇投降，物价陡然下降，工厂纷纷停业裁工。

（二）抗战时期昆明工业发展各阶段的劳工问题

从昆明工业崛兴的发展过程可以看出，三个时期内，工人的处境与劳工问题的特点各不相同。初兴时是技工的黄金时代。发展中期，物价飞涨，工人生活受打击，工人跳厂流动性很大，而工厂由于是靠囤积原料来维持的，所以给投机商、交通运输工人带来好运。而1943年后，交通运输工人也过剩，工业依然不靠生产而靠囤积原料维持，物价飞涨，工人生活每况愈下。尽管工人的处境不如工业初兴时期，但他们的实际收入仍高过公务员、教员的待遇。从此特点可看出，昆明的工业不是根据地方的需要而发展的，因此其招募工人及工人流动也有特点。初兴时官僚资本工业从沿海招募技工，之后逐渐由上海西移，招收长沙、桂林、贵阳等地的技工。1940年左右，民营企业从官僚资本企业挖取工人，工人流动频繁，招募与招考工人都是在大量需要工人的情况下，通过介绍、自荐、随厂迁徙等方式进行的。工厂越大，工人进厂的方式愈多。云南籍工人最多，外地14省来的工人总计约占1/2，且大部分是技工。陈达领导的清华大学国情普查研究所调查的42个工厂的11046人，占昆明两万工人的一半多，因此该调查结果是具有代表性的。

（三）对抗战时期昆明工人的基本状况的调查

国民党政府《工厂法》规定，每日工作时间最多不超过10小时，然而工人实际加班加点达每日12小时。大部分工厂采用一班制，不愿采取两班制，这样可以任意加班。极少有工厂实行8小时工作制，42个工厂中有35个工厂采用加班方法，延长工时，剥削工人。《工厂法》规定女工、童工不做深夜工，而在42

个工厂中，有 26 个厂有深夜工，女工、童工照样做深夜工。至于休假，国营、省营大厂每年休 5—8 天假，其他性质的工厂休假更少。同时，由于物价愈涨愈高，津贴不断增加，工人的实际收入反而降低，工人生活无法得到保障，工资水平脱离了工人的能力和成绩，工作与报酬普遍脱节。虽然有各种津贴和各种各样的奖金，如工作奖金、年终奖金、生产奖金、自由奖金等，有的工厂尤其是民营厂还有红利，但工人的实际收入仍赶不上物价的上涨，即使是占优势地位的外省人的收入，也赶不上支出。至于工人的福利以及为住厂工人提供安全设施的事宜，没有引起注意（防空设施除外）。工业卫生也未受到注意。工厂对工人的教育主要是补习教育，其中，几个大厂工人受补习教育的最少，而最多的是两个全部是女工的纺织厂，女工中 76.2％的人受过补习教育。为女工办补习教育比为男工办补习教育容易，其原因有二：一是男工之间程度差异大，不易接受一律教育，女大多数读过初小，因不能升学而进工厂，她们既有兴趣受补习教育，且其文化程度也比较适合受补习教育；二是男工经济负担重、私事多，而女工多为未婚女子，没有社会责任和别的顾虑。在工人的储蓄和合作方面，由于生活压力重，工人们无力储蓄，他们的合作事业也只是在工厂扶植下有所建立和发展，由此工人可以买些价格低廉的分配用品。

（四）对抗战时期昆明工会的调查

关于工会的活动，调查表明，昆明的工人阶级觉悟程度不高，组织能力也不强。工会有两类，一类是国民党政府组织的黄色工会，另一类是非正式的社会团体，注重关于工人福利的研究。处理劳资纠纷是工会的主要工作，其中要处理的关于工资及收入的争议尤其多。按政府规定，每三个月要调整工资及收入一次，这给工会造成了极大的困难。

（五）对昆明工人生活史的调查——工人的态度

陈达所说的"工人生活史"，就是"关于工人生活各方面的史实记载"①。陈达教授领导的清华大学国情普查研究所对昆明的工人进行了"生活史个案"调查，旨在了解工人对许多问题的看法和想法，如对资本家，对待遇、婚姻，对处世接物，对人生观，对现实政治及国际关系等。调查结果显示，工人们：（1）普遍有悲观失望的心理。然而，虽然自己没光明前途，他们仍要为儿女奋斗。（2）反对剥削。工人之所以没前途是资本家造成的，资本家以金钱收买廉价的劳力，他们的出发点与工人不同，永远不会与工人合作，工人永远受资本家的剥削，作资本家的奴隶。（3）要求改善生活福利待遇。工人们普遍认为，自己收入太少，工作时间太长，太不卫生，福利太缺乏，饭食太坏，医药太缺乏，娱乐太少，合作社也不为工人谋福利。（4）反对旧势力。工人们普遍反对用封建专制手段管理，反对特务横行的世道，抗议厂方无故开除工人。（5）拥护男女社会交往的公开，以实现妇女解放。（6）渴望进步思想的灌输，反对资本家对工人惯施的愚民政策。（7）反对独裁，拥护民主。工人们尤其认为，官吏应由人民选举，人民才是国家的主人，官吏不过是人民的公仆，官吏不好，人民可以罢免他。他们希望共产党执政，因为共产党是为人民说话的。（8）拥护世界和平，反对国际战争和国内战争，要求以和平方式实现国际合作，认为战争是不人道的。

二 史国衡对抗战时期昆明一国营工厂劳工问题的调查研究

为了研究农民转变成工人的过程，研究在内地如何发展工

———————

① 陈达：《我国抗日战争时期市镇工人生活》，中国劳动出版社1993年版，第181页。

业，为了研究抗战时期昆明国有工厂的劳工问题，在费孝通的指导下，史国衡[①]对昆明一国营工厂的工人进行了实地调查，写了《昆厂劳工》一书（商务印书馆 1946 年印行）。

（一）劳工研究在工业化中的重要地位

《昆厂劳工》是费孝通领导的魁阁研究室的农村社区研究的一个引申。劳力外流在农村所引起的反响，已在农村社区研究中涉及了。那么农民离别家园，进入内地的新式工厂，最初抱着什么打算？进厂以后又怎样调适他们的生活？他们的思想观点发生了什么变化？他们过去的一套积习在做工的效率和工厂管理上又导致怎样的结局？最后，他们在工业建设当中将起什么作用？对于这些问题，必须通过对工厂的调查研究才能找出答案。为了解答这些问题，史国衡到昆明一国营工厂进行实地调查。

关于劳工问题研究的重要性，史国衡认为，这不但是学术上的需要，而且关系到经济建设的急务。他认为工业化是立国的唯一途径。他在《昆厂劳工》一书中说："我们很可以同意中国经济基础的确立必有待于现代工业的发展。但是我们在接受这个原则时，却想到很多具体的问题：我们怎能达到这目的？在现代工业建设过程上有什么困难和阻力？我们应当怎样去克服这些困难和阻力？要回答这些问题，我们最好先能对目前战时新工业的实际情形作一番分析。"[②]《昆厂劳工》就是为此而作。

---

① 史国衡（1912—1995），湖北随州人，1939 年毕业于西南联大的历史社会学系（清华大学学籍），随即入云南大学和燕京大学合办的社会学实地调查工作站（即魁阁研究室）从事调查研究，并任云南大学讲师。1945 年他作为访问学者到美国哈佛大学商学院和社会学系进行研究。1948 年回国，先后任清华大学副教授、教授、总务长。1960 年他任清华大学图书馆馆长，以后兼任北京人口学会理事、中国社会学会理事等职，主要从事社会学的教学与研究。在云南大学工作期间，他对云南的城镇工厂和矿山进行实地调查研究，著有《昆厂劳工》和《个旧锡业矿工生活》等。

② 史国衡：《昆厂劳工》，商务印书馆 1946 年版，第 2 页。

史国衡在《昆厂劳工》一书中所研究的问题是：中国所遭遇的基本问题就是要从农业经济转变成工业经济，究竟现代工业需要怎样的劳工？我们有没有这种人才？怎样去培养这种人才？正如费孝通所指出的："从农业到工业——中国工业化的要义是在把一辈本来农业的人变成工业的人。工业化的过程具体地说来是几百万、几千万的农民脱离农村走到工业都市去谋生，是一个个人生活习惯的改造，是一个个生活理想的蜕化。"① 这种研究是理论和实际上的需要。

史国衡用社会学的观点研究了工人的生活，工人的家庭与工业背景、个人的嗜好、习惯、勤惰、生活费用、集体心理及对工人的管理。他从工人的来源入手，逐渐由工人本身的状况推论到集体生活，最后谈到对工人的管理及扩充继替。

（二）劳工问题的症结是新旧社会结构的矛盾

费孝通曾说过，在中国接受西洋生产技术的过程中，还有一种困难，那就是缺少利用现代技术的社会组织。虽然中国乡土工业的崩溃使更多的农民背井离乡到都市工厂找工作，但工厂招的工人却并不能在新秩序里得到生活满足，有效地工作，成为新秩序的安定力量。因此，至少要先使人对他所做的活与自己生活的关系有所认识，使活动、生活和社会三者能结合起来。这意味着现代技术的发达给社会组织本身引入了一个新的标准，即以最小成本取得最大收获的经济规律。一个农民若是过快地从农业走到工业，他在农业里所养成的一套习惯一时不易摆脱掉。这一套习惯带入工厂，将使初兴的工业发生种种特殊困难。《昆厂劳工》一书中的主要论点，就是要说明："在内地，新式工业和旧有的农业是两套不同的生产系统，它们有不同的经济基础，有不同的

① 史国衡：《昆厂劳工》，商务印书馆1946年版，第205页。

组织和机构，不同的社会文化背景，因之在这两套系统里面所养成或所需要的工作人员，其出身、训练、生活态度、工作的动机以及对于社会人生的了解亦大不相同。但在旧的环境里骤创新业，总得从旧的机构里去发掘人手，于是新的需要和旧的传统碰了头，少不得要在种种活动和观察上发生种种矛盾抵触的现象，我们就是要从社会文化的背景对于这种种表现作一个分析和展望。"[①]

《昆厂劳工》一书指出，在内地创建工业，首先碰到的一个难题是技术工人缺乏，从下江（长江下游，上海、江浙）招来的人力，对于国营工业没有了解，他们学的是新技术，但仍旧未摆脱旧式手工业的传统，不习惯于大规模的生产调度。内地工人出生于农村，受不了团体行动和刻板操作的拘束。总之，工人对于新工业的环境不能适应，对新工业的意义欠认识，所以新工业中的劳动因素，一方面是量的不够，另一方面是质的欠缺。因此，在量的方面要对在厂的工人加以安定，对厂外的劳力加以物色发掘，对未来的工人加以补充训练。在质的方面，要发挥管教的功能，改进工人的素质。工人与新工业不合拍，这正显示了我们的文化障碍，新的机器和新的组织虽可以从外国移植过来，但人们的生活和观念还不能与之适应。

《昆厂劳工》一书还指出，从农业到工业的过程不单是个人习惯的改造，而且是一个社会结构变迁的过程。农业所养成的社会结构并不合于工业的需要。在传统社会，劳心和劳力隔离以至于造成社会身份的高低，这种分化在现代工业中阻碍了合作的契洽，以致发生工人与职员的对立，这种心理上的歧视实是中国劳工问题的症结。昆厂所发生的种种人事上的问题，"是出于从无

---

① 史国衡：《昆厂劳工》，商务印书馆1946年版，第6页。

组织的传统社会变化到能应用新技术的新组织中过渡时期的现象。在这过渡时期，因为社会的解组，生产关系并没有建立在人和人的契洽之上，因之传统的结构，因其曾一度给人以所需的契洽，遗留在新时代成为非正式的潜在结构。这些潜在结构，一方面固然满足着人们的社会需要，另一方面却阻碍了新技术的有效利用"①。种种矛盾的抵触，这种趋势的主要源流，就在于厂中工人与管理方面有一种对立的形势，这种形势是传统社会组织里一向就有的社会分化的表现，昆厂里所表现出的对立，正是从这种分化里生发出来的。最基本的原因是我们的社会里早已有劳心与劳力的分野，劳心者治人，劳力者治于人，职员代表劳心，工人没受过教育，靠体力谋生，代表劳力。我们的社会阶梯是由仕途入宦途，升官和发财是一套连环，所以从身份等级和出路来看，职员总比工人高出一等，职员觉得工人知识水平低，行为粗暴，他们与工人的关系只是生产中的经济关系。工人又觉得职员高傲，目无工人，对职员由羡生忌。

另外，新工业没有承继传统的社会结构，反而是一种要求解脱于传统机构的力量。当新兴中产阶级兴起并逐渐占据较高的社会地位时，他们提出了一种新的社会观。他们认为人与人的合作是出于个人的私利。只有每个人都用理智来计算怎样得到最大的利益，社会上才能有最有效的分工体系，这是个自然的规律。在根据个人的自私心安排的社会秩序中，就个人来说，不必去担心这个秩序，只要一心一意地在竞争中去追求最大的利益就行了。这种社会观点在当时的确有它的用处，因为新技术开拓了无限获取财富的力量。这种"成功即是道德"的信念打破了社会身份的拘束，使当时的人集中力量来推动新的生产力。可是也就是这个

① 史国衡：《昆厂劳工》，商务印书馆1946年版，第234页。

经济个人主义，使一般企业家忽视了组织生产力时的人事要素。因此，他们认为与工人不应该有私人关系，这样可以避免徇私的嫌疑。而工人都是出生于旧社会，只习惯于在一种私人关系上讨生活，这样不论是从农村，从私人工厂，还是从小型制造厂出来的工人，都还不习惯于新工业里的这种人事管理。这种职员与工人的对立态度进了工厂，成为从农业过渡到工业的一大障碍。

在此，笔者需要指出的是，由于西方社会学有不讲阶级的特点（详情请与第五章第二节第三、四部分中的相关内容对照），因此，《昆厂劳工》的作者史国衡没能看到工厂中资产阶级与工人阶级的根本矛盾，而片面地强调昆厂劳工问题的症结是新旧社会结构的矛盾。

（三）劳工管理中要重视人事因素

鉴于从农业过渡到工业的过程中所产生的矛盾和障碍，费孝通指出，不能因碰到障碍而回头，要找出解决的方案。他说，《昆厂劳工》这本书可以使那些讨论中国工业建设的人注意到，工业制度本身的问题是一个新社会组织的建立。在这种新社会组织中，得利用科学知识所产生的新技术来谋取人类共同的幸福。在这种组织中，一切参加的人都必须协调一致，绝不能因目前工业组织中的种种病象而回头。过去传统社会中确实发生过契合，可是这种传统组织并不能应用新的技术。他还说，人们面前只有一条路，就是确认现有社会组织没有完成一个新的蜕变，人们得在过渡时期的现状中去探求一个新秩序的方案。在建设新工业的过程中，要人工消除脱节现象。在手工业时代，师傅对徒弟不仅督导工作，且要负担一切保养和教育的责任。说手工业的生产组织，技术和设备与工业化不适应，并不是说师徒之间所维持的亲密关系也要不得。虽然新式工厂的生产不得不把人事部门与生产部门划分开，但从功能上着眼，仍得分中见合。随着新工业的萌芽，从农村、都市的大小企业出来的人，脑筋里还有这一套人事关系，更有一种强烈的要求，即应该把这种好的社会遗产渗入新的机构。

总之，面对着工业化的西方，中国的旧经济生活方式在新形势下已不适应了。中国在从农村社会向现代化社会变迁的过程中，不仅要移植西方文化，而且应使其适应中国传统的和谐的一体化精神，即中国应该学习西方的科学技术，但在人与人的关系方面，亲密无间的中国农村生活是社会和谐、社区意识、亲密感情和工作中紧密合作的根源，对于这些，中国应继续予以保持。也就是说，应该从中国几千年来积累的经验中去寻找解决的办法。

笔者认为，《昆厂劳工》的作者史国衡在对昆明一国营工厂的工人进行的劳工问题实地调查研究过程中，对农民如何转变成工人的研究，对今天如何培养现代化的工人以适应工业现代化的需要，仍有重要启迪意义。

第五节　抗战时期四川的社会学研究和人口学研究

一　抗战时期四川的社会学研究

（一）历史沿革

在中国历史上，有许多思想家提出过自己的社会理想和社会思想，里面包含着某些社会学性质的内容。古代关于人口统计、户口制度、民风民仪民俗的记载，也带有某些社会学性质。但从学科意义上讲，社会学是 19 世纪末 20 世纪初从西方传入中国的。

1918 年，四川公立法政专门学校（四川大学法学院前身）在政治本科开设有社会学课。成都高等师范学堂（后改为成都师范大学）1923 年在文史部开设了社会学公共课，理化部选修课中也有社会学。教师有陈希虞等。成都大学在政治系中开设社会学，由著名学者、共产党人杨伯恺讲授。1931 年国立成都大学、国立成都师范大学、公立四川大学三校合并为国立四川大学，不少院系都开设有社会学或与之有密切联系的社会心理学、人类学等课程。在 20 世纪 30 年代，曾在四川大学讲授过社会学的比较著名的教授有龙郑泽、沈嗣庄、胡鉴民等人。四川开设社会学课程比较早的另一所学校是华西协合大学。

此时期还没有专门的社会学研究机构，但与社会学相近或有关的研究机构已有建立。如 1935 年四川大学成立西南社会科学研究处，专门研究四川及西南边疆的经济及民俗等问题。1942 年华西协合大学设有华西边疆研究所和社会人口研究室，专门对中国内地、西南边疆及少数民族进行研究。

社会调查也逐步开展起来。1936 年四川大学农学院和四川省农村经济调查团联合对四川 152 个县及单位进行调查，并写成《四川农村经济调查报告》；川大社会学教授沈嗣庄带领学生在成都石羊场进行农村经济调查；法学院经济系学生在成都青羊场也作了农村经济调查。四川大学还和南开大学联合组成四川经济考察团，用 8 个月的时间对四川经济作了系统调查。随着社会调查的开展，报纸杂志上也不时有各种调查报告刊出。如 1931 年 5 月 23 日《国民公报》刊载《成都工人生活调查》，1932 年 1 月刊登《成都市人口职业类别表》等。

（二）抗战时期四川的社会学研究重要成果

抗日战争爆发之后，成渝两地集中了一批设有社会学系的学校：在重庆有中央大学社会系、复旦大学社会系、乡村建设学院社会学系、社会教育学院社会事业行政系；在成都有金陵大学社会学系、金陵女子文理学院社会学系、齐鲁大学历史社会学系、燕京大学社会学系、华西协合大学社会学系。大批教学和研究机构的迁入，使社会学界学者一时云集四川，人才荟萃，不少国内知名学者如许德珩、孙本文、吴景超、言心哲、卫惠林、瞿菊农、朱亦松、柯象峰、马长寿、乔启民、龙冠海、吴榆珍、林耀华、李安宅、蒋旨昂、张少微、晏阳初、张世文、胡鉴民、冯汉骥、姜蕴刚等都在川从事教学和研究工作，还有华西协合大学边疆研究所（该所是燕京大学迁至成都后，1942年与华西协合大学合办的），由李安宅和林耀华负责，主要研究少数民族和边疆社会。

在抗日战争时期，四川的社会学研究的重要成果有：

1. 普通社会学研究

出版了中央大学孙本文教授的《社会学原理》。他曾发起组织东南社会学社（后改建为中国社会学社），创办并主编《社会学刊》。他的《社会学原理》在全国影响较大，1944年在重庆修订后再版。

2. 社会问题研究

出版了孙本文的《现代中国社会问题》。全书共有四册。从1942年7月至1943年11月出齐，主要讨论家族问题、人口问题、农村问题和劳资问题，其中，又按内容分别论述，涉及的社会问题达40种以上。该书在讨论各种社会问题时，注重以事实为基础，以社会学原理为根据，明确指出其意义和范围，详细介绍其历史背景和现状，深入分析其内容和特点，具体提出解决的途径和方法。书中还注重对中外社会问题加以比较，使读者了解中国各种社会问题的特殊性。

3. 社会事业和社会行政研究

言心哲主编的《社会事业与社会建设》，收有毛起骏、郭任远、谢徽孚等人的论文 11 篇。重要著作还有言心哲著《现代社会事业》，吴榆珍编《社会个案工作方法概要》，蒋旨昂著《社会工作导论》、《成都社会事业》，孙本文等的《社会行政概论》等。言心哲在重庆任复旦大学社会学系教授、系主任，长期讲授社会事业课程，并一度担任重庆实验救济院院长，他的《现代社会事业》一书是当时论述社会事业的代表性著作。

4. 少数民族和边疆地区研究

此时期，一些社会学家深入少数民族聚居区进行调查研究，如林耀华带领燕京大学社会学系师生深入大小凉山考察，写出专著《凉山夷家》。李安宅、于式玉夫妇在甘南拉卜楞寺对藏族宗教制度进行研究，写了一系列有关藏族生活的调查报告和论文，如《拉卜楞寺的护法神——佛教象征主义举例》、《喇嘛教育制度》、《藏族宗教实地考察》、《萨迦派喇嘛教》、《藏民妇女》等。李安宅还对川甘青交界的安多地区进行考察，写出调查报告《川甘数县边民分布概况》，后又到西康德格地区考察，写出研究报告《西康德格之历史与人口》。于式玉则到黑水进行调查，写出《黑水民风》、《西道堂的商族——黑水西北的回商》、《麻窝衙门》等文章。胡鉴民主要从事羌族考察，写有《羌民之信仰与习为》、《羌民之经济活动型式》、《苗人的家庭与婚姻习俗琐记》等论文，柯象峰出版了《西康社会之鸟瞰》。在对边疆社会的研究方面，李安宅是最活跃最有影响的一位社会学家，他对边疆社会工作提出许多新见解，发表了一系列研究文章。《边疆社会工作》一书是他研究边疆社会工作的代表作。

5. 社会调查方法研究

主要著作有张世文的《农村社会调查方法》，另外还有《社会调查统计》、《统计与行政》等书。

6. 社会思想和社会学史研究

在社会史方面有姜蕴刚的《中国古代社会史》，在社会思想史方面有孙本文的《社会思想》，在社会学史方面有陈定闳的《世界著名社会学家之生平及其学说》。

7. 乡村建设研究

最早在四川从事乡村建设运动的卢作孚，于 1926 年在重庆北碚办了四川第一个乡村建设实验区——嘉陵江三峡峡防团务局。1936 年团务局改建为嘉陵江乡村建设实验区，包括江北、巴县、璧山、合川四县的一部分乡村。1936 年晏阳初来川从事乡村建设工作，推行卫生保健制度，在新都办实验县，同华西协合大学医学院合作开办以县卫生院为中心的乡村卫生医疗网点，同金陵大学农学院合作开办示范农场，引入适合川西生长的稻谷、烟叶、家畜等优良品种，向农民推广，并推行初小免费教育，分期举办成年农民夜间讲习班、识字班，授以选种、治虫、防病、施肥等科技知识。抗日战争期间，晏阳初还在重庆北碚歇马场创办中国乡村建设学院，担任院长职务，培养乡村建设人才。除乡村建设学院外，还有其他大学协助建立协合乡村建设实验区，同时也有不少的乡村建设论著出版，如卢作孚的《乡村建设》，刘振东的《乡村建设》，瞿菊农的《乡村建设与教育》等。

8. 社会实地调查

在家计调查方面，1938 年金陵大学农业经济系在成都选择工、商、教育界各类职工 213 户，调查 1937 年全年的人口、收入、购买消费品的种类和数量，以及其他各项费用支出情况。这次调查所得资料，除用以确定编制成都市生活费指数的权数外，还写成《成都市生活费之研究》一书，于 1940 年 6 月出版。1941 年，中国农民银行经济研究处等调查了重庆市 190 户工人家庭自1940年5月至1941年4月的收支情况，写成《重庆工人所得及生活费》一文并发表。金陵大学社会学系在1942—1943年调查成都皇城坝劳工家庭556户，并写成《成都皇城坝劳工家庭调查结果之分析》一文。在社会事业调查方面，华西协合大学社会学系蒋旨昂组织一些大学的学生调查成都社会福利机构情况，写出《成都社会事业》一书。其他方面的调查主要有北碚社会概况调查、成都社会概况调查等，均载《社会调查与统计》年刊。此外，还有卫惠林的《丰都宗教习俗调查》，叶懋的《华阳县农村概况》，刘灿若的《重庆沙坪坝中渡口平民家庭生活程度调查》等。

9. 社会服务和社会工作

抗日战争期间，许多学校建立社会研习站和服务处，开展社会服务工作。燕京大学社会学系在新繁崇义乡建立农村服务处，开办农民补习学校，宣传抗日救亡，普及科学知识，举办小农借贷，调查农民生活和农业生产情况。燕京大学社会学系接受中国盲民幸福促进会委托，培养残废救济和盲民福利人才，华西协合大学社会学系与中国乡村建设学会合作，在成都石羊场建立社会工作研习站，使社会学系师生容易接近群众，了解群众情况，以便找出问题的症结、解决的措施，供有关当局参考。金陵女子大学文理学院在成都小天竺开办了儿童福利实验所，1946年该校迁回南京后由华西协合大学社会学系接办。该所的主要工作是接收小天竺一带的贫苦儿童，开设幼儿班和初小班，并通过家访进行社会调查。成都五所教会学校，即金陵大学、金陵女子大学、燕京大学、齐鲁大学、华西协合大学，共同为宋庆龄主办的战时儿童保育会举办儿童福利人才训练班，开设社会学、心理学、教育学、营养学、卫生学等课程，训练班的负责人是吴贻芳。

10. 社会研究

蒋旨昂认为社会学应采取综合的功能观点，社会行为形成的因素有生理的、心理的、社区的（包括环境和文化），其中社区的因素最重要。他认为乡村是一种社区，并以社区的概念加以研究，分析乡村的社会与政治，写成《战时的乡村社区政治》和《黑水社会政治》。张少微在这段时间也出版了《乡村社区实地研究》一书。

11. 知识社会学

李安宅于 1944 年翻译出版了德国社会学家孟汉（Karl Mannheim）的《知识社会学》一书。

在抗日战争时期，社会学方面的学术活动活跃。中国社会学社于 1930 年成立，1943 年在重庆、成都、昆明三地同时举行中国社会学社第七届年会，中心议题是"战后社会建设"。而第八届年会则是 1947 年在成都、北平、南京、广州四地同时举行的，中心议题是"中国社会学今后发展应取之途径"。

中国社会学社刊物《社会学刊》，抗日战争开始后停刊。1944 年在重庆另行出版《社会建设》月刊，由孙本文任主编，内容以讨论社会建设和社会行政为主。此外，在重庆出版的社会学刊物还有《西南边疆》、《边政公论》、《社会工作通讯月刊》、《合作事业》等。在抗日战争时期，一些学校组织了研究会，如青年问题研究会、妇女问题研究会、社会问题研究会等。一些学者如郭沫若、马寅初、吴文藻、晏阳初、吴泽霖、潘光旦等也应邀到一些大学作学术报告。印度学者艾伯兰也应邀举办了"印度问题讲座"。

抗日战争结束后，四川在社会学方面的教学和研究力量仍然相当雄厚，继续留在四川任教的学者有李安宅、冯汉骥、蒋旨昂、胡鉴民、姜蕴刚、任宝祥、张世文、梁祯、陈定闳等。

（三）抗战时期四川的社会学研究重要论著

1.《成都社会事业》

蒋旨昂编著。该书是关于成都市社会福利机构团体的调查报告。1942 年蒋旨昂主持并组织金陵女子大学、齐鲁大学、燕京大学的学生参加这次调查。调查报告共分 14 章，包括社会行政机构、院外救济、院内救济、残废救济、精神病治疗、医药服务、法律扶助、职业指导、社会保险、体育娱乐、非专业之社会服务，以及训练机关等。

2.《生命统计方法》

张世文著，正中书局 1943 年 2 月版，约 50 万字。作者于1936 年翻译出版美国辉伯尔著《生命统计学概论》，后依据中国的事实和自己研究所得，编成《生命统计方法》。全书分为 12章，首先讲述生命统计学的重要意义和简史；其次讲述生命统计资料的搜集，如人口调查与人事登记等；再次述及资料的分析与整理，尤其注重各种计算法，如人口的估计法，各种出生率、死亡率、婚姻率、疾病率等的计算法，以及生命表的编制法，均举例说明其计算步骤，俾初学者根据此书，可无需教师的传授讲解，即可运用各种计算方法。

3.《边疆社会工作》

李安宅著。中华书局 1944 年版，该书是作者多年从事边疆社会学研究的成果，是中国社会学系统地论述边疆社会工作的专著。全书共分七章：第一章探讨边疆这一概念；第二章论述社会工作的性质、类别和趋势；第三章论述边疆社会工作；第四章论述边疆社会工作存在的困难和具有的引力；第五章讲边疆社会工作所需的条件，包括对于工作人员和工作机构的要求；第六章从行政和实施两个方面谈如何做边疆工作；第七章是边疆工作展望。

4.《农村社会调查方法》

张世文著，商务印书馆 1944 年 7 月版。该书是作者多年进行农村社会调查的经验和体会，全书共 15 章，要目如下：绪论，社会调查的起源与发展，中国社会调查运动，社会调查的方法，农村社会调查的准备，农村实地调查进行步骤，社会调查的一般困难及其应付方法，农村人口调查，农村田场经营调查，农家生活费调查，农村工业调查，农村商业金融调查，农村宗教调查，农村教育调查，农村调查与农村社会学。

5.《社会学原理》

姜蕴刚著，华西协合大学 1944 年 10 月版。该书是姜蕴刚讲述、燕京大学毕业生王维明记录整理而成的。作者在序中说，此书是他想完成的三部书中的第一部。第二部是社会哲学，第三部是艺术社会学。他说，虽然是三部书，实际上乃是一部书的三部分。他认为《社会学原理》只是社会哲学之初步阶梯，而社会哲学又是艺术社会学准备的过程，只有艺术社会学才是所要衷心建筑的全部思想的殿堂。全书共七章：总纲，社会的发生，社会的形成，社会的关系，社会的完成，社会学之理论与应用，社会学的历史。

6.《十年来的中国乡村建设》

晏阳初著，载《八十年来的中国》一书，商务印书馆 1937年版。该文回顾开展乡村建设运动十年的情况，共分七部分：乡村建设运动的渊源，乡村建设运动在解决中国整个社会问题中的重要地位和着手解决的方法，十年来乡村建设运动的发展阶段——由学术的研究实验阶段发展为实际化推广化的政学合一阶段，学术与实际工作结合的重要性，乡村建设工作的各个方面，乡村建设运动的影响，乡村建设运动所应抓的几个要点。

7.《由中国亲属名词上所见之中国古代婚姻制》

冯汉骥著,载《齐鲁学报》1941 年第 1 期。该文原为作者在美国读书时所写的博士论文,经删节翻译在《齐鲁学报》上发表。作者认为亲属名词是一种语言现象,是对事实的一种表征,而语言的演变,往往要比它所表现的事实的演变来得迟缓。从这一理论出发,作者通过对古籍中所载的中国古代亲属称谓及其在"交表婚姻"、"姊妹同婚"以及"收继婚"中的表现的研究,科学地解释了中国古代婚姻制度的历史演变。

二 抗战时期四川的人口学研究

(一) 历史沿革

中国封建时代的人口统计与赋役征收紧密联系。统治者视户口的多寡为国家盛衰、社会治乱的标志。掌握户口在经济上可以确保政府的财政收入,政治上则可以为统治者树碑。因此,中国实行户籍制度之早,人口调查、统计和呈报之全面,以及人口数字资料之丰富,在世界上首屈一指,有史籍可查的四川人口数字,最早见于《汉书·地理志》。熊相纂修的明正德《四川总志》,是四川地方文献中记有人口数的最早史籍。清嘉庆年间成书的《四川通志》和四川各府州县志,户口数据的记载分别以县为单位。《汉书·地理志》、嘉庆《四川通志》,都有四川少数民族的人口记录。

民国期间,宋育仁主修之《四川通志》稿本,记述并分析了四川省在西汉、三国、晋、唐、元、明、清和民国五年的全省人口数和分区人口数。

1914 年,按照 1913 年北京政府内务部颁布的章程和格式,四川各地政府开始调查人口并整理,出版了《四川省内务统计报告》。

政府的直接参与，是中国人口研究的一大特色。其中，由政府推行的人口普查是人口研究的物质基础，对于开展人口研究工作具有决定性意义。但现代人口学则是随社会学而从西方传入的。

1918 年，四川公立法政专门学校开设了社会学。同年，中国人口学家陈长蘅发表了《中国人口论》，此后，他又发表《中国劳动力问题讨论》等一系列论著。对人口问题进行广泛的阐述，并将西方人口学较早地介绍回国。

1931 年国立四川大学成立，该校不少院系设有社会学、人类学等课程。英美等国教会开办的华西协合大学，也较早地开设了社会学。四川的高等学校，除开设有与人口学联系密切的社会学、人类学课程以外，抗日战争爆发以后，华西协合大学、乡村建设学院还专门开设有人口学。

在研究机构的设置方面，华西协合大学的中外学者于 1922 年建立了华西边疆研究学会，对华西内地及西南少数民族进行考察，也研究人口问题。1935 年，四川大学成立了西南社会科学研究处，从事四川及西南地区的经济、民俗和人口的调查研究工作。这些机构进行了实地考察，研究成果涉及人口学的许多方面。

1928—1933 年，由南京金陵大学农学系在四川从事的“土地利用与人口调查”，搜集了有关出生率、死亡率、婴儿死亡率和人口自然增长率等一系列人口变动数据，称得上四川人口统计历史上最宝贵的资料之一。此项调查是全国性的，为跨省区的人口的比较研究提供了可靠的依据。调查结果发表在 1934 年民国政府实业部编的《中国经济年鉴续编》上。

随着社会学在四川的广泛传播和社会调查研究工作的开展，人口学界发表了一批研究成果。例如《成都工人生活调查》、《成都市人口职业类别表》、《中国男多于女所发生的失婚问题》（李剑华），《人口变迁与社会变迁》（胡鉴民），等等。《民国意识》第三年合刊还统计了成都市自1909年至1935年的人口数字。这些文章，对于研究四川的农村人口问题，城市化问题，均具有重要意义。

1936年民间意识社印发施居父著《四川人口数字研究之新资料》，介绍并分析了汉、魏、宋、元、明、清等朝代某年或某一时期的四川全省和府、道、州的分区人口数，并认定宣统年间四川的第一次人口普查结果为50562897人。同年，民间意识社出版人口研究专集，刊登施居父著《四川历次人口统计的分析与检讨》一文，该文是这一时期四川人口研究的代表作。该专集还登有《四川人口七千万之由来》一文，认为"七千万之说，系根据光绪年间之户籍报告所列四川人口总数"，并依此刊列于中外《年鉴》，其后，"逐年量为增减七千数百万之间"，实为"习焉不察"之数据。此外，《四川月报》刊载了1936年3月至1937年10月四川各行政区的人口统计数字。

（二）抗日时期四川的人口学研究

抗日战争爆发后，大批学校内迁，人口学在许多高等学校的社会学系或社会学课程里，占有相当的比重。人口学的研究工作在四川形成了一个高潮。还通过社会调查与社会工作，加强了人才的培训。1941年，华西协合大学建立华西边疆研究所。

这一时期，社会学界对四川人口问题的调查研究颇有成效，出版了一批著作和统计报告。重要的有《成都市生活费之研究》（金陵大学）、《人口问题》（孙本文）、《生命统计方法》、《农村社会调查方法》（张世文）等。1944年，在金陵大学柯象峰教授主持下写成的《成都皇城坝劳工家庭调查结果之分析》、《四川农佃分布情况》、《四川农村的阶级变化》等文，对于研究四川农村人口的阶级构成，提供了资料。《四川月报资料》对 1932—1938 年四川各县人口变动，成、渝二市人口变动情况作了统计，同时对 1937 年的死亡人口、1938 年的烟民亦作出统计报告。《四川统计月刊》1939 年第 2 期对上年成都市人口的逐月变动，职业情况和教育程度进行了统计分析。

对于边区和历史人口的研究，也受到这一时期学术界的很大重视。出版的专著和文章有傅双无《四川边区各民族之人口数字》、柯象峰《西康社会之鸟瞰》、林耀华《凉山夷家》、胡庆钧《川南叙永苗族人口调查》等。李安宅对川甘青交界的"安多"方言地区进行了考察，发表《川甘数县边民分布概况》和《西康德格之历史与人口》等文，后者是人口学的重要论著，具有较高的学术价值。

国民政府对四川的人口状况，也进行了大量的调查研究工作。四川省主计处统计局，1942—1945 年陆续出版的调查报告有《四川选县户口普查方案》（1942）、《四川省选县户口普查总报告》（1943）、《中国人口问题的统计分析》（1944）、《四川省统计提要》（1945）等。这些调查报告，对当时四川的人口分布、密度、户均人口、性比例，人口的年龄、职业结构，婚姻及教育状况，以及各行政区、成都市的人口现状进行了记述和分析。《自贡市政府公报》创刊号发表了 1939 年建市时户口调查所得自贡市户数、男女人数，以及人口年龄、教育及职业结构材料。四川省民政厅统计室、重庆市卫生统计联合办事处、中国农民银行经济研究处，也发表了有关四川人口问题的报告。

（三）抗战时期四川的人口学研究的重要成果——《西康德格之历史与人口》

《西康德格之历史与人口》，李安宅著，载《西康户政通讯》第 2—4 期，约 2 万字。该文是作者在抗战时期深入西康省德格地区进行实地调查所写出的调查报告，是一篇研究德格地区社会、历史和人口的极有学术价值的调查报告。该文具有专著的规模。第一部分是德格简史，叙述了德格土司、寺院、政法、交通、教育等简史；记有征收农牧税章程 15 条，1942 年土司为宗教而在各区征收地粮附加、牲税附加等数据，念经支出费十余次；该县的农区和牧区各教派寺庙的户数、男女口数，著名的德格印经院的甘殊尔和丹殊尔的经板数。第二部分是德格人口，包括普通户、寺庙户、临时户、公共户各类人口的比例；牧区、农区的寺庙数，户数，男女人口统计，村数与寺数的比例；区乡两级行政区的各类户口统计分析；农区多数寺院人口年龄组分配，普通户人口年龄性别分配，各分区的农户人口年龄性别分配统计分析。文章探讨了人口类型，牧区、农区的家庭结构，描绘了人口金字塔。文章认为，德格人口属减少类，寺院人口属移入类；牧区为移入类，农区人口较多，可以移出；农区单身家庭较牧区为多，这与牧畜文化是传统文化，农耕文化是外来文化有关。

第四章

综合调查研究

第一节　曾昭抡率领西南联大川康科学
考察团步行考察大凉山

抗日战争时期，曾昭抡[①]任教于国立西南联合大学。1941年，曾昭抡教授率领西南联大川康科学考察团，克服重重艰难险阻，徒步考察川康交界处的大凉山，打开了神秘的"独立倮倮"(Independent Lolos)彝族禁区，除记录人文、景观、习俗、交通情况外，还对沿途矿产资源进行了普查及核对，从而为后人的探矿及开采提供了可靠的依据。曾昭抡教授根据这次考察编写了

---

①　曾昭抡(1899—1967)，字叔伟，湖南湘乡人，中国著名化学家。1920年毕业于清华学校，后赴美国麻省理工学院留学，获化学科学博士学位。1926年回国，从事科学、教育工作。1935年去英国留学。回国后，先后任中央大学、北京大学、西南联合大学、武汉大学教授和北京大学化学系主任、北京大学教务长、教育部副部长、全国科联副主席、中国科学院化学研究所所长等职。1948年当选为国民党中央研究院院士，1955年当选为中国科学院学部委员（即今院士）。1957年被错划为右派。1958年受武汉大学校长李达的邀请到武汉大学从事化学教学和科研工作。1967年去世。1981年3月20日，经中央批准，教育部在北京八宝山革命公墓举行追悼会，为曾昭抡教授平反，恢复名誉。1985年4月，武汉大学设立了"曾昭抡化学奖金"以存永念。

近 20 万字的《大凉山夷区考察记》，于 1945 年 4 月出版发行。

一　考察准备

　　1941 年 6 月 30 日，《云南日报》刊登了一条消息："联大师生组织川康考察团，就两省矿产生产作实地调查，定七月初起程。"其内容为："西南联大化学、生物、地质系学生，顷组织川康科学考察团，拟利用暑假赴四川、西康，就两省矿产及各项生产事业作实地考察，对康省宁属八县，尤为注意，预定在该地作长时期之逗留，详细考察再赴成都、灌县等参观水利设备。该团由曾昭抡教授任团长，团员有裘立群、陈泽汉、钟品仁、戴广茂等十人，定七月初起程入康云。"其考察路线见下图[①]。

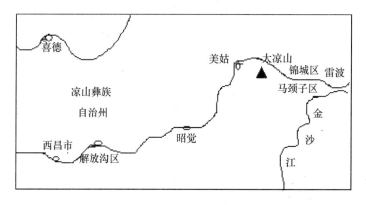

1941 年西南联大师生考察大凉山路线略图

　　现在四川省西南一隅（新中国成立前分属西康及四川两省管辖）北纬 28—29 度、东经 102—104 度间的川康交界处广大地域

---

　　①　裘立群：《西南联大师生步行考察大凉山》，《中国科技史料》1994 年（第 15卷）第 2 期。

内，有一块连绵数百里的神秘区域，那就是在中国西南各地称为大凉山夷（新中国成立后改为"彝"字）区、国外人通称为"独立倮倮"（Independent Lolos）的区域。新中国成立后，撤销西康省建制，这个地区属四川省，即现在的四川省攀枝花市、雅安地区和凉山彝族自治州的部分地区。此次主要考察的地段是从西昌向东经昭觉、美姑到雷波县，横越大凉山顶峰黄茅埂的沿线，累计约 506 华里。

在筹建西南联大川康科学考察团前，曾昭抡教授向十个参加考察的学生介绍了该地区传说中的情况。估计该地区内有十万彝族同胞，在当时的地图上，唯独此地留着空白，说明对该地区的内部情况很不了解。国外的探险家在中国境内进入了蒙古、西藏、新疆及青海等地，但却从来没有进入过大凉山。中国自己组织的学术团体，曾有几批进入考察，而这支考察团，全靠步行横越大凉山，却是一个创举。考察大凉山困难很多，终于被他们一一克服。在这长达两个多月的步行生活中，全体团员身体健康，其中也巧妙地躲过枪手的威胁，最后全部安全地返回昆明。有人说，进大凉山考察其困难和到非洲探险一样。此话未免有些夸张，但足以说明考察的艰苦。

（一）凉山的地理环境及基本情况

凉山两字由于地处高寒而得名（该地区平均海拔在 2000 米以上，黄茅埂主峰海拔近 4000 米），人口稀少、土地辽阔、内部生活异常艰苦，多少年来民族间的隔阂和仇视，使人们不敢交往。曾有民谣说："进凉山容易，出凉山难于登天"，这足以概括当时彝区排外与闭塞的情况。

大凉山的地理范围：南以金沙江分界，西以成昆铁路中段——过去的西（昌）会（理）大道为限，北以大渡河为界，东北与犍为、宜宾接壤，包括雷（波）马（边）屏（山）峨（边）

及昭觉、美姑与一部分的西昌、越西、宁南及会理等地。狭义的说法，则仅指昭觉县以东、美姑及雷波县城以西的大凉山山脊南北走向主峰黄茅埂附近的区域。山脊以东称小凉山，以西称大凉山。大凉山作为贡嘎山山脉的余波，由小相岭分支向东延伸，像一把梳子排成一条条的山岭，从北向南，黄茅埂略偏西南，河水也向南流。西坡地势缓和，少树木；东坡则山峦起伏，群峰突耸，树木浓密。

这块少有汉人进去的地方，区内纸币（"中华民国法币"）及其他硬币不能通用，零星碎银有时可以使用，以货易货是主要的交易方式。连邮政也未通行，当时邮件只能通到昭觉城，若要从西昌传送邮件到雷波县，则须绕道雅安、成都、宜宾，要绕一千多华里。虽经常有汉族商人进出该地区供应布匹、盐巴及酒类等物品，但经商活动不能代替科学考察，没有文字记录可作参考。况且，商人不等价的交换，也常常引起当地人的反感。因此，考察大凉山困难重重，事先必须做好充分的准备。

（二）考察前的准备工作

考察团的行装非常简单：穿球鞋、带草鞋、戴笠帽，行李托马帮驮运，进入彝区雇背子。经过西昌后，购买了些布匹、盐巴及针线等日用工业品，用以代替交换筹码，同时带些简单药品，还带有指南针、水银温度表、照相机，借不到测高仪，只好自制了一台水银气压表，高约一米多，不几天就打碎了。

考察是从昆明步行到西昌，近二十天的路程，绝大部分是在汉人区域内进行。到达金沙江沿岸，在各地土司管辖的区域内，先作礼仪性的拜会，一般能得到良好的接待。沿途使用汉人区域的语言及纸币。这一段安全有保障，仅仅生活上艰苦些而已。

到达西昌后，主要做些准备工作。首先是对彝区情况的了解。对进入彝区考察，总是鼓励者少，劝阻者多，其中最大的困难有两点：其一，几千年来，大汉族主义的迫害，彝族见机要报复，这种内在的危险，就是彝人常把汉人掳去当"娃子"（即奴隶）。其二，物资上的准备。彝区生活与外界截然不同，白天靠步行，无地方休息，晚间只能在简陋的彝族人家席地而卧，睡泥地、吃荞粑、喝生水，开水与茶叶根本见不到，食盐也要自带。如果经费充足、交通方便，自然可带进粮食及生活用品，以减少生活的困苦。过去几次的中国考察队，都是自带食品，骑马或坐滑竿。考察团经费不足、交通困难，全靠步行，所有食品都不带。尽管如此，仍跟着一个庞大的运输队伍，除每人的简单行装外，还带有布匹、盐巴及其他日用品，以此作为在彝区旅行代替纸币或碎银块的支付筹码。有大路则马驮，小路则靠人背。运输队伍不能跟送到底，得根据彝人管辖下的势力范围，到站调换。凡是靠近汉人区域或汉人势力能达到的，只要有彝人引路就够了，用不着特别的保护。像从西昌到昭觉及竹核的一段，就是彝人引路，汉人势力不能到达的，那就非找彝人保护不可。自带少数武装人员，非但不足以保安全，反会有遭抢劫的危险。因此，考察团索性一点儿武器也不带。请彝人护送通过的所谓"保头制"是邀请该地区的彝人首领或其指派的代表作为保头，护送通过的一种制度。商人在彝区经商长期采用此办法，要付一定的报酬。各支彝人，彼此独立，互不相属，找到一家彝人作保，通过他的居住区虽无问题，可要通过别家彝支则要看他的势力与人缘，往往仅保三四站，有时仅二三十华里又要换保。该项调配工作异常纷繁复杂，成为考察团办彝务的重要项目，要耗费许多精力。

彝区主要的交易方式，是以货易货或称碎银易货，所以彝人虽然缺乏别的用具，但称银子的"戥子"（一种称银子的工具）和称盐巴的大秤却差不多家家都有，他们所需要的货品，最主要的是盐巴与布匹，在盐布与银子之间，他们更愿选择前者。自从银子国有化以后，只能带盐巴与布匹，这样一来，增加了不少行装。考察团这一队人，一共带了50匹布、6筒盐巴（共173市斤）和缝衣针、棉线、小镜、毛巾、肥皂等日用品。彝区外围的城镇，有为彝民特制的仅宽9市寸的粗布，长约26方（不用尺，对角计量称方），十件成一捆重约8市斤，染成毛蓝色，最受欢迎。盐来自盐源县的白盐井，用当地坩形锅熬制，成品成漏斗形，每筒约30市斤。

二　考察地点介绍和简要考察经过

（一）西昌

西昌海拔1820米，很像云南省的昆明市（海拔1895米），但比昆明市小得多。西昌城北高南低，大体呈正方形，西南角伸出，像粽子形，城内有东南西北主街道，交叉点系城中心，路面为石灰三合土，典型的西南各地的中心城市。1941年夏天，正巧建立资源委员会西昌电厂，安有20马力的蒸汽发电机组。以木炭作燃料，除了安排50盏路灯外，只有少数重要的机关、商店及部分住宅分到几盏电灯。日出而作、日落而息，是该城镇居民长久的生活习惯。为了增强当地居民的时间意识，在中午12时及晚上9时整放午炮及晚炮各一次。

（二）昭觉

昭觉城在西昌正东，相距194华里，海拔2050米，是彝区的核心，处在几个彝族县的中心部位。额定四站，走了六天，由此再向东过昭觉河，即正式进入彝区大凉山地界，所以说，昭觉县城是进入彝区的门户。昭觉县城建立在昭觉坝子的中央，盛产水稻及玉米，原系清朝同治年间进兵彝区的"交脚"（即堡垒的意思），宣统元年正式筑城建制，据记录，城四方形，周围253

丈、高 2.5 丈。这样小面积的县城，还不及内地农村的庄园，面积仅 4 万平方米，站在土墙上能很清楚地望见对墙。城内房屋仅有四幢，其余的空地长满了庄稼，较大的一幢由县政府、彝务指挥部及邮政代办所占用，其余均为民房，由三家汉人居住。

考察团一行在昭觉城西门拍了一张全体照，这是唯一的一张全体照。

（三）美姑

美姑是彝族阿禄家的居住村落，因临近美姑河而得名。汉文美姑由彝音变化而来，没有其他的内涵。美姑地区在新中国成立以后，建制设县，靠近大凉山麓，周围气候温湿，美姑河流经其间，是彝区内最大河流之一。美姑附近物产丰富，同时也盛产鸦片，彝族人自己不吸鸦片。汉人商贩冒险进入彝区的重要交换方式是带进盐布及其他日用品，不等价换取鸦片，偷运出境，高价牟取暴利。

磨石寨离美姑寨 28 华里，考察团请该家的首领磨石铁哈作保，沿途护送过黄茅埂最险要的地方。到了磨石寨，考察团所带物品已用得差不多了，反正四天后可达雷波城，故除留少数物品供沿途使用外，剩余的一律处理完毕。

（四）黄茅埂

从美姑磨石家向东偏东北 31 华里到黄茅埂顶点。凉山绝顶为一片四望无际的平坦草原，是一个理想的天然牧场，顶部脊宽估计 30 华里左右。从一大片残留的树根来看，这一带在中古时代曾被冷杉林所覆盖，长年的砍伐而又不懂养林及育林，使其逐渐形成水草丰茂的高寒草原地区。天晴时向西北可以看到贡嘎山的雪峰。可惜，当时雾气缭绕，看不清楚。

黄茅埂海拔在 3900 米以上，气温相当低。每年农历八九月间大雪封山后，考察团当时所走的路线就不能通了。8 月中旬下午 6 时，晴天，水银温度计测量到的气温仅 12.5℃。而且山区气候多变，前半夜还满天星斗，后半夜忽然倾盆大雨，考察团住在牧羊人临时架搭的所谓"羊圈"，即用树干做支架，松毛编搭成墙的房子。外边下大雨，里边下小雨，晚间烧木柴取暖。半夜被大雨惊醒，一直坐到天亮。

次日上午 8 时 20 分，考察团从磨石家羊圈启程。寒气逼人，雨雾弥漫着山顶，看不清四周。雨停后向东北方向缓慢下坡，一路上看到火烧冷杉的残根。走了近 27 华里开始下凉山东坡，坡度陡峻、峰峦突起、树木稠密，与大凉山西坡平缓、光秃少树多梯田的景色大不相同。

（五）拉米

从黄茅埂下坡 64 华里到达拉米，沿途又见不到冷杉了，相对高度下降近 1700 米。拉米是个小村落，住户不多，全系"娃子"。

（六）黑角、乌角

从拉米到雷波县城，要步行 111 华里及两个村落——黑角及乌角，前者由彝族居住，后者由汉人居住，这一带因地势陡峻，河水湍急，沿着西苏河床蜿蜒前进，要经过二道溜索，才能过河。两岸的交通，由当地人维持，他们掌管溜索，并索取过河费用。经过讨价还价，商定输送三个汉人、三背行李及四个背子过河，收取 1.5 匹布。

所谓"溜索"乃是一根捻编得很粗的竹缆，两头固定在两岸。竹缆上套一个半圆形的空心木筒（简称溜梆或溜壳）。绳索连接空心木筒拴住过河的人，沿竹缆滑行到河心，再由对岸的人拽拖空心木筒到达彼岸。第一次放索，只有一边岸上有人，首先需要一位彝人攀索揉行过去准备，这是一种既吃力又危险的工作。

这种溜索是中国西南地区特有的交通工具，通称"笮桥"。根据承受自重的方式来看，它属于索桥系列，在西南少数民族地区特有的自然环境中，它对本地区文明发展、中外贸易及文化交流都能起到重要作用。最早的笮桥由溜索发展演变而来，分为平溜（单溜）和陡溜（双溜）两类，西苏河架设的两座笮桥属平溜索桥，也是较原始的一种形式。

沿着西苏河床南行，每到村民居住的地方，村边都筑有碉堡，呈现一派戒备森严的情景。这是汉彝交界的特点，目的是防止对方突然袭击。

到达乌角，重返汉人的境界。自从西昌向东步行两个多星期以来，穿越 507 华里的少数民族彝区，考察团一直保持着紧张、警惕的心情。回到汉人的据点，才开始缓和下来，感到安全有了保障。

考察团这群从大城市来的汉人，生活习惯已大大变样，早就忘掉洗脸刷牙等习惯，吃饭喝水，也无规律，饿了抓把炒面，渴了沿河饮水。在最后两天，考察团成员真是度日如年，盼望早点儿到达雷波县城，痛痛快快地喝上大碗加盐的凉开水。

（七）雷波

雷波县城气候温和，海拔 1200 米左右，离城东 15 华里是金沙江边，对岸属云南省的永善县境。这里是此次步行考察大凉山的终点。

三　考察内容

步行考察大凉山，是一次综合性的对少数民族，尤其是对彝族的全面考察，考察内容丰富，涉及社会科学领域。曾昭抡教授编写的近 20 万字的《大凉山夷区考察记》于 1945 年 4 月出版发行，该书为深入彝区冒险考察，全面介绍"倮彝"（曾昭抡教授称大凉山彝族为"倮夷"，由"独立倮倮"衍生而来）族的专著。
考察主要包括以下内容：

（一）地下矿产资源

大凉山区域内地下矿产资源丰富。20 世纪 30 年代中国有几
批科技人员进入彝区考察，其中以 1934 年 8 月中国西部科学院
组成的考察团最为著名。该考察团分地质、动物及植物三组，收
集了一些标本，同年 11 月回到重庆北碚，出版了资料报告，该
资料可说是国内对该地区的首批考察记录。川康科学考察团在西
昌曾参阅其中的部分内容。

从地质角度讲，西昌沿边的安宁河，由南向北，在水成岩中
断续地镶嵌了一花岗岩石层，以西昌为中心向北延伸到大渡河
边，向南经会理几乎达到金沙江边缘。大凉山区域宝贵的矿藏，
大部分在这些花岗岩侵入的地方，尤其是在火层岩与水层岩接触
之处成为金属嵌岩（Metallic Dike）。会理以西，即现在渡口附
近"盐边及米易两县的区域"属攀枝花市范围。其中较大的煤矿
在盐边、盐源两县水层岩构成的地区。下面列简表说明该地区丰
富的矿产资源分布概况（见表 1）。

在昭觉城西北 12 华里处的八嘴山，考察团观看了煤矿区。
沿途找到古代林木的侏罗纪化石，属侏罗纪煤层。彝村"聂得
尔"（Gnayare）附近六七百米处即是矿区，煤层夹在砂岩与页
岩之间，露出的煤源很薄，仅是一种柴煤而已。介于昭觉与美姑
之间，有一处乌坡铜矿。去乌坡山的沿途上可看见石灰岩、玄武
岩，下面一段系由暗红色砂岩及泥岩组成，属二叠纪。附近拾得
铜矿标本，都是孔雀石，也见到红铜矿，矿层厚约 4 米，上下均
为石灰岩。倾斜度正南 45 度，走向大致正东。在凉山彝区，传
说中的铜矿不少，如金马厂、牛牛坝、耳堡、三岗等地都可能有
铜矿，几乎与云南省的东川铜矿在地理上汇成南北一条直线，顺

着此线，有一条火成岩插入水成岩间，与西会道（西昌至会理）的走向类似。考察团更希望找到别种金属矿产。

表1

矿物品种		矿产所在地	约略成分（％）	估计储量（千吨）
铁 矿	磁铁	会理县毛姑坝		5000
		盐边攀枝花（包括倒马坎）	含铁 70	8000
		冕宁县泸沽	含铁 55	10000
		盐边县大石房	含铁 65	
		盐边县禄马堡		
	赤铁	盐边县大湾子	含铁 69	3000
		盐边县大石包		3400
铜 矿	辉铜矿及孔雀石？铜矿＊＊	会理县鹿厂	含铜 2.5—5.0	1400
		越嶲县灰棚子、安顺场等处		240
金 矿	沙金	盐边县弄弄坪		3100
		盐边县麻柳坪		
	山金	越嶲县安顺场广金坪		300
煤 矿	烟煤	会理县益门		8000
		云南永善县那拉箐		100000
	烟煤及无烟煤	盐边县乌拉附近		150000
	褐煤	盐源县火烧堡		25000
菱锌矿、闪锌矿及方铅矿		会理县天宝山	含 锌 25—30	5500

（此表系曾昭抡教授据当时考察西昌建委的旧资料及讨论整编而成。原文不清，列有英文 Tetrahydrite 字样。）

宁属境内，煤铁两种地下资源极为丰富，主要在泸沽、毛姑坝（含铁量达 70%）及攀枝花三处。前两处已小规模开采，但攀枝花仍为处女地。经济部资源委员会曾有意利用金沙江对岸云南省永善县的煤炭，冶炼攀枝花及毛姑坝的铁矿砂，但筹备数年，未能实现。

六十多年以前，曾昭抡教授已预见该处丰富的地下矿产资源，建议国家开采。同时，还查阅资料及征询当地人士，记录了其他极有价值的特种金属矿。会理县小关河附近，发现有钴矿及镍矿，钴矿为一种钴砷硫矿（Cobalt Arsenopyrite），产在铁厂湾附近。当时传说仅云南省发现钴矿矿苗而已，镍矿在力罗河，成分虽低，但在当时系国内唯一的镍矿种。小关河附近尖山地方最近还发现锰铁矿，含锰量 20%—28%。会理县境攀运街地方，发现铬铁矿，含铬量达 5%。

几十年后，"攀枝花"这个共生矿，终于建成为又一个著名的矿场及冶金基地。

（二）主要道路里程的核实及改正

在考察中，经过考察团步行实测，对通向大凉山主要道路里程进行了核实及改正，对比记录见表 2。

（三）彝文及语言

倮彝文字及语言，大抵由象形而来，造字原则大体与汉文及埃及文相仿，横写自右至左，字形每字成一单元，非用字母拼音，而是复音、重音多在最后一个音节上；另一特点，常用双字音。"倮彝"文字，仅有"毕摩"认识，有字必有其音，有音则不一定有字。文法倒装，宾词在前、动词在后。为了便于考察、沟通交流，考察团也在当地快速学习常用语发音，举例如下（见表 3）。

表 2　　　　　　　通向大凉山主要道路里程的核实及改正①

	地名*	川心堡	大兴场	玄参坝	保保沟	滥坝	四块坝子	三湾河	昭觉城	
西昌昭觉段	距西昌（实测）	12**	27	50	97	113	148	162	194	
	距西昌（习惯说法）	15	30	60	90	120	140	160	190	
	地名	竹黑	乌坡	美姑	磨石家	黄茅埂（山顶）	拉米	黑角	乌角	雷波（县城）
昭觉雷波段	距昭觉（实测）	25	42	75	103	134	198	247	299	309
	距昭觉（习惯说法）	30	60	90（又说85）	150	150	290	390	465	480

＊此表地名中除大兴场、乌角外，全系倮彝村　　＊＊表中数字单位为华里

表 3　　　　　　　汉语与"倮彝"语发音对照表②

汉语	倮彝语发音	汉语	倮彝语发音
牛	Lebo	美姑	Mogo
马	Mba	服从或领袖	Domo
喂	Tzag	请坐	Goonila
一	Tzma	谢谢	Kasasa 或 Kejo
三	Soma	慢慢地走	Aiza-aiza-bo

四　考察过程中体现的严谨治学精神

在此次西南联大川康科学考察团步行考察大凉山的过程中，

---

① 裘立群：《西南联大师生步行考察大凉山》，《中国科技史料》1994 年（第 15 卷）第 2 期。

② 同上。

充分体现了曾昭抡教授的吃苦耐劳和严谨治学的精神。在考察团中，除了曾昭抡教授是中年人外，其余全系青年学生。旅途中，他既要照顾、教育学生，又要不停地考察记录，口袋里一直放着小笔记本和铅笔，一旦歇脚，随时随地记录书写，到达宿营地后，在蜡黄如豆的油灯下，还要整理修改及补充当天的记录直至深夜，从不间断。考察团成员都为他的持之以恒、不辞辛苦的精神所感动。由于在旅途中要经常口头计算里程或强记景物实况，思想必须高度集中，因此，他常常口中念念有词，有时会引起别人的误解。在抗战期间的艰苦后方，缺乏各种记录仪表，只能靠强记。他的记录全面、详细，并具有科学性，现将"寻找昭觉煤矿"沿途的详细笔录抄写如下："出城西门，路大体向西北西行，穿坝田曲折前进。一路穿田埂走，途中有两处，地上露出有油。以前来过凉山的人，传说凉山有油矿，所指即此。实在这种情形，远够不上油矿的称呼。大约不过是由一种逼近地面的有机物质，分解而成。其为量甚为微小，并无经济价值。穿过坝约行三华里，翻过一座红土矮山，前去改穿丘陵田缓上，里半左右，改向正西行，路右随即走过一座夷堡子（此处距城约五华里）。前行路复平坦，右绕矮山走。一路改缓向下趋，随过一道小溪，即又缓上，穿洋芋田走。里余路改陡上，趋上八嘴山，仍向正西行。路右又走过一座夷村，前行一里，复略下趋……"[①]

当代名流费孝通教授在所撰《一代学人》中概括了曾昭抡教授的高尚人格和严谨的治学精神。他说："曾公平时拘谨持重，岸然似老，但一接近他就会感到他那么平易、和蔼、没有半点高高在上的神气。……曾公之为人为学，我叹不如。""他是个勤恳的园丁，满园桃李花开……他不抢在人前自耀，又不躲在人后指

① 曾昭抡：《大凉山夷区考察记》，求真社，1945年。

摘，因为他不是以学科来为自己服务，而是以自己的一生能贡献给学科的创建和发展而满足。"①

曾昭抡教授的事业心很强，长期从事高等教育、科学研究和学术团体的事业，数十年如一日，勤奋工作、严谨治学，不管严寒酷暑，都埋头工作于实验室或图书馆。一生发表论文280篇之多，一般的议论性文章就更多了。他收入颇丰，又无子女，却省吃俭用，把节省下来的大笔收入贴补学会的出版事业。1961年已发现身患癌症，在北京治疗癌症的三年中他还撰写了一百多万字的著作，自学日语，继续培养助手。1967年12月8日离开人世，时年68岁。

第二节　南开大学边疆人文研究室对云南石佛铁路沿线的调查研究

一　南开大学边疆人文研究室的创建及其刊物《边疆人文》

（一）南开大学边疆人文研究室的创建及概况

抗日战争进行到40年代初期，除去西北、西南以外，大半个中国的土地都已经沦陷，西南边陲的滇缅公路和滇越铁路成为连接国际的交通要道。云南省政府决定再修筑一条铁路，由滇南的石屏通往滇边的佛海（今勐海），以连接滇越铁路。石佛铁路筹备委员会愿意提供经费，委托一个学术单位，调查石佛铁路沿线的社会经济、民情风俗、语言文化及地理环境等方面的情况，以供修筑铁路时参考与应用。南开大学的黄钰生教授和冯文潜教授立即抓住这个难得的机会，在云南著名社会

---

① 费孝通：《一代学人》，《读书》1984年第4期，第6页。

贤达缪云台先生的支持下，取得了石佛铁路筹委会的委托与经费，得以用人文工具直接为抗战中苦难祖国的实业建设贡献绵薄之力，并借此创办一个边疆人文研究室，以拓展南开新的学科领域。

　　1942 年 4 月 28 日，云南省建设厅龚仲钧厅长致函张伯苓，委请南开大学担任石佛铁路沿线的实地调查研究工作。张伯苓立即写信给他的朋友、云南著名社会贤达缪云台，最终承接了石佛铁路沿线的调查工作，并因此得到三万元的专款资助。1942 年 6 月，在黄钰生、冯文潜等人的积极筹划下，南开大学边疆人文研究室成立，聘陶云逵①为研究室主任，主持全面业务工作。7 月 6 日聘西南联大毕业生黎宗瓛、黎国彬为研究室调查员。8 月聘

---

　　① 陶云逵（1904—1944），江苏武进人，中国现代著名社会学家、人类学家，西南边疆社会研究的拓荒者。1924 年南开中学毕业，升入南开大学。1927 年赴德国入柏林大学，师从欧洲人类学大师欧根·费雪尔教授攻读人类学，凡六年，获人类学博士学位。1933 年归国后入中央研究院历史语言研究所，深入云南农村，调查各少数民族社会生活状况，是研究中国西南边疆社会的先行者之一。1939 年 11 月任西南联大历史社会学系讲师，后任教授。1942 年 6 月，南开大学文科研究所边疆人文研究室成立，陶云逵任研究室主任，主持全面工作，他团结边疆人文研究室全体同仁，克服经费物力等方面的困难，创办了南开大学边疆人文研究室学术刊物《边疆人文》。《边疆人文》成为在国统区艰难抗战环境中闪烁着科学光芒的重要学术刊物。1942 年 7 月，开始有计划的调查研究工作。1943 年对云南石佛铁路沿线进行社会经济综合调查，集人类学、社会学、语言学、历史学与经济地理学等多种学科，对西南边疆民族地区进行首次大规模的长时间的综合调查，并取得了丰硕成果，受到国内学术界和各方面的高度评价和重视。长期的野外艰苦生活，繁重的教学科研工作与极度的贫困使他的健康严重受损。1944 年 1 月 26 日，陶云逵因染回归热转致的败血症，病逝于云南大学医院，年仅 40 岁。他的代表作《西南部族之鸡骨卜》，对鸡骨卜的分布及其历史记载作了详尽研究，认为它属于非汉语民族文化产品。此文详细记载了鸡骨卜的方式，是从文化人类学上研究鸡骨卜的第一篇论文。陶云逵的著作多为西南民族的调查报告，主要有《云南碧罗雪山之栗粟族》、《车里摆夷之生命环》等。

邢公畹（名庆兰，故亦称邢庆兰）加入研究室工作。不久，罗常培也推荐他的研究生高华年为研究室成员。南开大学边疆人文研究室初具规模。

需要指出的是，研究室的全称是"南开大学文学院文科研究所边疆人文研究室"。抗战前的南开大学虽然已经建立了文学院，但实际上却连个中文系也没有办起来，只有外文、历史和哲学三系，力量也很单薄。直到抗战爆发，合组西南联大的时候，南开大学的文学院也是科、系不全的，拟议中的文科研究所并未建立。尽管如此，老一辈"南开人"黄钰生、冯文潜等教授却从没有放弃办好文学院和创办文科研究所的雄心，他们坚持不懈，希望在抗战胜利之日南开大学北返复校到天津的时候，带回一个健全的、教学科研阵容充实的文学院，并且将计划中的文科研究所付诸实现。因此，也可以说，边疆人文研究室的创办，也负有为未来的文科研究所建基铺路的重要使命。

南开大学边疆人文研究室的班子是这样组织的：学校方面兼管研究室工作的负责人黄钰生教授当时既是南开大学秘书长，又是西南联大师范学院院长；冯文潜先生时任西南联大哲学系代主任；研究室主任陶云逵先生，留德人类学博士，联大社会学系当时最年轻的教授。此外，年轻的研究人员有邢公畹、黎国彬、高华年、黎宗瓛、赖才澄等。在此，值得一提的是，组成这个研究室科研队伍的几乎全都是中、青年人，全体研究人员的平均年龄不足30岁，充满着生机和活力。南开大学校方，特别是创办研究室的黄钰生、冯文潜两位先生，对年轻人非常器重和信赖，敢于大胆使用这批人才。特别值得称颂的是，主管研究室工作的冯文潜教授为了节省开支，使微乎其微的经费发挥最大科研效益，外出办事经常"以步当车"，舍不得坐车，不辞劳累，其节俭精神极为难能可贵。冯文潜教授早年留学美国和德国，攻习哲学和美学，是一位造诣很深的学者，也是一位忠厚长者，古道热肠，肝胆照人。他对南开大学有极深厚的感情，事业心非常强。他在边疆人文研究室不担任职务，而以"为他人作嫁衣裳"的牺牲精神，包揽了研究室的一切后勤事务。与石佛铁路筹委会打交道的是他，与联大有关方面打交道的也是他，甚至研究室所用的笔墨纸张，也都由他亲自去采购，真可谓研究室名副其实的"后勤部长"。为开展科研创造条件，他奔忙了足有一年，终于在小西门西南联大新校舍附近的一个旧庵堂里，为边疆人文研究室找到了一个办公地点，还借到了旧桌椅板凳之类的家具，使研究室名副其实地有了一个"室"。这里本来是一个三合院的旧庵堂，一间正厅，东、西两厢。正厅和西厢房是联大历史学系雷海宗教授所建立的历史研究所；东厢房共三间，就是南开大学边疆人文研究室。这几间办公室的使用效率极高。除作为一般办公用地以外，它还兼有印刷厂、装订社的功能。蜡版一刻好，全室人员，包括冯文潜先生和陶云逵先生就一齐动手，裁纸、调墨、推油印滚筒，将研究室所办刊物《边疆人文》一份份装订成册。刊物一经印出，就引起许多学者的关注。

（二）绝版了的刊物《边疆人文》

南开大学边疆人文研究室的刊物《边疆人文》分为甲、乙两种：甲种是语言人类学专刊，乙种是综合性的双月刊。甲种专刊先后出了三集，第一集是邢公畹先生的《远洋寨仲歌记音》，第二集、第三集刊载高华年的《黑彝语法》和《黑彝语中汉语借词的研究》。乙种综合性期刊出了三卷，共 16 期，出到第三卷三、四期合刊的时候，抗战结束，南开大学复校天津，最后一期刊物编定于昆明，复校天津之后才出版。在乙种综合性期刊上发表文章的除了研究室人员外，还有不少热衷于边疆民族地区文化研究的其他联大学者。其中有许多教授名家的研究成果，如罗常培的

《论藏缅族的父子连名制》，袁家骅的《阿细情歌及其语言》，游国恩的《释蛮》，向达的《瞰青阁识小录》，闻一多的《说鱼》。当然，大量有学术价值的论文还是南开大学边疆人文研究室的研究人员提供的，其中陶云逵的《大寨黑夷之宗族与图腾制》、《西南部族之鸡骨卜》，黎国彬的《红河上游摆夷地理环境的调查》，陶云逵、黎宗瓛的《杨武坝街子汉夷互市的调查》，高华年的《鲁魁山倮倮的巫术》等论著，为人们认识和研究西南边疆民族地区的文化风貌展现了一片广阔的天地。在此特别值得一提的是，对古代神话研究颇有建树的闻一多教授对边疆人文研究室开展的工作也非常热心，并撰写了《说鱼》一文，刊载于第二卷三、四期合刊，时间是 1945 年下半年，几个月后，闻一多就为争取民主而英勇献身，这成为我们永远难忘的怀念。闻一多先生在此文中启示的，应当用文化人类学分析中国古代文献和民族歌谣的治学方法，则成后学之楷模。

油印的《边疆人文》成为许多著名专家、学者共同耕耘的园地，其成果与影响都扩大了。所出书刊的篇目和内容，曾被大量引用，传播甚广，《边疆人文》也已成绝版。直到今天，我们还可以在南开大学图书馆找到这份泛黄的油印刊物——《边疆人文》。《边疆人文》成为在国民党统治区艰难抗战环境中闪烁着科学光芒的重要学术刊物。

二 陶云逵教授领导的对石佛铁路沿线的综合调查研究

（一）调查经过

南开大学边疆人文研究室的建立，是南开历史上的壮举，对西南联大来说也是一项新颖而出色的贡献。陶云逵对研究室充满了信心，深感为实现其系统考察中国边疆社会提供了难得的良机。他把研究室分为边疆语言、人类学（包括社会人类学和体质人类学)、人文地理和边疆教育四组。这一构建反映了陶云逵的学术指导思想和工作目标。研究室刚一成立,他就亲自带领由几名年轻研究人员组成的调查队伍从昆明出发,经玉溪、峨山、新平、元江、金平,沿红河而下,对红河哈尼族、彝族,文山苗族、傣族、纳西族等少数民族的语言、民俗、社会经济、地理环境等开展调查工作。当时到云南这一地区开展调查,不仅要有克服困难的精神,还要有甘冒风险的勇气。从昆明下红河,交通极不方便,自然气候不适应,民情风俗不熟悉,饮食寝住不习惯,而且社会治安不好,沿途常有土匪为患。如果找不到可靠的马帮结伴,或雇不到武装护卫人员,将非常危险。1942年7月陶云逵从杨武坝写信①给冯文潜说:"弟等因鉴:一、去元江无伏马(怕兵征逃避一空),而步行道路崎岖而遥远,故不得已求下策。弟研究此间罗罗社区之宗教与巫术。高华年作窝尼(费九虎之力始觅得一适当人物)语言调查。黎宗瓛仍作街子汉夷互市研究,仅黎国彬一人去元江调查人文地理方面。二、因元江一带物价更高此约半倍。"信中又说:"故花费甚大,必要时只可在八月底即返,视情形而定。前请寄之五千元,务请即时汇下,以便应用为荷。"信中还说:"为石佛调查,故此间完毕之后,尚需去新平县走一趟也。欲由中国银行汇至玉溪该行转阳武坝(新平县属)郭大队长子正收。已详前函。"信中陶云逵强调:"此次各人工作精神甚佳,成绩当不至于坏。此层请放心。所虑者经费问题。拟极力减省,然奈此间物价过高何!"

当年,杨武坝及其周围地区,"酸角花开,旱云如火",工作起来十分困难。陶云逵与研究室同仁克服种种困难,经过65天

---

① 北京大学、清华大学、南开大学、云南师范大学:《国立西南联合大学史料·教学、科研卷》,云南教育出版社1998年版,第735—736页。

顽强的工作，取得了大量社会调查的珍贵资料。陶云逵调查了鲁魁山纳西族的社会组织与宗教，黎国彬调查了红河上游的人文物产，高华年调查了纳西语言与文学，都写出了有价值的调查报告。

1943年，陶云逵又带领研究室同仁利用八个月时间对石佛铁路沿线社会经济开展思（茅）普（洱）沿边茶业、澜沧江河谷地区土地利用、彝族社会组织及宗教、手工艺术等调查，把大量少数民族口头流传的历史语言记录下来，并收集了许多文献和文物。同年，邢公畹同黎国彬接受南开大学边疆人文研究室的任务和石佛铁路筹委会的委托，结伴前往红河上游少数民族地区进行社会调查。邢公畹为了调查傣语，留在滇西南的傣族区。黎国彬为了调查人文地理一直走到佛海、车里。

（二）丰硕成果

陶云逵领导的南开大学边疆人文研究室对石佛铁路沿线的实地综合调查实行分工负责制：关于社会经济、民俗、地理环境方面的调查主要由陶云逵与黎国彬、黎宗瓛负责；语言方面的调查由邢公畹与高华年负责。调查成果的一部分是为石佛铁路筹委会提供所需的资料，主要有石佛铁路沿线少数民族语言分布状况图表，铁路员工应用的语言手册和石佛铁路沿线社会经济调查报告等。这些调查报告曾以云南石佛铁路筹委会与边疆人文研究室名义辑印，其中主要有黎国彬的《红河上游摆夷地理环境的调查》、《车里、佛海茶叶与各部族经济关系的调查》，陶云逵、黎宗瓛的《杨武坝街子汉夷互市的调查》、《纳苏宗教与巫术的调查》，高华年的《黑彝语法》、《鲁魁山保保的巫术》，等等。

陶云逵教授领导的边疆人文研究室对云南石佛铁路沿线的实地调查是国内对西南边疆地区开展的首次大规模、长时间（长达十个多月之久）的综合考察，并取得了丰硕成果，受到国内学术

界和各方面的高度评价。研究室的工作受到张伯苓好评，称赞他
们取得"良好成绩"，有关研究工作报告"内容翔实，蔚为大
观"。陶云逵领导的南开大学边疆人文研究室诸同仁以自己的聪
明才智出色地完成了石佛铁路筹委会委托的田野调查任务。这无
疑是一次人文学者以人文科学手段直接参与国家实业建设，作出
突出贡献而获得成功的典范。张伯苓校长在1942年12月14日，
就研究室的工作收获手书嘉奖，并确嘱冯文潜先生为复兴南开事
业，预储文科人才，这样，南开也解决了办学指导思想和办学理
念上的一个重大问题。

南开大学边疆人文研究室在昆明，在抗战这样的大背景下，
凸显了中国知识分子在那样的艰苦环境中生存、成长的典型过
程，也印证了古代先哲所阐明的哲理：困难锻炼造就了人才。
"困于心，衡于虑，而后作；征于色，发于声，而后喻。"内忧外
患的岁月在锤炼了年轻学者的学术品质的同时，也锤炼了他们的
道德品质。

三　陶云逵教授学术研究之综合评价

陶云逵是中国现代著名社会学家和人类学家，西南边疆社会
研究的拓荒者。他于1933年留德归国后，各方面争相罗致。但
他性喜研究，乃入中央研究院历史语言研究所，担任调查研究工
作。当时的社会学研究尚处发轫阶段，空泛之论辩多于翔实之叙
述；社会事实之引证又多取自舶来材料。陶云逵不满于社会学现
状，决心采用实地调查方法，以中国境内各种社区类型为对象，
阐明本国的社会实际，发展中国的社会学。中国的社会学、民族
学研究因引入田野调查而进入了一个崭新的时代。

陶云逵深入云南，走遍全滇，调查边疆社会，搜集第一手资
料。1935年到滇缅沿边研究人类学，在云南傣族、傈僳、彝族

等少数民族中测量了数千个案的体质,其中关于西双版纳地区傣族的测量约一千个案,加上统计图表、照片及附加注释,约十万字篇幅,仅珍贵照片就有数百张,是极为难得的"社会活化石"资料,并撰写《几个云南土族的现代地理分布及其人口之估计》、《关于摩娑之名称、分布与迁移》和《摩娑族之羊骨卜及巴卜》等论著。陶云逵教授是中国西南边疆社会研究的拓荒者。

费孝通在《逝者如斯·物伤其类——哀云逵》一文中,深情地回忆了与陶云逵在"魁阁"研究室工作的难忘岁月,他回忆说:"有人误解魁阁,以为它是抄袭某某学派,其实,在它刚刚开始的时候,就是一个各学派的混合体;而且在经常的讨论中,谁都改变了他原来的看法。我们在讨论中,谁也不让一点人,各人都尽量把自己认为对的引申发挥,可是谁也不放松有理的地方,因为我们的目的相同,都在想多了解一点中国社会和文化的实情。"在"魁阁"研究室里,费孝通与陶云逵争论最多,常常为一个问题争得面红耳赤。在此文中,费孝通回忆说,陶云逵生前曾和他说过:"我们不是没有辩得不痛苦的时候,可是我实在喜欢这种讨论会。"在此文中,费孝通不无感慨地回忆说:"在和云逵相处的四年中,我实在领会到'反对'的建设性。"在此文中,他还说,陶云逵生前曾和他说过:"我们的交情也就在这上边建筑了起来。"①

陶云逵教授是一位优秀的社会学、人类学研究专家,他在学术研究上极为重视实地调查,努力抢救民族文化的"活化石"。他搜集了大量资料和有关民族、民俗实物,如猛茫土司历年大事记、车里猛哲土司大事记、丽江民间故事、猛连土司大事记、车

---

① 晓竹:《魁阁,一颗闪亮的星》,《云南大学档案工作通讯》1998年第7期,第12—13页。

里摆夷杂考、耿马宣抚司史记汉译、云南杨武坝调查文件、民族革命先进者阿知立轶事，云南之傣族、摆夷文字及摆夷研究等，至今都是研究云南边疆社会和少数民族的极为珍贵的资料。

西南联大时期，陶云逵不仅领导了南开大学边疆人文研究室的学术工作，而且自己也连续发表了一批重要研究成果。短短几年发表了20多篇论文，他的最具代表性的论文主要有《西南部族之鸡骨卜》、《云南摆夷族在历史上及现代与政府之关系》、《论边地汉人及其与边疆建设之关系》等16篇。① 未刊手稿尚有《车里摆夷研究》、《十七、十八世纪车里宣慰司史要》、《边疆社会》等。

陶云逵对边疆社会的研究，注重把历史与现实联系起来进行

① 梁吉生：《英年一死献滇边——陶云逵在昆明的日子》，昆明市政协文史学习委员会编《抗战时期文化名人在昆明》二，云南人民出版社 2002 年版，第 236 页。

最具代表性的 16 篇论文：

《华欧混血种——一个人类遗传的研究》，《民族学研究集刊》第 2 期。

《人类学研究之实用问题》，《云南日报》1943 年 10 月 7 日。

《几个云南土族的现代地理分布及其人口之估计》，《中央研究院史语所集刊》第 7 本第 4 分册。

《云南土著民族研究之过去与未来》，《边政公论》第 1 卷第 5、6 期。

《大寨黑夷之宗族与图腾制》，《边疆人文》第 1 卷第 1 期。

《关于摩娑之名称、分布与迁移》，《史语所集刊》第 7 本。

《西南部族之鸡骨卜》，《边疆人文》第 1 卷第 2 期。

《云南怒山上的傈僳人》，《旅行杂志》第 16 卷第 10 期。

《十六世纪车里宣慰使司与缅王室来礼聘往还》，《边政公证》第 3 卷第 1 期。

《云南摆夷族在历史上及现代与政府之关系》，《边政公论》第 11 卷第 9、10 期。

《车里摆夷情书汉译》，《中国青年》第 6 卷第 2、3 期。

《一个摆夷神话》，《中国青年》第 7 卷第 1 期。

《俅江纪程》，《西南边疆》第 13、14、15 期。

《新平通讯》，《边疆研究通讯》第 1 卷第 5、6 期。

《论边地汉人及其与边疆建设之关系》，《边政公论》第 2 卷第 1、2 期。

《边政人员专门训练之必需》，《边政公论》第 2 卷第 3、4 期。

统一考察，给予少数民族以历史地位；注重把文献记载与少数民族的具体社会事象比照进行研究，进而提出自己的见解。罗常培评论《西南部族之鸡骨卜》时所说的"综合勘究，胜义殊多"①，正是对陶云逵这一研究特点的中肯评价。陶云逵教授的代表作是《西南部族之鸡骨卜》，它是陶云逵先生短暂而辉煌的一生中最后一篇调查报告，同时也是他对文化人类学的最后一份贡献，也是他硕果累累的科研成果中最重要的杰作。其重要性在于指出中国西南藏缅、苗、傣诸语种人民都有或曾经有鸡骨卜的风俗，并且详细记载了鸡骨卜的方式，是从文化人类学上研究鸡骨卜的第一篇论文，是开山之作。此文对鸡骨卜的分布及其历史记载作了详尽研究，认为鸡骨卜属于非汉语民族文化产品。此文指出，"鸡卜"的记载最早见于《史记·孝武本纪》，《汉书·郊祀志》也有同样记载。唐、宋以后，记载渐多，但是说得不很详细。文章指出，根据当时调查及以往记载，鸡骨卜分布于粤、桂、湘、黔、川、滇各省非汉语部族之三大族群中，汉语社会中引用鸡卜则自非汉语部族传入，其始则自汉武帝令越巫立越祠，用鸡卜。

值得指出的是，陶云逵在边疆社会的研究中，并不是只把少数民族作为猎取资料的对象，而是着眼于边疆建设和民族团结，希望边疆各民族得到更快的进步。他在《云南摆夷族在历史上及现代与政府之关系》一文中指出："为我全国民族之永久团结，似宜积极设计导此边胞社会，使其生活设备、文物制度和我国其他地区一样趋于现代化，以其地势之利，人事之优，好好建设。"为了加强少数民族地区建设，他认为必须正确地认识和分析边地汉人，正确估计他们在边疆建设中的作用。他在《论边地汉人及

---

① 罗常培：《论藏缅族的父子连名制》，《边疆人文》第 1 卷第 3、4 期。

其与边疆建设之关系》一文中说，社会学认为，"两个人群，其文化物质彼此愈相近似，其分子间能了解的程度愈高"。边地汉人在生活样法上，一方面保存了中原文化若干特质，另一方面又采纳了边胞文化若干方式，多少受到双重文化的陶熔，事实上成为人类学上所谓的"Marginal Man"（边缘人）。他主张发挥边地汉人的这一特殊作用，对促进边疆地区社会发展是很有利的。陶云逵教授这种深邃的思想和精辟的观点，即使在今天我们实施西部大开发战略过程中，对促进边疆地区和谐社会的构建和建设社会主义边疆新农村，仍具有重要的理论启迪意义与现实指导意义。

陶云逵对当时功能学派研究边疆所表现出的趋向，公开提出异议。他认为，功能学派的"拿手好戏"是，在研究与我们文化不同的社会人们时，只喜欢找这个社会中这些或那些行为为什么如此这般存在的理由，而"忽略主人对他们自己行为意义的看法"，"很可能是一种曲解、误解"[①]。

这一时期，陶云逵从宏观上、理论上对文化研究也表现出很大兴趣。他先后写了《文化的本质》、《文化的属性》、《文化的需要》和《个人在文化中的参与》等文章。他认为，社会中个人对文化内容参与的多寡程度，决定文化的不同范畴。社会上普遍知道的、最容易得到的是普遍的文化内容；若干社会分子所知道的（如医学）是专门的内容。除此之外，如个人特有的（如个人特有小技），也不能忽视，是文化变迁的一个起点。个人特有的，经过一定条件，变成一种发明，融入社会，推广开去，就成为文化的一部分。还有一种并存文化内容。他把社会文化中那些性质

---

① 梁吉生：《英年一死献滇边——陶云逵在昆明的日子》，昆明市政协文史学习委员会编《抗战时期文化名人在昆明》二，云南人民出版社2002年版，第237页。

相同，而技术各异、表现有别的知识，叫做并存，这是流动在普遍文化内容外围的普遍的文化内容，决定该社会文化的形成与模式，是文化的"心核"。这两个层次的文化不断地冲突，一部分并存文化为心核所吸收，旧的心核中某些文化失去模式与胶着力，于是为新的文化所代替。所谓文化的变迁，实在是一种替换的性质，即：新的替换旧的地位。如人类的切割工具，用五金代替石刀，经过一个渐次替代过程，有个时期则是石刀与五金并用。陶云逵认为："一个文化能容纳若干不同的、并用的文化因子，是对于这个文化的量的方面极其重要的，特别是关于文化的发展与变迁，是个大关键。"① 文化变适程度越高，亦即并用的增多，像我们现在的东西文化，并用的如此胜多，那么文化的变迁也就越快。陶云逵的文化"心核论"，探索了中国传统文化吐故纳新和变化发展的原因，同时对中西文化吸纳、融合的趋向作了论述。所有这些，都是有益于具有中国特色的文化人类学理论的发展的。

陶云逵的学术研究工作，受到国内外许多专家的重视。他的边疆社会调查工作，具有导夫先路的意义。他不畏艰难，深入少数民族聚居的穷乡僻壤，努力把案头研究与实地调查结合起来，把社会理论与中国社会实际相结合，堪称风范。闻一多极为赞赏陶云逵的才华，对他研究的课题表现出浓厚兴趣。南开大学边疆人文研究室成立的时候，闻一多曾拟与他合作开展有关方面的研究。正当陶云逵对所搜集的资料准备深入研究，在他脑海里设计着中国社会学、人类学建设的宏伟工程时，长期的野外艰苦生活与极度的劳累和贫病交加过早地夺去了他的生命。1943 年 12 月 30 日，陶云逵突染回归热（一种传染病）转致败血症竟致不起。

---

① 陶云逵：《个人在文化中的参与》，《自由论坛》第 2、4 期。

1944 年 1 月 26 日下午病逝于云南大学医院，年仅 40 岁。"英年一死献滇边"，"客星一夜陨边城"，陶云逵教授是抗战时期在昆高校和科研机构的专家学者中唯一一位因长期开展对云南边疆地区艰苦的野外实地调查研究工作而英年早逝的著名学者。他把自己美丽的青春和大好年华贡献给了云南边疆社会的实地调查研究。有道是："出师未捷身先死，长使英雄泪满襟"，如果不是英年早逝，他必将对中国人类学、社会学和民族学作出更大的贡献。

附件一 南开大学文学院边疆人文研究室三十一年度（即1942 年度）与石佛铁路合作调查该路沿线社会经济状况工作概况①

调查范围与地点：

分期分段调查该路沿线各区域内之物产贸易、社会习俗与方言。第一段定为玉溪、峨山、新平、元江四县。工作分为两个步骤：一、该各县社会经济概况之调查。二、选样之深入研究。在本期中，该四县之一般概况调查业已竣事。第二步之选择深入研究，则以下为工作区域：甲、自峨山县之化念街至新平县之阳武镇；乙、自新平县之漠沙街至元江县之普漂村。盖以上两地带占有经济上及人文上之重要性，与铁路前途发展、商业文化推进甚关重要也。至玉溪未做深入研究。因该地业经各方详细调查，有报告可供参考，无需重复。峨山县北部及西北部则因时期与经费限制，未克作选样研究。甲、乙两地带之调查报告均在整理中。

---

① 北京大学、清华大学、南开大学、云南师范大学：《国立西南联合大学史料·教学、科研卷》，云南教育出版社 1998 年版，第 734—735 页。

第一期工作时期：

自本年七月十日起首至九月十五日止，共为六十五天。

调查报告：

甲、乙两区之调查由陶云逵、高华年、黎宗瓛、黎国彬等四人负责进行，在整理中之报告有：

一、黎宗瓛：阳武镇之经济与贸易（包括该区物产之种类与数量、资本与劳力之关系、货品之输入与输出、集市之商情）。

二、黎国彬：红河上之物产与人文（包括自漠沙街至普漂村红河沿岸地带之物产种类与数量、资本与劳力关系等）。

（南开大学档案）

附件二　南开大学文学院边疆人文研究室三十二年度（即1943 年度）石佛铁路沿线社会经济调查大纲[①]

三十二年度沿线社会经济调查预定分两期举行，第一期自是年二月至五月底，第二期自九月至十二月底。全年共计八个月，计有以下七项专题研究。

壹　思普沿边茶及茶业调查

甲、区域：北回归线以南至滇缅交界处，即宁洱、思茅、六顺、佛海、南桥、澜沧、镇越、江城等产茶县份，亦即本铁路之有效吞吐区域。

乙、调查大纲：

一、思普沿边之自然环境（分区调查综合报告）

a. 气候；

b. 地形；

---

① 北京大学、清华大学、南开大学、云南师范大学：《国立西南联合大学史料·教学、科研卷》，云南教育出版社 1998 年版，第 736—741 页。

c. 土壤。

二、茶之生产及贸易（分区调查综合报告）

a. 产茶地区；

b. 茶之培植；

c. 茶之产量；

d. 茶之品质；

e. 茶叶之制造；

f. 茶叶机构；

g. 茶叶贸易。

三、思普沿边茶叶之前途

a. 生产上；

b. 制造上；

c. 贸易上。

贰　澜沧江河谷区之土地利用（土地利用一词系指所调查区域内之居民对当地经济资源之利用而言）

甲、区域：本铁路沿线之澜沧江河谷地当以车里为中心，包括其上下游谷地。此区域之范围须待调查方能确定，大概位置在东经 100°—101°，北纬 27°50′—23°30′ 之间，地势在 1000 米以下，为摆夷定居地带。

乙、调查大纲：

一、澜沧江河谷区之自然环境

a. 地质——岩石构造与土壤；

b. 地形——海拔及原地情形；

c. 气候——雨量、气温、风向及天气。

二、土地利用

a. 村落及城市之分布与人口约数。

b. 农业：

农业资源；

农业之种类与分布；

农业产额；

交易情形。

c. 畜牧：

动物资源；

畜产分布；

产额；

交易情形。

d. 矿产业：

矿产资源；

产地分布与开采情形；

产额；

贸易情形。

e. 澜沧江之利用：

交通；

水力利用现状。

叁　街子研究

甲、地点：于本铁路沿线之佛海、车里、思茅、宁洱、墨江、元江六县中选择两县，在县城乡镇及县境内其他主要集市做深入研究（车佛一带本年尚在军事状态中，于一般经济资源之调查虽无碍，但于集市贸易之研究则多不便，故本年度大体选取元江、墨江及其境内之主要草及街为研究地点）。

乙、调查大纲：

一、街子之环境

a. 地形；

b. 气候；

c. 交通。

二、区域分工

三、部族与生产技术

四、街子形态之分析

a. 位置；

b. 时期；

c. 份子；

d. 人数统计；

e. 目的之分类。

五、街子上的经济活动

a. 交易方式；

b. 货物种类及数量；

c. 货品来源；

d. 交易数量；

e. 货品价格及价格之变动与变动之原因；

f. 供给与需求。

六、街子上的社会活动

a. 公务；

b. 社交；

c. 医巫；

d. 娱乐。

七、街子与文化传统

肆　摆夷语言与文字之研究（按滇省西南摆夷之语言与泰国及缅掸人之语言同属台语系，泰国当局借此为口实，宣传种族一体之谬论，实则摆夷自古即为我国之国民，只以居处辽远故尚操其土语。石佛铁路自元江而南，即进入广大之摆夷区域，在均须与此辈边胞发生接触。其地今虽设流，但未改土，故土司势力仍强。以是拟对其语言作详细之调查而明其究竟。一方面编译简明日用词汇手册，以备本路员工之实际应用；一方面将研究结果提供政府参考，以为设教施政之张本。）

甲、区域：

一、红河流域——研究元江及其上下游之摆夷语言。

二、车里宣慰使司属之车里、佛海、南峤等地之语言与文字（本年度拟在两区域中择一以为研究范围）。

乙、调查大纲：

一、语音系统；

二、故事、歌谣、传说等之记音；

三、文字之蒐集与研究；

四、语法之研究；

五、字典及实用手册之编纂。

伍　摆夷社会组织之调查

甲、区域：于元江、思茅、车里、佛海等地择一关键之摆夷社区研究之。

乙、调查大纲：

一、亲属制度（包括家庭及婚制）；

二、政治机构（包括"社会阶级"与法律）；

三、社会结团形式（包括各职业团体及社区公共活动）；

四、两性之社会地位；

五、礼俗。

陆　摆夷宗教与手工艺之研究

甲、区域：于元江、车里、佛海等地中择一著名摆夷社区研究之。

乙、调查大纲：

一、宗教

a. 占卜；

b. 巫术；

c. "灵"；

d. "神"；

e. 宇宙观与人生观；

f. 宗教在其生活各方面之影响；

g. 宗教历史。

二、手工艺术

a. 织锦；

b. 金银雕镂钻品；

c. 陶器；

d. 漆品；

e. 竹品。

本年度在上列各项中择两三项名贵者研究之，研究其形态、色泽、花纹、意义、原料来源、制造之技术、传授之方式、产量价值、推销。

预算：

甲、人员、时期及费用项目：

上述六项专题调查，由本研究室工作人员四人至六人担任之。三十二年度调查工作分两期举行，第一期自本年二月至五月底，第二期自九月至十二月底，共计八个月。调查费用计分以下数项：

一、设备费；

二、路费；

三、伙食费；

四、工作费；

五、医药费；

六、标本购置费。

乙、费额：

一、设备费（调查期间所需之文具、
纸张以及赠送土人之礼物）＄30000

二、路费（往返）＄20000

三、伙食＄30000

四、工作费（包括临时助理工作人员
及土人文字教师之酬金与僻区
护送兵队之犒赏等）　　　　　＄80000

五、医药费（除备工作人员应用
外并赠当地土人）＄40000

六、标本购置费　　　　＄50000
共计　　　　　　　　＄250000

（南开大学档案）

第五章

调查研究的重要意义和20世纪
上半叶民族学的中国化

第一节　抗战时期在西南地区专家调查
研究成果对学科发展的意义

一　民族学家对西南各民族的田野调查研究——民族学中国化的积极探索

（一）民族学与边疆现实问题紧密结合的研究是民族学中国化的积极探索

在中国民族学的发展过程中，如何将西方移植来的理论与方法运用于中国的社会与文化的实际研究，并在研究实践中探索中国民族学发展的道路，始终是学科发展的一个中心问题。抗日战争爆发后，过去的边疆广袤之地——西南地区，成为抗战的大后方和后勤补给基地。因为这里有稳定的政治、经济环境，从而要在人力、物力和兵源上支援前线，维护支持战争的后方交通补给线的畅通，这些都要求对西南边疆地区有更多的了解和关注。另外，日本帝国主义的侵略再一次提醒人们建设和保卫边疆的重要性，怎样调动各民族的民众积极参与抗战、在各民族的民众中树立国家民族观念、培养适应需求的建设人才，都需要进行调查研究。为此，对于现实问题的研究更加紧迫、更为重要了。

抗日战争时期，部分民族学家努力建设一门新的关于边疆政治的专门学问——"边政学"。按吴文藻先生的说法就是研究"边疆民族政治思想、事实、制度，及行政"，使中国的人类学研究在理论及实践上同时并进，以边政学为根据，来奠定新边政的基础，进而辅助新边政的推行。[①] 边政学的提出，是中国民族学家试图将民族学应用到实际的政治建设中的尝试，民族学不再被看做纯理论的学问，民族学理论与实践更紧密地结合起来了。

为了促进边政学的研究，在专家学者的促进和国民政府的支持下，成立了边政学会；在中央政治学校中特设了边政专修班，蒙藏委员会开设了蒙藏政治训练班，西北大学建立了边政学系；中央大学中专门设立边胞社会民俗学组，以后又建立了边政学系；一些大学也开设了边政学课程。

虽然有种种限制和障碍，但在边疆建设中民族学家作出了许多贡献，许多民族学家和社会学家参加了边政学会、中国边疆学会、蒙藏委员会等边疆建设机构的筹建工作，一些民族学家在抗日战争时参加了政府边疆建设部门的工作。吴文藻任重庆国民政府国防最高委员会参事室参事、蒙藏委员会顾问、政学会常务理事；江应樑曾任云南省边政设计委员会主任委员兼车里县县长，对抗战时期的云南边政和边疆建设工作有较多指导。

中华基督教全国总会在抗战期间成立云南边疆服务设计委员会，以云南省教育厅长为主席，西南联大教授陶云逵任副主席。

---

① 《边政学发凡》第1卷第5、6期。

由于民族学家参加各地的边疆建设工作，民族学家们所着力宣传的各民族平等、尊重各民族风俗习惯等主张在一定程度上得到了人们的认识，有利于抗战宣传组织工作的顺利开展。许多民族学及相关专业的学生也积极投入边疆服务和边疆建设的工作中。

从学术发展上考虑，对边疆现实问题的研究促使学者们更多地考虑理论假说的合理性，更主动地寻求将自己所学的知识与实际结合，将此看作应用民族学的田野实习，从而促进了民族学的理论研究与中国社会现实的结合。同时，由于许多学者具备了较为扎实的民族学理论基础，在对现实问题的研究中，能够用当时社会一般认识所不具备的民族学理论来分析现实问题，在现实问题的分析和研究中并没有失去民族学家的分析、研究特点。

当然，由于当时的政府是建立在少数集团的利益和需要之上的，不可能为广大民众的切身利益有更多的考虑。当政治需要时，做出一些姿态，当边疆民族的现实问题的解决和统治集团的各种利益发生冲突时，解决问题的办法就只能是纸上谈兵，民族学家们的努力和心血即付之东流。同时，由于时代的限制，理论方法的欠缺，特别是没有科学的方法论和世界观，民族学家的现实问题研究有可能本身就存在着无法克服的弊病，对于现实问题的认识难达真正准确，甚至受一些大民族主义的影响，使他们的研究难以真正为解决现实问题服务。

费孝通在美国丹佛接受应用人类学学会马林诺夫斯基奖的大会上指出，早在30年代，中国就有一批青年"开始认识到必须对我们所生存其中的中国社会有清楚的理解，因而要求摸索出一条科学地研究中国社会的道路"。"已学到一些能改造社会、为人民服务的知识的青年人，不能满足于当时学校里、社会里、课堂上所传授的有关中国社会的书本知识。他们中间有一些人跑出了书斋，甚至抛开了书本，走入农村、城镇等社区去观察和体验现实的社会生活。社会生活本身归根到底是一切社会知识的来源，这一认识开动了当时的一些青年人的脑筋，开展了当时被称作'社区调查'的这项通过实地调查和体验来了解中国社会的学术活动。"① 这些活动是在实践上进行中国化的学术研究的大胆举措。

吴文藻在 1940 年开始主编的《社会学丛刊》的总序中，曾提出借鉴功能学派的观点和方法，实现包括民族学在内的社会学中国化的思想。他宣布："我们的立场是：以试用假设始，以实地证验终。理论符合事实，事实启发理论，必须理论和事实糅合一起，获得一种新综合，而后现实的社会学才能植根于中国土壤之上，又必须有这种眼光训练出来的独立的科学人才，来进行独立的科学研究，社会学才算彻底的中国化。"② 也就是以吴氏所认为的"社会人类学中最先进亦是现今学术界最有力的"功能学派的理论作为指导思想，并把它用于中国的实地研究。通过实地研究，检验和修改理论，然后再得出一种新的能植根于中国的民族学理论。与此同时，组建一支独立的民族学研究队伍，使他们能够在经过中国的实地调查、检验的理论指导下，进行独立的科学研究工作。在此前后，他积极着手进行民族学中国化的创建工作，如布置学生们到各地进行田野调查工作、亲自主编《社会学丛刊》等。《社会学丛刊》乙集共收入五部著作，其中三部是汉族社区的调查报告，有费孝通的《禄村农田》、张之毅的《易村

---

① 费孝通：《迈向人民的人类学》，辛格尔顿《应用人类学》，蒋琦译，湖北人民出版社 1984 年版。

② 吴文藻：《社会学丛刊·总序》，林耀华《凉山夷家》，商务印书馆 1947 年版。

手工业》、史国衡的《昆厂劳工》。关于少数民族地区的调查报告有两部,即田汝康的《芒市边民的摆》和林耀华的《凉山夷家》。这些实地调查报告给吴文藻民族学中国化的主张增加了更强有力的支持。

吴文藻的民族学中国化的主张选取功能学派理论作为理论依托,是在反复比较国外各种学说的基础上做出的,并非对于某一学派由于师承关系而产生的特殊偏好。当时,功能学派反映了国际学术界对于学术研究的方法和理论的最新认识,同时,功能学派重视民族学与社会的联系,强调实际应用性,正好与以经世致用为学术调查和研究宗旨的学者们的意愿相契合。

吴文藻主张,应当应用类似自然科学上的方法——即比较法,对各地现存的社区作系统而精细的观察,进行社区、文化、制度的比较研究。研究应有系统性,应有规划。按照他所说的,要对社会与社区、文化与文明、组织与制度、结构与功能,以及人与人的社会关系等普通社会学基本学理,分别加以介绍和发挥。同时,注意特殊社会学的研究,以使普通社会学有根基。既研究文化的功能方面,又探讨团体的制度方面;既从事历史上的社会制度的专题研究,又做当代社会变迁的研究。更将努力推进依据理论而进行的实地调查工作,作为建立"社会学中国化"的基础。应当要求的是理论与事实的完全契合,一方面给理论以健全的基础,一方面给事实以科学的定义。这种"专刊社会学"发达之后,"比较社会学"才有立足之地。这种民族学中国化的思想并非对功能学派的照搬,而以主张在中国实际中检验、修正和发展理论为其重要特色。他的主张比过去的空谈具有较强的实践性,并有在田野调查、人才培养和队伍建设等方面推行的一套实际措施作为实现民族学中国化的保证,反映了对学术问题更加深刻而具体的思索。

同样，吴文藻提出的社会学中国化的主张也由于费孝通、林耀华等人的努力取得了很多成果，在 40 年代后期不仅翻译了国外名著，也发表了许多有关中国的田野调查的著作，还进行了一些社会调查类型概括的尝试。

民族学中国化，是中国民族学从对西方学术理论的简单引进和接受照搬向全面地分析西方民族学的理论并将理论的精华用于中国实际的进步。开展民族田野调查研究是实现民族学中国化的最重要的途径。当时的中国化观点，恰恰是那些曾经系统地学习过西方民族学理论的学者提出的，其中最重要的代表人物甚至还是西方民族学学术领袖的得意弟子，他们较为系统地掌握了学科理论和方法。因而，他们提出的民族学中国化，是在掌握西方民族学理论的基础上，摆脱西方学术之争，将理论用于经过广泛调查了解的中国各民族文化实际的产物，是在对西方理论理解的基础上加以思考的结果。这种结合已经不完全是纯粹的舶来品，不是单纯地把西方的理论用适当的中国的传统概念加以解释，不是仅仅专注于西方理论的系统介绍，不是繁琐地罗列中国的事实，而是力图用西方的研究理论和方法来观察和分析中国的文化，并进一步解释其中的特殊现象。他们不满足于引进和介绍，而是力图以本土资料进行研究，在本土发展中国自己的民族学。

当然，由于社会总体环境的制约，这些学者本身所具有的阶级和时代的局限性，同时又受到当时客观条件的限制，无法对中国的民族和文化的实际进行有组织的、系统的调查和研究，因而，民族学中国化在刚刚起步之后就中断了，当时实际上没有充分完成所提出的任务的主、客观条件和环境。但是我们不能忽视他们十分有意义的奠基工作，他们在民族学中国化问题上的讨论和研究，为我们提供了宝贵的经验，对此后建设现代中国民族学具有重要意义。

　　西南自古以来就是一个多民族的地区，自古以来就是民族学研究的一个重要宝库。民族学在西南少数民族地区，如前所述，曾开放过不少艳丽的花朵。西南是一个多民族的边疆地区，汉、彝、白、傣、纳西、布依等几十个民族长期繁衍生息在这块土地上。各民族交错杂居，支系复杂。如前所述，抗战时期，西南各民族的社会形态都是一部活的社会发展史的画面。这为民族学的研究和开展民族田野调查提供了丰富的素材和广阔的视野空间。抗战时期，民族学家对西南各民族开展了大量的田野调查，在深度和广度两方面都显示了中国民族学的大踏步迈进，这也正是民族学在"中国化"的号召下进行的新阶段的实践，这也为中华人民共和国建立后进行全面而系统的少数民族的社会和历史调查作出了重要的铺路准备。1950 年 7 月至 1951 年 4 月，中央民族访问团来到云南，兼做了一些民族调查工作，揭开了新中国成立后云南三次大规模民族调查的序幕。1953 年，全国人大民族事务委员会委派北京的民族研究专家与云南的民族研究专家一道，以云南民族识别为重点，进行了广泛的民族田野调查。1956—1964 年大规模地开展对云南民族调查的工作，集全国各地的民族工作者，组成数百人的调查队伍，调查网遍及全省各个角落，写出十多种简史、简志，积累了上千万字的资料。

　　抗战时期在西南地区的民族学家对西南各民族开展的大量田野调查所取得的辉煌成就充分证明：只有本国学者在本土进行广泛而深入的田野调查，民族学才可能具有自己的特点。正是这些深入的田野调查，为民族学在中国进一步形成自己的特点提供了基本支点，并在此基础上产生了关于民族学中国化的重新思考。在中国民族学的发展过程中，如何将西方移植来的理论与方法运用于中国的社会与文化实际，并在研究实践中探索中国民族学发展的道路问题，即民族学中国化问题，始终是中国民族学发展的核心问题。抗战时期民族学家对西南各民族开展的大量田野调查以及取得的辉煌的成就，为人们认识了解和进一步深入研究西南边疆各民族地区的社会和文化风貌展现了一片广阔的天地，从而为民族学中国化作出了极为重要的贡献。从中国民族学学科建设的角度来讲，中国学者自己进行的田野调查所显示出的意义尤为重要。从文献到实地、从书斋到田野，是中国民族学学科发展中关键性的飞跃，对中国民族学的理论和实践的发展具有十分重要的意义和深远的影响。抗战时期民族学家对西南各民族的田野调查，为今后的田野调查提供了宝贵的经验，形成了以田野调查为基础的研究程序与规范，实现了与现代世界民族学学科的直接对接和学术意义上的沟通，为将来的民族田野调查研究奠定了基石。

（二）民族学中国化是一个历史的、内容不断丰富的和与时俱进的时代性课题

民族学在中国，同其他许多学科一样，是一门外来学科，而且是较晚才传进中国的一门学科。蔡元培在 1926 年提出要搞民族学，民族学才算正式在中国开展。因此，当代许多民族学家在追溯民族学史时，都追溯到此时。在此之前，有一些零星介绍，都是不自觉的译介工作，或者是讲社会学时顺便带出。民族学获得它的明确含义，是伴随着用外语讲授西方的民族学或阅读西方原文教科书和参考书而产生的。这对当时教育还相当落后的中国来说，是极不适宜的，在很大程度上妨碍了它的传播以及它的解释功能。这样一个学科特色，决定了民族学从它在中国产生那天起，就面临一个中国化问题，即把它翻译成中文，用中文讲授，以利于中国学生听讲。这是最初的中国化。

民族学传进中国后，很快就与当时整个时代背景合流，它的

每一个号召与活动都受当时的时代要求与学术气氛的影响。

首先，受到学术界中国化运动的影响。中国有现代学术以来，经历了约三十年的发展，到了 30 年代初，现代社会正在传播的社会诸学科，在中国都大致建立起来，并且已经有了较为系统的研究。特别是自新文化运动后派出去留学的一批留学生 30 年代前后陆续归国，他们不满足于系统介绍西方学术，强烈希望建立中国自己的学说体系，因此纷纷倡导"中国化"主张。孙本文、吴文藻先生倡导"社会学中国化"，贺麟先生提出"西洋哲学中国化"，时间都是 1930 年。这种不约而同，绝非偶然，而是学术发展的必然趋势。因此，此号召一经提出，"中国化"即成为中国各学科中的一种运动。民族学中国化的主张正是在这个学术大背景下提出来的。民族学在这个运动中与社会学、哲学及其他诸学科有了差距。一是它传进中国才短短几年，还没有系统的对中国民族的调查研究，对材料的掌握还相当有限。加之对西方诸学派亦未有充分研究，"中国化"成了一个早熟的运动，与哲学、社会学相比，它将面临种种困难也就可想而知了。哲学界用不着长期讨论，40 年代新儒家已暂具气象，社会学界也有了费孝通等的自成体系的科研成果，而民族学却需要在许多阶段上不断地来展开中国化的讨论。

其次，从 30 年代中期以后直至新中国建立，为适应共产党领导的革命运动的新需要，掀起了新的学术中国化讨论。这是直接由马列主义理论与中国革命实践之间的关系引发的。马列主义理论是科学真理，但它毕竟是在西方革命实践中创立的，将它运用于中国革命实践，毕竟会产生一定的距离。如果对马列主义作适当修正后运用，那就犯了修正主义错误；如果原封不动地执行马列主义结论，那就犯了教条主义错误。两种错误都会给中国革命实践造成恶劣后果。以毛泽东为核心的中国共产党以"结合"

的理论解决了这个难题："马克思主义与中国实际相结合"。结合论开创了"学术中国化"的新阶段。1940年，嵇文甫发表的《漫谈学术中国化问题》一文集中反映了这个时代的中国化主张，与此前的"中国化"相比，他提出了一个"民族形式"的说明，同时他亦把"中国化"看成是"现代化"、"学术通俗化"。所谓"中国化"，就是要把现代世界性的文化和自己民族的文化传统有机地联系起来，所以离开民族传统，就无从讲"中国化"。到了当代，一些学者倡导民族学研究一定要加强民族语文的表现形式，与嵇先生的"民族形式"有一以贯之的渊源。按照这个结合的要求，中国共产党成功地制定了正确的民族政策，很好地处理了解放区的民族关系。

第三，从新中国成立到20世纪80年代初，是中国民族学发展的第三阶段。这个时期是马克思主义民族学中国化的阶段。在这个阶段，社会的总背景是全民动员，把绝大多数人动员起来，搞土地革命，搞社会主义运动。民族识别与民族地区社会形态调查两项工作都是适应这个大背景要求的。民族识别，以赋予每个民族独立地位，赋予每个民族成员恰当的归宿为目标。而通过社会形态调查，论证各个民族的绝大多数成员与汉族人民一样，以前处于被剥削、被压迫的地位，与汉民族具有同样的阶级属性，因此，应该团结起来，也可以团结起来，进行社会主义革命和建设。可以说，马克思主义民族学这一中国化的成功，很好地完成了时代赋予的任务，尽管期间犯了"一切民族问题都是阶级问题"的失误。

第四，80年代以来，中国社会全面转入经济建设时期，为适应这一全面转变的需要，民族学的首要任务依然是中国化。一是知道西方民族学的研究进展，引进适合"发展主题"的一些新流派。虽然似有"睁开眼睛看世界"的感觉，但毕竟与30年代的中国化有了明显不同，并且积累了较系统的资料。二是马克思主义民族学已有了相当的中国化水平。因此，这一次中国化号召，自始就是站在马克思主义基础上的对外吸收。按理说，中国化经 80 年代以来二十多年的努力，大致应该完成，中国化应该不再成为问题。事实上，社会在向前发展，历史会向人们提出越来越高的要求，今天中国社会向民族学提出了更高的要求，以致中国化有进一步展开讨论的必要。

从以上的历史叙述中可以看出，民族学中国化的发展，由于其初期早熟与中国社会各时期特殊的背景，决定了它比别的学科都要走更曲折的路，也决定了它是一个不断克服局限性的课题。以至于发展到今天，中国化的要求已不是早期的目标，也在不断提出新目标。

二　社会学家对西南的社区研究——社会学中国化的积极探索

（一）20 世纪 40 年代的社会学中国化

社会学界一般称 20 世纪 40 年代（准确地说是 1937—1949年）为社会学的建设时期。当时，社会学传入中国三十多年，仍是舶来品。所以，如何使社会学的理论与中国的社会实际相结合，使社会学中国化，成为三四十年代社会学的中心任务。吴文藻、费孝通倡导的社区研究及以孙本文为代表的系统社会学研究，都为社会学中国化作出了努力。该时期的特殊情况是处于抗日战争期间，各大院校、研究机构及社会学者云集中国西南边陲，西南成为社会学的基地。社会学者们在西南搞乡村建设实验，办教育培养社会学人才，结合战时状况到实际部门开展社会服务工作，进行人口普查实验，尤其是对不同类型社区和少数民族地区进行深入调查研究，对一些重要的社会问题进行系统研究，这些都为社会学中国化作出了努力，但并未建立起中国的社会学体系。在社会学中国化的过程中，社区研究在 40 年代成为一种风气。

1937 年 1 月，中国社会学社（该社于 1930 年 5 月在上海成立）召开第六届年会，会议主题是"中国社会学之建设"。在此届年会上，赵承信①宣读了《社区研究与社会学之建设》一文，提倡以社区实地研究作为中国社会学建设的路线。同时，与会成员一致通过陈达提出的"国内各大学积极推行社区研究"一案，在艰苦的抗战时期，社会学界逐步实现了决议案，社区研究变成了战时中国社会学的共同风气，社区研究的发展推动了社会学的中国化建设。

中国著名的经济社会学家和都市社会学家吴景超②教授把社

---

① 赵承信（1907—1959），广东新会人。1927 年入燕京大学学习社会学。1930 年获燕京大学社会学系的学士学位。后赴美国留学，先后就读于芝加哥大学、密歇根大学，获博士学位。1933 年回国，先任燕京大学社会学系教授、系主任和法学院院长，后任中央财经学院教授、中国人民大学教授等职。长期从事社会学的教学与研究，在社区调查和人口问题方面尤有突出成就。积极将人文区位学的理论和方法介绍到中国，并进行田野调查的实践。著有《从分与合的观点对中国的一个区位学研究》、《中国人口论》、《社会调查与社区研究》、《社区人口的研究》、《平郊地研究的进程》等。

② 吴景超（1901—1968），生于安徽徽州（歙县）。是中国著名的经济社会学家和都市社会学家。1925 年毕业于美国明尼苏达大学社会学系，获学士学位，同年进入芝加哥大学社会学系，师从 R.E. 帕克、E.W. 伯吉斯等主修社会学，用三年时间获得硕士及博士学位。1928 年回国，在南京金陵大学任教授兼系主任，讲授社会学原理及都市社会学等课程。1931 年返回清华母校任教，除讲金陵大学原有的课程外，又添加了犯罪学、社会学研究方法等课程。1935 年到国民政府行政院工作。1937 年任国民政府经济部长翁文灏的秘书，并主编《新经济周刊》。1947 年返回清华大学社会学系任教授，与钱昌照等人发起成立中国社会经济研究会，出版《新路周刊》。1952 年后长期执教于中国人民大学经济系。主要著作有《社会组织》(1929)、《都市社会学》(1929)、《社会的生物基础》(1931)、《第四种国家的出路》(1936) 等。

区当作社会学研究的对象之一，并认为社区研究有两种优点：第一，社区是具体的，是极易捉摸的；第二，社会学的范围如果规定为社区生活的研究，可以与别的社会科学不发生冲突。他指出，社区研究可以从综合的、某一方面的某一个问题或某个观点下手来进行研究，以社区为社会学的研究对象，可以矫正学术界空谈阔论的流弊，社会学的根基在事实，根据社区的事实来证实或修正社会学的理论，这是社会学的基本工作。通过社区研究还可以根据社区搜集的事实和分析所得到的理论，提出社会改革的方案，这种经过艰苦细致的工作而得到的改革方案是很有价值的和建设性的，对人民必有其贡献。

在抗日战争时期，进行实地社区研究的主要有三个研究机构：清华大学国情普查研究所、云南大学和燕京大学合作的社会学研究室（即"魁阁"研究室）、华西大学边疆研究所。

清华大学国情普查研究所的特点是进行较大规模的现代式普查工作。普查的项目是针对中国人口、农业和劳工问题而设计的。普查时动员了当地的行政和学术人员，在昆明市和昆明附近的四个县举行了中国初次挨户普查的实验。1944年，根据由陈达、李景汉主持和西南联大学生参加的对昆明市、呈贡县、晋宁县、昆明县、昆阳县的户籍调查，编写出《云南省户籍示范工作报告》。1946年，陈达又写了《云南呈贡县、昆明县户籍及人事登记初步报告》。同年，陈达在美国发表了英文版《现代中国人口》一书。其内容是分析人口上的各种实际问题，最重要的是介绍抗战大后方云南的几个地方从事现代普查实验和人事登记的方法，讨论了中国今后应该采取的人口政策。清华大学国情普查研究所的普查工作，在理论和方法上为社会学中国化作出了贡献。

费孝通从英国伦敦学成归国后，加入吴文藻对西南社区的研究，并主持著名的"魁阁"研究室的工作。该研究人员在选定的社区中对某一问题作较长时期的实地观察，他们最早注意的是内地农村的土地制度，重点研究土地权是怎样集中的。因此，挑选了三个不同的乡村即禄村、易村和玉村来观察土地权集中与其他因素如手工业、资本积累、家庭组织等的关系。后来他们扩大了观察的范围和问题，在昆明的工厂里研究劳工从乡村及其他行业转入工厂的过程，在云南边区研究当地非汉族的团结力，以及他们和汉人相处的问题，并在内地乡村中研究基层行政机构、经济分工和贸易的方式。研究成果主要有费孝通的《禄村农田》，张之毅的《易村手工业》、《玉村农业与商业》和《洱村小农经济》，史国衡的《昆厂劳工》、《个旧矿工》，谷苞的《化城镇的基层行政》，田汝康的《芒市边民的摆》、《内地女工》，等等。

1941 年，李安宅①从西北抵成都，整理西北社区研究材料，即整理在甘肃拉卜楞寺调查藏族宗教、政治、文化、民族、民风的材料，还组建了华西大学边疆研究所。该所的实地研究近似于"魁阁"研究室，也是在一定的小社区里进行长期多方面的实地观察，研究对象是非汉族地区不同部落的宗教制度和土司制度，旨在用当地的事实来实验人类学原有的各种理论，并且加以新的

---

① 李安宅（1900—1985），河北迁安人。早年就读于齐鲁大学、燕京大学。1934 年至 1936 年，赴美国加利福尼亚大学和耶鲁大学人类学研究院进行学习和研究。曾任燕京大学助教、讲师。1938 年赴甘肃科学教育馆工作，并在拉卜楞藏族聚居区进行调查研究。1941 年起，先后在华西大学、美国耶鲁大学、西南民族学院、四川师范学院等校任教授、客座教授，兼任华西大学社会学系主任、西南民族学院副教务长及民族政策研究室主任、四川师范学院副教务处长等职。长于人类学、民族学、社会学的理论研究，他对美国印第安祖尼母系社会的研究，以一个中国学者的视角对美国学者的观点提出有力的质疑，对人类学研究方法的发展产生了影响，对藏族宗教的实地研究成果也引起国际学术界注意。

引申或修正。

当时进行社区研究的还有在北平的燕京大学社会学系。1903年，在杨堃[①]、黄迪、赵承信的指导下，燕京大学社会学系建立了一个农村实验室，对村民生活各方面进行研究，写出二十余篇论文。1943年，系主任林耀华[②]指导学生研究川康土著部落的生活，根据实地考察写成《凉山夷家》一书，此书于1947年由商务印书馆出版，是作为吴文藻主编的《社会学丛刊》乙集第五种出版的。该书以功能的观点，将罗罗社区客观地呈现在人们眼前。林耀华用人类学的理论研究实地社区，在社区中修正理论，为社会学中国化作出了贡献。

---

① 杨堃（1901—1998），又名杨象乾、杨赤民，河北大名人。1921年赴法国勤工俭学，就读于法国里昂中法大学、巴黎大学，获理科硕士和文科博士学位。1931年回国，先后任河北大学、中法大学、清华大学、燕京大学讲师、副教授，曾任朝阳大学、华北大学、云南大学、中国社会科学院民族研究所教授、研究员和北平中法汉学研究所研究员，历任云南大学社会学系主任和中国民族学会、中国社会学会、中国人类学会、中国民间文艺研究会的顾问及中国民俗学学会副理事长等职。早年曾参与发起成立中国民族学学会，并任《民族学研究集刊》特约撰述人。他早期的著作，对介绍法国社会学年刊学派的学术观点和研究方法起了重要作用。中华人民共和国建立后，他多次深入西南少数民族聚居地区进行民族识别和实地考察，主要著作有《灶神考》、《葛兰言研究导论》、《莫斯教授的社会学学说与方法论》、《民族学概论》、《民族与民族学》、《民族学调查方法》、《原始社会发展史》等。1998年7月26日在北京逝世。

② 林耀华（1910—2000），中国社会学家、人类学家、民族学家，福建古田人。1928—1932年就学于燕京大学社会学系，1935年获硕士学位。1937—1940年留学于美国哈佛大学人类学系，获博士学位。1941年回国。1941—1952年先后任云南大学和燕京大学社会学系教授、系主任。1952年起历任中央民族学院教授、历史系副主任、民族研究所所长兼民族学系主任。1979年当选为中国社会学研究会副会长，1980年当选为中国民族学会副会长等职。一生从事教学与科研，为中国社会学、民族学发展作出了重要贡献。主要著作有《金翼》（英文版，1947）、《凉山夷家》（1947）、《原始社会史》（1984）、《民族学研究》（1985）、《民族学通论》（1990）等。2000年11月27日在北京逝世，享年91岁。

　　以上诸多社区研究，有不少成绩。其中费孝通、李安宅、林耀华三位的成就引起国际社会科学界的注意，这些研究向着方法的科学化、问题的具体化和实际化的道路迈进。这是中国社会学发展史上的一个重要进展，改变了以往只注重西洋理论体系的介绍，或者罗列中国社会事实的分离状态。这一时期，费孝通指导的社区研究，在尝试减少中国社会在变迁过程中的不必要代价方面作出了不懈的努力。

　　中国的社会学家在实地社区研究中，力图使社会学中国化，为建设中国社会学作出了重要贡献。以孙本文①为代表的系统社会学研究，也为社会学中国化作出了贡献。他们介绍、综合国外的社会学理论，并力图结合中国的实际，建立起自己独立的社会学理论体系。孙本文在这方面的成就最为突出，其代表作有《社会学原理》、《社会心理学》、《现代中国社会问题》、《当代中国社会学》等。孙本文一生致力于贯通中外社会学理论和中国的古今文献资料，力图吸收国外社会学各流派之所长，结合中国的文献资料，建立系统的社会学理论体系。因此，他系统综合地介绍了西方社会学，并为社会学的中国化作出了贡献，毫不夸张地说，

------

　　①　孙本文（1891—1979），著名社会学家、社会心理学家、教育家，字时哲，江苏吴江人。毕业于北京大学文科哲学系，1921年赴美国留学，主修社会学，兼修经济学与教育学。先后就读于哥伦比亚大学、伊利诺大学、纽约大学，并获伊利诺大学硕士和纽约大学博士学位。1926年回国，在复旦大学讲授社会学。1929—1949年在南京中央大学任教授，并长期兼任社会学系主任。其间，1928年与吴泽霖、吴景超等发起成立"东南社会学会"。1930年东南社会学会与北京的陶孟和、许仕廉、陈达等联合发起成立了全国性的"中国社会学社"。曾任一、二、七届社会学社正理事，主编该社主要刊物《社会学刊》。1929年主编《社会学丛书》共15种，为大学讲授方便，又将丛书合编成《社会学大纲》。1949年后，任南京大学地理学系和哲学系教授、江苏省人民政治协商会议第一届至第四届委员、南京经济学会副会长、江苏省哲学社会科学联合会理事等职。

他是中国首屈一指的理论社会学家。

（二）吴文藻是社会学中国化的奠基人

从 20 世纪 30 年代起，无论是研究理论社会学的学者还是研究应用社会学的学者，都从不同的角度出发，通过各种途径力图使社会学中国化。其中提倡并卓有实际成效者当属吴文藻及费孝通等人。吴文藻是社会学中国化的奠基人。

1. 吴文藻主张社会学中国化

费孝通说："吴老师所主张的'社会学中国化'原来是很朴实地针对当时在大学里所讲的社会学不联系中国社会的实际而提出来的。要使社会学这门学科能为中国人民服务，即对中国国计民生有用处，常识告诉我们，这门科学里所包括的知识必须有中国的内容。提出社会学中国化，正反映了当时中国大学里所讲的社会学走上了错误的路子，成了'半殖民地上的怪胎'。"[①]

20 世纪 30 年代初期，在社会学界，实现"社会学中国化"，把中国社会的事实充实到社会学的内容里去，已逐渐成为普遍的要求。但在做法上出现了两种不同的倾向，正如费孝通指出的："一种是用中国已有的书本资料，特别是历史资料填入西方社会和人文科学的理论，另一种是用当时英美社会学通行的'社会调查'方法，编写描述中国社会的论著。吴文藻老师感到这两种研究方法都不能充分反映中国社会的实际。"[②] 因为当时的中国学者忽视了用田野工作的方法来研究中国的社会和文化。

当时，社会学在中国已有三四十年的历史，在大学开讲社会学亦近乎三十年，从外国人用外文介绍，经过中国人用外文讲

---

① 费孝通：《开风气育人才》，潘乃谷、马戎主编《社区研究与社会发展》，天津人民出版社 1996 年版。

② 潘乃谷：《但开风气不为师——费孝通学科建设访谈》，潘乃谷、马戎主编《社区研究与社会发展》，天津人民出版社 1996 年版，第 51—52 页。

述，到中国人用国文讲述本国材料，吴文藻认为社会学仍为一种变相的舶来品。虽然当时的社会调查与社会统计风气颇为流行，搜集事实及尊重事实的重要性逐渐为人们所认识，但要实现社会学的中国化，他认为应以试用假设始，以实地试验终；理论符合事实，事实启发理论、理论和事实必须糅合在一起，获得一种新综合，而后现实的社会学才能植根于中国土壤之上，又必须用这种眼光训练出来的独立的科学人才进行独立的学科研究，社会学才算彻底的中国化。

为实现社会学的中国化，吴文藻主要做了三项工作："第一，寻找一种有效的理论构架；第二，用这种理论来指导对中国国情的研究；第三，培养出用这种理论研究中国国情的独立科学人才。"[①]

2. 吴文藻倡导现代社区研究

(1) 奠定社区研究的理论和方法论基础

如何改变中国社会学的现状，实现社会学的中国化呢？吴文藻从美国人文区位学都市研究（社会学的芝加哥学派）及英国社会人类学初民社会研究中吸取了理论和方法论。

1929 年，人文区位学的创造人之一罗伯特·帕克来华讲学，传播了人文区位学的理论。1932—1933 年，帕克再度来华讲学，并带领燕京大学的学生到北京的贫民窟、天桥、监狱、八大胡同参观，去体验实际的各种各样的社会生活。吴文藻要求学生理论结合实际，这个实际就是人们的社会生活实际，从而推动了实地研究工作的进行。1937 年，燕京大学社会学系请帕克讲学，介绍了研究者深入到群众生活中去观察和

---

① 韩明谟：《中国社会学调查研究方法和方法论发展的三个里程碑》，潘乃谷、马戎主编《社区研究与社会发展》，天津人民出版社 1996 年版，第 192 页。

体验的实地调查方法，这种"田野工作"方法是从社会人类学中吸收来的。"吴老师很敏锐地发现了这正是改进当时的'社会调查'，使其科学化的方法。他从 Park 教授得知这种方法是从社会人类学中吸收来的，而且在美国芝加哥大学已用当时所谓'田野作业'的方法开创了美国芝加哥学派。吴老师抓住这个机遇，提出了有别于'社会调查'的'社会学调查'的方法论，并且决定追踪进入社会人类学这个学科去谋取'社会学中国化'的进一步发展。"① 1935 年又请了著名英国人类学家布朗（Radcliffe Brown）来华讲学，他是英国人类学功能派的创始人，与帕克一样，都认为社会人类学就是比较社会学。帕克从社会学这方面走近社会人类学，布朗则从人类学这方面靠拢社会学，这一推一拉就在中国实现了这两门学科的通家之好，名虽不同，实则无异。

费孝通提到："吴老师把英国社会人类学的功能学派引进到中国来，实际上也就是想吸收人类学的方法，来改造当时的社会学，这对社会学的中国化，实在是一个很大的促进。……事实上从那个时候起，社会人类学在中国的社会学里一直起着很重要的作用。……只要想扎扎实实地研究一点中国的社会和文化问题，常常会感到社会人类学的方法在社会学研究中的重要性。……因为社会学研究的对象是人，人是有文化的，文化是由民族传袭和发展的，所以有它的个性（即本土性），在研究时就不应照搬一般化的概念。早期西方的人类学是以'非西方社会和文化'作为它的研究对象的，因而注意到文化的个性（即本土性），并强调研究者应采取田野作业的方法，吴老师提出'社会学中国化'就

---

① 费孝通：《开风气育人才》，潘乃谷、马戎主编《社区研究与社会发展》，天津人民出版社 1996 年版，第 935 页。

是着重研究工作必须从中国社会的实际出发。中国人研究中国（本社会、本文化）必须注意中国特色，即中国社会和文化的个性。这就是他强调中国社会学应引进人类学方法的用意。同时他把这两门学科联系了起来，认为社会学引进人类学的方法可以深化我们对中国社会文化的理解。"① 因此，只有正确认识中国社会，才能解决建设中国的问题，而这就需要实地调查具体社区里人们的生活，进行观察和系统分析，得出科学的认识。社区研究是认识社会的入门之道，这种研究需要把社会学与人类学结合起来，交叉运用两者的理论与方法。

与此同时，吴文藻提出了有别于"社会调查"的"社会学调查"方法论，并把这种方法归纳为"现代社区实地研究"②。吴文藻把社会学和人类学结合起来对社区进行社会学的实地调查研究的做法，为社会学中国化奠定了理论和方法论的基础。

（2）什么是社区研究

吴文藻选择社区作为研究的对象。所谓社区研究，"是指研究一个一定地域，具有一定社会组织，一定文化传统和人为环境的人类群体"③。他认为，社区研究就是"大家用同一区位或文化的观点和方法，来分头进行各种地域不同的社区研究"。"民族学家则考察边疆的部落社区，或殖民社区；农村社会学家则考察内地的农村社区，或移民社区；都市社会学家则考察沿海或沿江的都市社区。"④

---

① 费孝通：《开风气育人才》，潘乃谷、马戎主编《社区研究与社会发展》，天津人民出版社 1996 年版，第 51 页。

② 潘乃谷：《但开风气不为师——费孝通学科建设访谈》，潘乃谷、马戎主编《社区研究与社会发展》，天津人民出版社 1996 年版，第 52 页。

③ 同上。

④ 《吴文藻自传》，《晋阳学刊》1982 年第 6 期。

在进行各种社区的"田野作业"中，首先遇到的是用什么理论来从事调查和研究的问题。吴文藻选择了英国功能主义学派的理论。因为功能学派重视其理论的应用，主张采用实地观察方法，然后再以不同地区、不同社会的材料进行比较研究，并把其研究成果和方法用于帮助解决各种社会和文化问题，他们主张用社会人类的知识来为人类社会服务。吴文藻说："现代社区的核心为文化，文化的单位为制度，制度的运用为功能。"[①] "功能观点，简单地说，就是先认清社区是一个'整体'，就在这个整体的立足点上来考虑它的全部社会生活。并且认清这社会生活的各方面是密切相关的，是一个统一体系的各部分，要想在社会生活的任何一方面求得正确的了解，必须就从这一方面与其他一切方面的关系上来探索研究。"[②]

（3）社区研究是社会学的调查

吴文藻在提出"现代社区研究"的同时，强调了社会学调查与社会调查的不同，社区研究是社会学调查，社会学调查比社会调查要进一步。

社会学调查中的社区研究，不但记述事实，而且说明事实之间的关系，并解释事变发生的原因，从而弄清人类生活各方面的关系。社区研究是从实地调查入手，注重实地考察，切身体验，直接去和实际社区生活发生接触。从认清具体事实出发，实地调查具体社区里人们的生活，是认识社会的入门之道，也是正确认识中国社会的必由之路。

人类学的调查方法是吴文藻等认识中国社会实际的重要途径。同时，结合人类学来改造中国的社会学，是社会学中国化的

---

① 吴文藻：《社会学丛刊·总序》，《文化论》，商务印书馆 1944 年版，第 6 页。
② 孙本文：《当代中国社会学》，胜利出版公司 1948 年版，第 178 页。

重要基础工作。吴文藻把社会学与人类学结合起来，以社区为对象，用实地调查研究方法来进行学科建设和培养年青一代。

"社区研究在当时被认为是这个学派的特色。在社会学学科里可以说是偏于应用人类学方法进行研究社会的一派，在社会人类学学科里可以说是偏于以现代微型社区为研究对象的一派，即马林诺夫斯基称之为社会学的中国学派。"① 吴文藻就是社会学的中国学派的奠基人，他不但寻找到适合于认识中国社会的理论和方法论，还毕生为社会学中国化培养了大批人才。

3. 育人才

吴文藻致力于培养能够理论联系实际，能够提出新的综合理论，而扎根于中国的独立科学工作的人才。他以讨论班的形式上课，这种方法能激发每个学生的内在特长，锻炼学生从事专题研究的能力。为了推行社区研究，他派出一些研究生到一些地区的乡村作实地调查。如林耀华到福州附近的义序调查宗教组织，黄华节到定县调查礼俗和社会组织，李有义到山西调查农村社会组织等。他还采取了"请进来，派出去"的办法，请进外国专家讲学和指导研究。如1935年请功能学派人类学家布朗讲学，开设比较社会学短期课程，指导林耀华写硕士论文；还请萨皮尔（E. Sapir）、阿伦斯堡（Conrad M. Arensburg）等讲学，个别指导学生。他有目的、有计划、有针对性地选送留学生出国深造，对派出哪一个学生，去哪一个国家的哪一个学校，拜谁为师和吸收哪一派理论和方法等，都根据需要，有针对性地作具体安排，收到了良好的效果。留学生回国后都能胜任教学和科研工作，并成为社会学、民族学、人类学的专家。如李安宅、林耀华、费孝通、黄迪、瞿同祖等，成绩优异，都有所贡献。

---

① 孙本文：《当代中国社会学》，胜利出版公司1948年版，第53页。

1939 年，吴文藻到云南大学任社会学系主任和文学院院长。同年建立燕京大学和云南大学合作的实地调查工作站，继续培养社会学调查人才。实地调查工作站因在昆明附近呈贡的魁星阁，因而得名"魁阁"。"魁阁"是吴文藻实行他多年主张为社会学"开风气、育人才"的实验室。在他的号召下，一批青年人与费孝通一起，在条件十分困难的情况下，对内地农村进行社会学研究工作。"魁阁"坚持到抗战胜利，取得了一批科研成果。吴文藻又支持李安宅和林耀华在成都的燕京大学分校成立社会学系和设立研究工作的据点。20 世纪 30 年代末 40 年代初在大西南有三个社区研究机构，其中有两个是在吴文藻的指导之下开展工作的。

吴文藻主编出版了《社会学丛刊》，发表他们的研究成果。《社会学丛刊》旨在建立一种比较社会学。吴文藻在总序中说，现代社区的核心为文化，文化的单位为制度，制度的运用为功能。"我们要用功能与制度的手法，来考察现代社区及其文化，因此，也可以说，社会学便是社区的比较研究，文化的比较研究，或制度的比较研究。"[1] "各种特殊社会学的任务，即在专门考察文化每一部门所呈现的种种关系……而普通社会学研究最终的目的，在于决定社会事实与文化全体间的关系。"[2] 为了建立比较社会学，他认为，一方面要介绍健全的理论和方法，另一方面要提供正确的实地调查报告。因此，他主编的《社会学丛刊》分甲乙两集：甲集专门收集普通社会学和特殊社会学，乙集专收各种类型的社区实地调查报告。其中有边疆民族的部落社区报告，有内地工业前期的村镇社区报告，有初期工业化的近代都市

---

① 吴文藻：《社会学丛刊·总序》，《文化论》，商务印书馆 1944 年版，第 7 页。
② 同上书，第 8 页。

社区报告，亦有关于种族、语言、文化各异的杂居社区的报告。

（三）费孝通致力于社会学中国化

在理论、方法论及与中国社会实际相结合方面，费孝通都继承和实施了吴文藻开辟的社会学中国化事业，并形成了社会学的中国学派，为国家发展战略调整和中华民族繁荣昌盛作出了重要贡献。

费孝通认为："社会科学实际上还是在探索阶段。目的是清楚的，我认为，就是人要把自身的社会生活作为客观存在的事物，加以科学的观察和分析，以取得对它正确如实的认识，然后根据这种认识来推动社会的发展。"① 费孝通坚信，他的责任就是科学地去认识中国社会。"我一向认为要解决具体问题必须从认清具体事实出发。对中国社会的正确认识应是解决怎样建设中国这个问题的必要前提。科学的知识来自实际的观察和系统的分析……因此，实地调查具体社区里人们的生活是认识社会的入门之道，我从自己的实践中坚定了这种看法。"② 他并且为此付出了一生的努力。

费孝通的《江村经济》（又名《中国农民的生活》）一书的英文版于1939年在英国出版，它是费孝通一访江村的研究成果，它是费孝通根据1936年在江苏吴江开弦弓村的实地考察写成的。此书生动地描述了中国农民的消费、生产、分配和交易等体系。它"旨在说明这一经济体系与特定地理环境的关系，以及与这个社区的社会结构的关系"③。此书是微型社区研究的样本。在此书中，费孝通提出的为提高农民生活而发展乡村工业，使乡土中

① 费孝通、张之毅:《云南三村》，天津人民出版社1990年版，第8页。
② 同上书，第3—4页。
③ 费孝通:《江村经济·前言》，江苏人民出版社1986年版，第1页。

国发展成现代工业社会的道路，在新中国成立前是无法实现的，而在今天它已成为中国农村工业发展的一种模式，是今天中国的广大农民尽快奔向小康之路的重要途径。马林诺夫斯基（B. Malinowski）在《江村经济》序言中一开始就说："该书将被认为是人类学实地调查和理论工作开展中的一个里程碑。"[1]《江村经济》是费孝通认识中国农村社会的起点，也可以说是微型社会研究的一个样本。《江村经济》一书，对中国乡村工业的发展具有实际意义，为中国乡村指出了富民之路，对中国社会学和人类学的发展作出了贡献。

对于江村的微型社会调查，正如马林诺夫斯基在《江村经济》序言中所说的："通过熟悉一个小村落的生活，我们犹如在显微镜下看到整个中国的缩影。"[2] 英国伦敦经济学院的弗思（Firth）教授又说，微型社会学是人类学在战后可能的发展方向。微型社会人类学以小集体或大集体中的小单位作研究对象，去了解其中各种关系怎样亲密地在小范围中活动。他认为社会人类学者可以作出最有价值贡献的，依然是这种微型社会学，从而把研究中国的社会人类学提高到了社会人类学发展的方向上。英国的弗里德曼也用"微型社会学"的概念来说明马林诺夫斯基所说的"社会学的中国学派"的特点。之后，弗里德曼又提出社会人类学的中国时代。从马林诺夫斯基的"社会学的中国学派"，到弗思的"微型社会学"是人类学发展的方向，为后来弗里德曼提出的"社会人类学的中国时期"开辟了道路。

美国芝加哥大学雷德菲尔德（R. Redfield）教授也极力主张中国社会学和人类学研究中国社会文化，并且看到了产生中国学

---

[1]　马林诺夫斯基：《江村经济·序》，江苏人民出版社 1986 年版。
[2]　同上书，第 4 页。

派的苗头。而费孝通则带领一批青年在艰苦的 20 世纪 40 年代为之而奋斗。

抗战时期,费孝通在"魁阁"研究室带领一批青年学者,选定了云南的禄村、易村、玉村等不同的社区,与以前的"江村"研究进行不同类型社区的比较研究。他们研究的目的是通过对不同类型社区的研究来认识中国的社会及发展,所研究的问题都是中国各地各社区所共同遭遇的,那就是现代化的过程。

费孝通发展了社区研究,贡献巨大。20 世纪 40 年代,费孝通在云南指导了对农村、工厂、少数民族地区的各种不同类型的社区调查研究工作。他采取了社会人类学的实地调查方法,重视对制度与经济生活的分析,尤其重视社区的比较研究。费孝通 1938 年从英国回国,得到中英庚款和"中国农民银行"的资助,在云南开始了他的实地调查研究工作。在昆明期间,领导了由吴文藻创立、云南大学和燕京大学合办的社会学研究室(或称实地调查工作站,即"魁阁")的研究工作。参加该室工作的前后有张之毅、史国衡、谷苞、田汝康、李有义、胡庆钧、张宗颖等十多人。"魁阁"的学风是从伦敦政治经济学院人类学系传来的。采取理论和实际密切结合的原则。每个研究人员都有自己的专题,到选定的社区里去进行实地调查,然后在"席明纳"里进行集体讨论,个人负责编写论文。这种做研究工作的办法确能发挥个人的创造性并得到集体讨论的启发,效果是显然的。[①] 他们对内地农村作了一系列的典型社区调查,如对农村社会经济生活、基层社区管理、兄弟民族的历史现状和风俗、城乡关系变迁、小农经济的社会传统、习惯与现代工厂生产之间的问题、现代工业管理中人的关系的作用,等等,都作过比较深刻而有意义的调查

---

① 费孝通:《从实求知录》,北京大学出版社 1998 年版,第 154 页。

研究。其中尤其是"从江村到禄村，从禄村到易村，再从易村到玉村，都是有的放矢地去找研究对象，并对其进行观察、分析和比较"①。

（四）建立具有中国特色的社会学体系

老一辈社会学家为社会学中国化所作的努力，为今天的社会学中国化提供了宝贵的经验。作为一门学科，社会学的一般理论和概念，可以适用于各个国家，但各个国家还有自己的特殊性，应有其特殊的理论。这种一般与特殊，亦即共性与个性的关系，就是提出社会学中国化的理由。所谓中国化就是要使一般社会学理论与中国的实际相结合，提出适用于中国的社会学体系。新中国成立前的社会学者虽为社会学中国化作了不懈的努力，但未建立起中国化的社会学体系。今天要真正建立起中国化的社会学体系，笔者认为，首先要从以下几个方面入手：

第一，要学习研究马克思主义者关于社会学的理论，从而掌握正确分析社会的立场、观点和方法。

第二，要培养能将社会学理论与中国社会实际相结合，又能提出新的综合理论的社会学人才。

第三，整理中国固有的社会史料，包括关于社会学说、社会思想、社会制度、社会运动、一般社会行为等，批判继承中国固有的社会理论。

第四，调查研究中国现实社会，加强对转型中的中国社会和成长中的中国社会学的研究，探讨中国社会的建设方案，掌握中国自己的特点。

第五，系统研究国外的社会学，掌握一般社会学原理论和现代的科学方法，吸收借鉴适用于中国的理论。

---

① 费孝通：《从实求知录》，北京大学出版社 1998 年版，第 155—156 页。

只有这样才能完成创建中国化的，也就是具有中国特色的社会学体系的任务，这是当代社会学家的使命。今天，中国的社会学正处于蓬勃发展中，从这个意义上讲，社会学"中国化"仍是一个未曾终结的动态进程。

第二节 抗战时期在西南地区专家调查研究工作的社会意义

一 江应樑、吴泽霖等民族学家的田野调查研究推动了西南边疆建设

抗战时期，民族学家江应樑[①]曾任云南省边政设计委员会主任委员兼车里县县长，对抗战时期的云南边政和边疆建设工作有重要贡献。江应樑主持云南省民政厅所辖的边疆行政设计委员会的工作期间，编著了《边疆行政人员手册》，除介绍云南边疆区域的基本情况外，用较大篇幅论述了革新边疆新政的基本要点。他当时主张在边疆地区的治理中应采取针对现实的特殊办法，应以合理的方法求得物产开发与人民开化，开发边疆须从政治着手并与经济文化一起展开，以求达到"边疆内域化"的目的。他初步认识到当时边疆政治腐败情况的严重性："官吏为代表政府之

---

① 江应樑（1909—1988），广西贺县人，著名民族学家。1932年毕业于上海暨南大学历史社会学系。曾任暨南大学附中教员和南洋文化事业部编辑。1936年入广州中山大学研究院。此后，在中山大学、东方语文专科学校、珠海大学、云南大学等校任教，先后任云南大学西南边疆民族历史研究所所长，中国人类学会、中国民族学会、中国社会学会顾问和中国民族研究学会理事。长期致力于中国南方，特别是中国西南民族学的民族史研究，对云南的傣族等民族聚居地区的田野调查尤为深入。在对中国西南各民族的研究中，将历史学、民族学和考古学资料结合，互相印证。著有《西南边疆民族论丛》、《傣族史》、《中国民族史》等。

机体。政府虽有爱民之心，而官吏们所为皆害民之事，则边民对于官吏既无好感，对政府自必无尊崇服从之信心。政府在边区既不能建立威信，则每一政令之出，人民皆等闲视之，边地行政何来推动之希望。"[1] 他认为政府应在诚、信、实三字上体会并力行，才可能在边疆各民族中建立起威信。他还认为，那种以为"边民愚顽，非以威镇之不足以制服"的看法是片面和错误的，主张采取提高边民的文化水准、改进生活方式、保存固有美德和提倡夷、汉通婚等措施"开化边民"。其中，固然可以见到大汉族主义的痕迹，但亦能看到的确是学者们在当时的情境中的冷静思考。此外，江应樑还以亲身的田野调查所得，提出"大小凉山开发方案"。他提议由川、滇、康三省合组"凉山建设委员会"，并提出平等对待边疆地区的各少数民族同胞、开发边疆地区的经济非掠夺边疆地区人民的财富、提高边疆地区生活和文化水平的开发原则[2]。在此前后，他还参与草拟了《腾龙边区开发方案》、《思茅沿边开发方案》等方案。

　　抗日战争期间，在西南边疆少数民族地区建立了一些边胞服务站，为所在地区的各民族群众提供医药卫生、国民教育等方面的服务，同时进行抗战宣传工作，调查边疆社会状况，联络边地土司，收集边疆文物。1942 年 7 月，隶属于新生活运动促进总会的云南第一边胞服务站在丽江地区建立，由西南联大社会学系毕业生张正东任站长，工作至 1946 年结束。云南第二边胞服务站设在墨江，由大夏大学政治系毕业生丁兆兴任主任。一些民族学家参加了边胞服务站的指导和具体工作。如吴泽霖教授在指导

---

　　① 江应樑：《边疆行政人员手册》，云南省民政厅边疆行政设计委员会刊印，1944 年 4 月。

　　② 同上。

边胞服务站的学生时，对于工作目的、工作项目、工作方法都有细致考虑和精心指导。1943年夏，他还亲自到站了解工作情况，同时进行当地民族情况的调查。江应樑也参加了对边胞服务站的指导。边胞服务站的工作人员对于所在地区的民族情况也经常进行考察、研究，以便更多地了解和熟悉边疆民族。他们的一些调查研究成果也在有关刊物上发表，为更好地处理边疆民族的实际问题，提供了第一手资料。① 吴泽霖教授在对云南丽江县纳西族地区进行田野调查时，所撰写的《从么些人的研究谈到推进边政的几条原则》这篇经典佳作中，提出了推进边政建设、发展边疆福利事业应该遵循的几条重要原则，即使在今天，对于如何实施西部大开发战略，对于如何搞好西部边疆少数民族地区的扶贫开发工作，仍然具有重要的理论启迪意义与现实指导意义。吴泽霖教授在此文中所阐述的许多精辟的观点和深邃的思想，对于西部大开发事业，对于如何在边疆少数民族贫困地区实施积极的开发式扶贫，依然闪烁着耀眼的光芒，折射出灿烂的光辉。

二　留下了一笔宝贵的精神财富——严谨治学的学风

抗战时期在西南地区高校和科研机构的民族学家和社会学家克服了难以想象的重重困难，对西南地区进行了史无前例的大规模实地调查研究，取得了丰硕的成果与辉煌的成就，真可谓"艰难困苦，玉汝于成"。他们给我们这些后世学人留下了一笔宝贵的精神财富，留下了一笔丰厚的人文历史资源。这些，对于今天所进行的西部大开发和建设社会主义新农村、构建和谐社会来

① 张正东：《遵循吴师教诲致力于民族研究》，赵培中主编《吴泽霖执教60周年暨90寿辰纪念文集》，湖北科学技术出版社1988年版。

说，无疑都是十分有益的。而且，由于这些遗迹与学术遗事又是与抗战历史相联系的，它对于缅怀当年迁居西南地区的高校名流学者可钦可敬的爱国事迹和敬业精神，激励青年一代勤奋攻读、奋发图强，也具有不可忽视的作用。至于这一批名流学者在实地调查过程中所遇到的艰难险阻、风餐露宿、栉风沐雨以及充分表现出来的一丝不苟的敬业精神更是我们当今学人应该大力继承和弘扬的。

正如笔者在第四章第一节中淋漓尽致地再现出了曾昭抡教授的吃苦耐劳、一丝不苟和严谨治学的崇高的敬业爱业精神。又如陶云逵教授亲自带领南开大学边疆人文研究室的同仁不辞辛劳地在山高林密、人烟稀少的热带丛林少数民族地区走访、调查，十分艰苦，饥饿劳累自不待言，还经常要提防各种热带病的侵蚀（陶云逵先生就是因突染“回归热”传染病而转致败血症，于 1944 年英年早逝），有时还得和土匪交手。就是在这样艰苦的条件下，陶云逵领导的边疆人文研究室对云南石佛铁路沿线的实地综合调查取得了丰硕成果，受到各方面的高度评价。

我们当今青年一代学人尤其是从事民族学和社会学研究的青年学者更应该努力学习和大力弘扬老一辈学者一丝不苟的态度和严谨治学的精神。笔者认为，要想出传世的学术精品，首先必须具备“十年磨一剑”的严谨治学的精神。从这个层面来看，今天我们系统深入地研究抗战时期在西南地区的名流学者的实地艰苦调查，是具有十分重要的现实意义的。

当今中国正在大力建设社会主义新农村，构建和谐社会，实施西部大开发战略。在西部大开发过程中，首先必须对西部地区的民族文化资源、自然资源等进行深入仔细的调查研究。例如，要开发西部地区的旅游资源，发展西部地区的旅游业，我们首先要对西部地区的自然旅游资源和人文旅游资源进行实地调查，努力做到合理开发以保证西部地区旅游业的可持续发展。社会在进步，时代在发展。虽然我们当今在西南地区进行实地调查比抗战时期在西南地区地行实地调查的条件好得多，但是老一辈学者一丝不苟的严谨治学的敬业精神仍然是我们应该大力继承和弘扬的，是我们宝贵的精神财富，他们的调查方法在今天看来仍具有现实指导意义。

三 培养和锻炼了一大批开展实地调查研究的骨干，有如群星灿烂

抗战时期民族学家和社会学家在西南地区开展的实地调查研究，为中国民族学和中国社会学的发展培养和锻炼了一批调查研究骨干，形成了一支阵容强大的学术队伍，有如群星灿烂，英才辈出。如：吴文藻、吴泽霖、陈达、费孝通、江应樑、罗常培、李景汉、高华年、谷苞、史国衡、田汝康、张之毅、邢公畹、高华年、张正东、李有义、王康、黎国彬，等等，他们长江后浪推前浪，各领风骚，使民族学和社会学在中国稳稳地打下了根基，在世界民族学界和社会学界形成了著名的中国民族学派和中国社会学派，这也为新中国建立后进行全面而系统的少数民族的社会和历史调查作出了重要的准备，同时也为民族学和社会学在 1980 年全面恢复后迅速走向新的繁荣奠定了深厚的学术基础。

（一）1950 年中央政府访问团中的民族学家和社会学家

1950 年 6 月，中央人民政府决定派遣中央访问团，分西北、中南、西南三路，访问国内的各少数民族。访问的目的是"传达中央人民政府、毛主席对全国少数民族同胞的深切关怀，宣传中国人民政治协商会议通过的《共同纲领》中的民族政策，密切中

央人民政府与各民族的联系，加强民族团结"①。通过中央民族访问团到各少数民族聚居地区的访问和其他的一些工作，"沟通了中央人民政府同各民族间的精神联系，促进了各民族对伟大祖国的体认"②。不过，民族学家的理解也许有更多的学术色彩。按照费孝通的解释："除了宣传民族平等的基本政策外，中央访问团的任务就是要亲自拜访各地的少数民族，摸清它的民族名称（包括自称和他称）、人数、语言和简单的历史，以及他们在文化上的特点（包括风俗习惯）。"③

访问团也担负着向中央反映各民族民众意见的任务。访问团中设有联络组，即调研组，负责调查情况，搜集意见。在访问团中有一些民族学家和社会学家，如费孝通、吴泽霖、杨成志、岑家梧、江应樑、胡庆钧、王文华、陈宗祥、曾昭璇、戴裔煊、梁钊韬、李志纯、沈家驹、施联朱等，其中，费孝通、吴泽霖、岑家梧等民族学家早在抗战时期在昆工作期间就开展了对云南民族地区的田野调查研究，得到了很好的锻炼。

中央访问团的调查工作涉及较多内容，包括政权建设、经济贸易、历史、社会组织、文化风俗、教育卫生、少数民族与国防建设等诸多方面。西南访问团在云南作了20个村和10多个专题的典型调查，在贵州作了9处典型调查。

（二）1953年民族识别中的民族学家和社会学家

中国民族学家在20世纪50年代参与的一项重大调查研究是

---

① 胡鸿章：《回忆中央访问团云南分团》，《云南民族工作回忆录》一，云南人民出版社1993年版，第126页。

② 周恩来：《在中国人民政治协商会议第一届全国委员会第三次会议上的政治报告》，《民族政策文献汇编》，人民出版社1953年版，第2页。

③ 费孝通：《简述我的民族研究经历和思考》，《北京大学学报》1997年第2期。

民族识别。自 1953 年起，开始大规模地进行民族识别这项被称为"中国民族学创举"的工作。民族学家承担国家交给的任务，进行调查研究，为中央政府的决策提出直接的参考意见。

中国民族学家们在进行民族识别的过程中，特别注意将实地调查和历史资料的分析结合起来。几乎每项民族识别的研究中，对历史资料的研究总是放在十分重要的位置，似乎表现出学者们对原生性的族群认同的关注。民族学家和族群及地方文人共同对那些待识别的族群进行了族群的来源和发展历史的重新建构。在对族别的研究过程中，也注意采取了结合语言学等学科进行研究的方法，经常请语言学家帮助解决有关问题。西南地区有关民族的识别调查与傅懋勣领导的语言调查组就有密切的配合。

通过实地调查和情况分析、比较、识别、归并，到 1964 年全国第二次人口普查时，新确认了土家族、畲族、达斡尔族、仫佬族、布朗族、阿昌族、普米族、怒族、德昂族、京族、独龙族、赫哲族、门马族、毛南族等 15 个民族，将 74 种不同族群的名称归并到各少数民族中。1965 年，确认珞巴族为单独民族；1979 年，确认基诺族为单独民族。

（三）1956 年少数民族社会历史调查中的民族学家和社会学家

1956 年，中国民族学界的主要力量均投入到全国少数民族社会历史调查之中，并成为这一工作的主要力量。在被赞誉为中国民族学历史上最突出的成果之一的这次调查研究中，学者们进行了积极的探索，取得了一些经验，但也有一些值得反思之处。1956 年在全国人民代表大会民族事务委员会的领导下，开始进行了中国少数民族社会历史调查。主管少数民族工作的政府部门中央民族事务委员会也给予了积极协调，对许多具体工作给予指导。

1956 年春，为准备调查，中央民族学院研究部的一些专家

开始起草《社会性质调查参考提纲》。提纲分为五个部分。一般
情况和封建社会两部分的调查提纲由宋蜀华起草，原始社会的调
查提纲起草人是陈永龄，奴隶社会的调查提纲起草人为王静如，
关于人们共同体的说明由罗致平执笔。

提纲初稿写出后，经过各省、市、自治区民委副主任会议提
出修正意见后，参加调查的部分在京人员集中进行了讨论，推举
出修改小组。除起草人外，林耀华、胡庆钧、谷苞、田继周、王
辅仁、李仰松、吕光天、韩耀宗、贾敬颜、朱家桢、孔季丰、柳
升祺、黄安淼、程溯洛、吴丰培、黄宝番、沈瑶华、刘忠、施修
霖、秦运等一些民族学家和相关学者参加了修改。其中，胡庆
钧、谷苞等民族学家和社会学家早在抗战时期在昆工作期间就开
展了对云南农村和少数民族地区的社区研究。当时担任中南民族
学院副院长的岑家梧负责总编审工作。

同年 6 月初，参加调查的人员在北京集中，由一批老民族学
家为他们讲授有关社会历史调查的基本知识，如吴泽霖讲授民族
文物的搜集，岑家梧谈关于少数民族社会历史调查的一些问题
等。林耀华谈原始社会史的几个问题之后，另外一些老专家则结
合个人经验与体会进行补充，如杨成志在吴泽霖的报告之后，作
了近两个小时的发言。中央民族事务委员会副主任刘春和费孝
通、罗致平等人也作了报告。调查组还学习了有关的民族政策。

中央民族学院抽调了二十多人参加少数民族社会历史调查工
作。费孝通、翁独健、冯家昇、夏康农等学者参加了调查组的领
导工作。民族学家费孝通、吴泽霖、翁独健、冯家昇、岑家梧、
夏康农、李有义、谷苞、秋浦等担任各个调查组的领导工作，指
导调查工作的开展。更多的民族学工作者参与了调查、研究和有
关民族简史、简志的编写。全国少数民族的社会历史调查从总体
上来说，到 1964 年基本告一段落。根据这次的调查和文献研究，

编辑、出版了各民族自治地方概况、全国各少数民族简史和简志三套丛书。以后，又在此基础上编辑"民族问题五种丛书"及大量的调查报告，使人们对中国的少数民族的状况更加了解。特别是为在边疆、少数民族地区工作的汉族干部和其他外来干部、有关文化宣传工作者，提供了了解少数民族情况的丰富材料。更重要的是，用少数民族的材料丰富了唯物史观的内容。

从学术发展史的角度进行分析，少数民族的社会历史调查的过程和所积累的丰富成果，反映了学者们当时关注的兴趣点及其学术见解、研究理论与方法，表现了学术与政治的关系，是总结和反思的宝贵资料。同时，少数民族社会历史调查还存在一些经验和缺憾。

这次调查主要运用的是毛泽东的一些著作中提及的调查方法，这种类型的社会调查对于认识社会的作用很大，但毕竟与民族学的田野调查不同。前者主要集中在社会经济领域，后者则更重视文化的阐述与解释；前者强调阶级分析方法，后者则重视整体观，以参与观察为特色，从主位和客观两个角度进行观察。同时，社会历史调查组的人员尽管到许多地方进行了田野调查，尽管调查面比较宽，在每个调查点上停留的时间却相应减少了，因而在调查的深入程度上大受影响，难以真正地把握文化体系。调查不仅没有按照国际学术界民族志报告的惯例使用学术地名，甚至不愿采用自然村落、乡镇或街区名称，而代之以行政区划名称，"从50年代开始编写的中国少数民族调查资料中，常见'××公社××大队'或'×区×乡'的字样。现在当地人民也说不清究竟是指何处"①。

---

① 汪宁生：《文化人类学调查——正确认识社会的方法》，文物出版社1996年版，第52页。

四　调查研究工作的美中不足之处

民族学是研究世界各民族历史的和现时的生活与文化的一门科学，是一门考察各民族文化，从事于记录和比较的学问。它主要是依靠直接观察所得到的资料进行分析，所以民族调查便成为这门学科的一个基本环节。一个民族学工作者从事调查记录，有两点严格的要求：一是材料确实可信，二是能够反映民族特点。用这两个要求来检查一下抗战时期西南的民族调查工作，可以说基本上是按着这个路子走的，缺少的是，一般人还不会用马克思主义观点方法，对材料进行分析、综合、比较、研究。

"魁阁"研究室是以吴文藻倡导的"社区研究"为中心而开展调查研究工作的。通过对云南农村和工厂的调查研究，最后推出了费孝通的《禄村农田》、张之毅的《易村手工业》、史国衡的《昆厂劳工》等著作。他们研究的计划是企图从社区分析的研究入手，从一些尚未受近代工商业影响的农村开始，进而到农村手工业，再到近代工业的发展过程中，从社会学的角度看，存在着什么问题。他们应用文化人类学的所谓"参与观察"（participant observation）的方法，往往是调查者单枪匹马地深入一个农村或工厂，不用问卷，而是循着调查者预先准备的假设，步步深入，在与被调查者共同生活的过程中，逐步获得答案。在资料汇集起来后，经过共同讨论，再与不同地区类似的情况进行比较，以便对所研究的问题得出更加可靠和圆满的结论并启发出新的假设。因此他们也把社区研究叫比较社会学。这样，他们就在社会学的调查研究方法论和具体方法上提出一些新的论点。但是，作为历史的经验总结，笔者认为，社区研究至少有两点是值得考虑的：其一，在方法论上，以文化、功能主义作为指导研究的基础，用马克思主义的观点来衡量是有缺点的。正如吴文藻在他的自传里所说的："今天回过头来看看，这种以文化为重点的社区研究还是不很深入的，特别是由于没有进行阶级结构的分析，实际上没有涉及当时社会的本质，因此，这种社区研究，还是不能真正解决中国当时的社会问题的。"[①]　其二，社区研究是循着社会人类学的调查研究方法而进行的，注重定性分析也是理所当然的，但当把这种方法运用到当代社会，运用到社会经济发达的社会，定性分析就会显示出不足，必须借助于定量分析了。因此，费孝通生前在许多学术活动中，一再说明必须同时重视定性和定量分析，这是时代的需要，学术发展的需要，社会学调查研究方法也必须前进一步。

　　抗战时期，在西南地区的社会学家历尽千辛万苦，在西南地区搞了大量的实地社会调查，取得了丰硕的成果，提出了各种救国的主张和政策，但大多数难以摆脱改良主义的道路。他们不能认清中国社会是一个半殖民地、半封建性质的社会。他们在对西南农村开展社会调查时，看不到农村中严重的阶级对立和阶级剥削，因而不能揭示出彻底废除封建土地制度是从根本上解决当时中国农村问题的唯一出路。他们在对工厂的工人和劳工问题进行调查时不能看到工厂中资产阶级与工人阶级的根本矛盾不可调和。他们提出的很多主张和设想在当时的中国是无法实现的。例如，费孝通在20世纪40年代提出了发展乡村工业与发展都市工业并举，走中国自己的现代工业化道路的思想，但在当时的中国，他的这一思路是实现不了的。直到中国农村经济体制改革后的20世纪八九十年代，中国广大农村尤其是沿海经济发达地区的农村乡镇企业异军突起，他的这一想法才终于成为一种现实。费孝通当时虽然看到了中国都市工业在西洋工业的压迫下无法发展的问题，

---

① 《吴文藻自传》，《晋阳学刊》1982年第6期。

也看到了国外工业利用政治上的特权，尽量进行经济上的侵略，致使中国手工业衰落的事实，但他似乎还没有看到，旧中国经济的半封建半殖民地的特点，是从帝国主义势力侵入时起逐渐形成的。帝国主义通过中国的封建买办官僚统治、支配、控制社会政治经济活动的主要方面，很快就把原有的那些不利于它的因素，如有碍他们的制品畅销的旧式手工业、家庭副业等，给排挤掉。这样，原来与农业紧密结合的家庭手工业，就在帝国主义商品的侵袭下，或者完全解体破产，或者游离汇集到都市附近地区。江村家庭手工业崩溃就是一例。农村自然经济所发生的这种深刻变动，说明封建生产关系无法维持现状。而对帝国主义有利的，如供给原料及半成品的旧型生产作业、旧的采购组织及旧金融机构，经改装变形后保留下来。这样就形成了中国的半封建半殖民地的社会经济形态。帝国主义列强的入侵，绝不是要把中国变成资本主义国家，而是要把中国变成半殖民地乃至殖民地。帝国主义及中国的封建买办官僚阶级，也绝不会允许乡村工业发展成现代工业。

由于客观原因所致，陈达领导的清华大学国情普查研究所对云南环湖户籍示范区的人口普查研究也有美中不足之处。这次国情普查以人口调查为主，这项工作在抗战时期的国民党统治区与国民党政府的保甲制度和征兵有一定的联系，因而遭到农民的反感与抵制，因此遗漏之处甚多。陈达一次亲自抽查三十余家，漏报者即达十余起。有些地区不仅把户口查漏，甚至连偏僻的山区里的小村寨也查漏了。尽管如此，从社会学研究来讲，这次人口普查是中国现代人口普查的重要开端，在中国现代人口普查实验中占有极其重要的地位，其最大成就是陈达于 1946 年写出的《现代中国人口》一书。此书是陈达 1946 年出席普林斯顿大学建校两百周年纪念的学术讨论会的论文，7 月由《美国社会学杂志》全文发表，成为畅销书，受到国际社会学者的重视。著名社会学家奥格本在该书的导言中赞誉说："在中国人口学上有一本好的著作，是一件值得夸耀的事。""这是一本真正以科学态度论中国的书。"

第三节　20世纪上半叶民族学的中国化[*]

一　民族学中国化的问题

在中国民族学的发展过程中，如何将西方移植来的理论与方法运用于中国的社会与文化的实际研究，并在研究实践中探索中国民族学发展的道路，始终是学科发展的一个中心问题。

（一）综合诸学派思想的思考与实践

在较早阶段，许多学者在西方留学或接受西方学术思想影响之后，借鉴西方的民族学理论，试图将西方的民族学理论应用于中国，以求中国学科水平的发展。中央研究院民族学组和当时中国的许多有关研究机构在最初开展工作时都试图直接以西方理论为指导，研究中国的实地材料。如燕京大学社会学系的学生费孝通、林耀华、杨庆堃、廖泰初等听了派克讲学之后，就开始商量用人类学的实地调查方法去研究中国的社会。

引用和模仿西方的理论是中国民族学发展初期的特点。人们在初次接触国外的学术理论之时，尚没有条件和能力加以比较分析，同时由于介绍不足，缺乏比较，可能对某一种理论在没有太多分析时表现得较为迷恋，因此早期的这种借鉴是借用型的。之所以出现这种情况，与最早引进西方学术的部分人满足于不同于原有话语系统的新鲜说法有关。当时，部分人对传统感到不满，在近代以来资本主义印刷品的影响下，甚至出现了对新话语的崇

---

* 本节参考了王建民《中国民族学史》上卷，云南教育出版社1997年版。

拜。总的来看，民族学在当时基本上是属于一种舶来品。

有一些人接受国外的学术理论后，受影响较大。他们甚至追随当时少数人提出的西化论，在民族学学术发展上主张全盘西化。陈序经对胡适和梁漱溟的西化理论进行了批判，但提出的是更进一步的全盘西化论。陈氏的西化理论建立在文化整体论的基础之上。他主张西方文化是一个整体，一种文化中的各文化单位都有连带及密切的关系，是分开不得的，要格外努力地去采纳西洋的文化，诚心诚意地全盘接受它，对西方文化要不加分析地将精华和糟粕一起引进。他认为试图将一种文化的整体加以分割是行不通的。按照他的观点，对西方民族学等有关文化的理论也应当尽力地去采纳，去接受。但是如何去接受西方的多种理论呢？陈序经并没有能够提出有说服力的意见。事实上引进西方民族学理论的过程，本身就是一个选择的过程。诸多的西方民族学流派在中国都有传播，陈序经本人实际上也是部分地接受了西方的思想和文化。他的全盘西化论正是受美国历史学派影响颇深的表现。

梁启超在 1925 年就著文《学问独立与清华第二期之事业》提倡学问独立，即发明新原则和应用已发明之原则以研究前人未曾研究之现象；无论所发明、所研究者为大为小，只要是对全人类知识有所贡献，其学问皆有价值；并认为所谓学问独立需要经过若干时期才能完成。以后，梁启超又将他的理论进一步发展，在《社会学在中国方面的几个重要问题研究举例》中提出："原理虽无国界，资料确有分别，无论哪个国家哪个民族哪种学问，都有它独立的资料，为其他国家其他民族所无。根据某种学科已经发明的原则，证以本国从新搜集的材料；或者令原则的正确程序加增，或者必要时加以修正，甚至完全改造。"

梁氏的这种想法固然有简单化的问题，但在受传统文化熏陶的中国学者中颇有代表性。他本人在实现所谓学问独立的实践中，并没有如他所说的那样做出引人注目的成就，但设计的应用、验证、修正，甚至完全改造的学问独立之路，却是中国知识分子在对国外理论有初步的了解之后所作的必然选择。虽然中国当时已经沦为半殖民地，但学者们和许多国人一样，期望保住泱泱大国的地位，希望在国际上有自己的独立的学术位置。

实现独立学问的办法之一，就是综合的方法和取向。即以中国人所擅长的综合的办法，将各种理论的长处加以分析，取自己认为合理者为己所用。但单纯的借鉴未能取得学者们预想的结果。其后，更多学者开始在实践中将中国传统的哲学思想、治学理论和方法与西方当代的民族学理论结合起来，取各种学术思想之长，为我所用。

综合是中国学者有特点的思维方式，中国传统文化强调中庸、持中，不赞成偏激的态度，注意对传统内容的保持。但是同时又具有相当大的宽容性，能够将各种外来文化的内容包容在中国固有的文化体系之中。中国知识界自五四运动以来关于东、西方文化问题的思考，对中国知识分子有很大的影响。一方面，受到传统文化的浸润，他们中的多数人希望保持中国的传统文化，在研究中保持一些具有民族特点的内容；另一方面，由于接受了西方学术思想的影响，因此他们也不愿墨守成规，试图用现代的学术理论和方法分析、研究当代的实际问题。这样综合的思想方式就成为中国学术界，特别是社会科学界许多学者不谋而合的想法。

民族学在中国的发展也与西方一些国家有很大的不同。由于学术发展的积累，欧美的民族学家中出现了一些世界性的民族学学派的领袖或代表人物。他们为了确立各自学派的地位，尽力说明自己与他人的不同之处，甚至以这些代表人物为核心，组成某

种学派的利益团体。在学派的更替过程中，有些学派在新的学派
出现之后，往往境遇凄惨，处于人人诛之的位置。西方的民族学
传入中国的过程中，虽然在不同时期各学派的影响程度略有不
同，但却不是一个学派在中国学术界走下坡路而另一学派才引进
来。换言之，各学派在传入中国的时间上间隔不像西方那样大，
有些学派几乎是同时被介绍到中国。这样就有可能将各派理论加
以比较，以我用的标准，取其所长，容易实现诸学派理论和方法
的综合。当然，也有一些学者分不清西方各派学术观点的差别，
或对差别理解不透，无法作出学派的选择。同时，当时部分知识
分子具有某种程度的殖民地思想，崇拜和迷信西方学术理论，不
愿意对西方理论加以批判。这就使西方民族学学派传入中国后界
限相对模糊了。

　　综合的想法在许多学者中颇有市场。一些"中国文化学派"
的学者受其直接或间接的影响，进而提出自己的社会学中国化的
主张。而倾向于"中国历史学派"的部分学者的综合取向则反映
在一些更具体的方面。

　　林惠祥在 1931 年的文章《社会进化？退化？》中指出，社会
进化论、传播论、循环论都不可从，但也都可从。"因为三说都
各有其好处和坏处，而其性质表面上虽似乎相排斥，其实却不相
妨碍。我们可以取进化、传播和循环合为一炉，融合一处，而不
见穿凿的痕迹。这融合而成的新说，或者可以称为'新进化论'，
因为进化的事实较多。"一方面，他倾向于进化论，同时，他又
用传播理论和历史学派等观点，对西方民族学的古典进化论提出
批评。他认为旧进化论的错处在于太绝对、太谨严，应当改变旧
进化论偏重独立发明的态度，因为进化的历程是各民族的独立发
明和相互的传播。进步是有进有退的，就一时代、一民族言之，
或者有退步，就全人类全历史言之，却进多于退，其所以会进便

由于传播。在进化中有渐变，也有如同革命这样的急变。更应排斥一线进化的主张，应承认各民族的历史是循各种不同的途径的，旧进化论所划定的细别阶段不合于事实。他认为，最多只能保留野蛮、半开化、文明三大阶段，其标准都应有相对性，而不能太严谨。应当分别民族的兴衰与文化的兴衰，一个民族衰亡，其他民族却兴起了；一种文化离开衰落的民族却被新兴的民族吸收去，依然留存，或发扬光大。就变化本身而论，各部分虽然也有兴衰循环，但正因为这种循环递进而使文化的全体得以进化。同时，林惠祥对于历史学派也作了分析，认为这个学派提出了一种研究人类社会的方法，但不曾提出建设性的假说。

岑家梧对遗俗的研究，是他在对国外有关理论作分析和比较后进行的。他认为，历史学派和功能学派是否定习俗的，他主张习俗的存在是不能抹杀的。同时，他又认为旧进化论学者视习俗为全无功能的废物一概加以否定是错误的。遗俗是前一时代的残留，然而它的功能未能完全消失，有些还转型变质，换上了一套新功能，在现代文化中有着特殊作用。

在讨论中国边疆艺术时，岑家梧对中外各种学说的有关理论和研究进行了分析，认为艺术是构成原始文化的重要因素之一，与其他文化要素有着不可分离的关系，于原始社会生活中有极重要的功能；对于边疆的各民族之间，或边疆与中原之间的艺术的传播关系，应当作比较研究，考其发源与传播的途径，由此明了整个中国艺术的渊源；中原与边疆的民族之间，自古已经接触，文化上发生过传播关系，彼此的艺术本质上没有什么不同，所以采用中国边疆的艺术说明古代中国的艺术，是无可非议的。

中山大学文科研究所进行广东北江瑶族调查研究时，研究者本着进行"社区研究"的愿望，"想把人类文化或社会现象当作动力或功能的比较研究，推出其过程或趋势"，但在研究中又参考了进化学派、传播学派和历史学派等各种理论。

将各种西方学术思想进行综合的一些想法和做法，尽管有许多不完善之处，但对以后的中国民族学发展中更多特色的形成产生了很大的影响。在综合中，学者们的认识程序有很大差异，一些学者只是将这种想法加以实践，采取综合取向，进行个人的研究，以求更准确而全面地回答和解释问题。他们的这类研究工作为后继者积累了更多的资料，提供了更多的回答不同问题的理论解释模式。另外，一部分学者则在这种综合的想法或实践中，加以更多的思考，将综合取向提高到民族学在中国发展的总环境中，将此作为民族学中国化主张中的重要方面。

（二）民族学与现实问题研究

民族学本身是一门应用性很强的学科，许多民族学家，如摩尔根、博厄斯、马林诺夫斯基、拉德克利夫·布朗等都是以田野调查开创其事业的。20 世纪二三十年代，民族学家逐渐将视点转移到当代社会，为解决当代社会中的现实问题而进行更多的探讨。一些中国留学生在国外学习民族学、社会学时，就已经注意到了实地调查和现实问题的研究。吴泽霖于 1927 年在美国俄亥俄州立大学攻读博士学位时撰写的博士论文《美国人对黑人犹太人和东方人的态度》，就已注意到美国存在种族问题，以大量的调查问卷及有关数据的统计分析说明美国种族问题的严重性，并提出了解决问题的建议。费孝通等人在国外的博士论文都是根据中国当时的农村情况的第一手调查资料撰写的。中国民族学界也在最初偏重民族学与历史研究的结合及学科理论方面的探讨之后，越来越多地注意到了现实问题，就中国民族学界的实际情形，重点研究中国少数民族的现实问题。

蔡元培认为民族学不仅为理论的学科，而且也是应用的科学，民族学的研究不仅与学术有关，而且与实际政治如边政边教的推行、民族文化水准的提高等都有关系。他的主张得到了许多学者的赞同。

中国民族学界出现对现实问题的普遍关注的情形，有着学术和政治等方面的原因。在学术上，许多民族学家不满足于书本知识的探求。他们认为，书本上记载的东西是他人的描述，而不是社会的实践。民族学、社会学工作者注重实地考察，直接与现实社会发生密切的接触，与调查对象打成一片，了解文化的全貌和社会的真相，同时也就会发现调查对象所面临的实际问题。同时，他们盼望将自己的学问与现实联系起来，使学问价值得到实现，试图以自己的学识更好地效力于祖国。他们不仅考虑学科本身的建设、发展问题，也对于怎样把学科专业知识用于国家建设和边防有一些想法。吴文藻、费孝通等燕京大学的师生试图以社会人类学的方法和功能学派的理论研究中国社会的各种社区；沪江大学、燕京大学、金陵大学等教会学校和大夏大学等校的社会学系的课程中也都有和应用有关的课程。上述举动出发点各有不同，但都是把自己的知识与社会实践结合的具体举措。虽然难以直接解决已经发生的实际问题，但他们提出了解决问题的途径，以求得对于问题的正确认识，是理论与实际结合的可贵尝试。

在政治上，随着南京国民政府在全国统治地位的确立，其开始考虑到对全国各个地区的统治。然而，即使抛开地方割据势力的影响，由于边疆和少数民族聚居地区的居民复杂、语言文字殊异、风俗礼教不同、交通闭塞及政治、经济、社会各个方面的情形与内地有较大差别，政令的推行往往难以畅通，中央政府对全国许多地区无法直接行使管理权。为达到扩展中央政府影响力的政治目标，了解边疆民族情况就成为南京国民政府的迫切需要。能够不加任何训练就承担起此类调查、研究任务的民族学家们在解决这些问题，特别是边疆特殊的民族问题方面，必然有较多建树。

中央研究院历史语言研究所在《历史语言研究所二十九年度至三十年度报告》中指出的研究方针最初是"努力于史学的、语言学的、民族学的一切资料之有规律的搜集，而纯为求知作研究也"，"故所事研究多不涉及应用"。然而民族学组的调查和研究却不是纯学术的，如凌纯声、芮逸夫参加的中、英会勘滇、缅南段界务，对当时滇、缅边界南段未定界内之民族的调查研究，为《中央政府公务统计方案纲目》人口类国族纲所作的国族体质之分类和对于西南、东北各地民族的调查等，在政治上对边疆的开发和建设都具有现实意义。

在学术调查研究的同时，许多民族学家也致力于对广大民众和青年学生介绍现实存在的民族问题的严重性，介绍国内各民族及其文化的情况，唤起人们对民族问题的注意。1930 年 5 月，林惠祥被推举为中央研究院社会科学研究所的演讲员，参加中央广播电台的轮流演讲。1930 年，凌纯声于 4 月 4 日作了以"最近侵入西藏之尼泊尔民族"为题的演讲，林惠祥于 6 月 12 日作了"台湾番族调查报告之撮要"的演讲。金陵大学文学院在成都期间曾经应成都广播电台之邀，每两周作一次"抗战建国"的系统演讲，其中包括社会学系的教授，演讲有关中国和世界问题。

许多民族学家都在大学中进行过关于民族问题的演讲。林惠祥在厦门大学时曾经多次对学生演讲，题目有"史前人类及其文化"、"文化与环境"、"错认雷公当祖宗"等。凌纯声在中央大学讲演了"民族学与现代文化"、"黔湘苗疆调查记"。抗战胜利后，杨庆堃在岭南大学演讲了"近十五年来美国社会变迁的观察"。在通俗刊物上，民族学家们发表介绍民族知识的文章就更为普遍。这些较为通俗的民族知识的介绍，不仅有利于民族学知识的普及，也对加强各民族之间的相互了解起到了积极的作用。

　　除了通过田野调查资料说明各民族文化的成就之外，一些民族学家也著文呼吁改变中国的传统文化中对少数民族的轻视和偏见，力主改善民族间相互隔阂和敌视的关系。江应樑在研究广东北江的瑶族时，在《广东瑶人之今昔观》一文中指出："今日之中华民族，绝对不是以一般所谓之汉民族可以概括一切的，也不是如一般所谓之汉满蒙回藏五族可以概括一切的，把汉族看作主人翁来代表中华民族是绝大的错误，把中华民族分为汉满蒙回藏五族更是绝大的荒唐……今日之中华民族，实是整个的，同一的，而无所分歧的。能对于中国领土中全部民族的各个分子均有一个彻底的明了认识，方能说得到了解我们自己，方能说复兴中华民族之道。"许多民族学家努力通过对中国各民族及其文化的研究，将学术探讨与国家统一、民族团结联系起来。在这个意义上说，许多学者所从事的民族学研究实践正是为现实服务的努力的一方面。

　　1937年筹划的全国风俗简易调查，也可以视为与现实有关的研究。这项调查的目的之一是供给政府制定社会政策法令之参考。调查的筹划者在《举办全国民俗简易调查方法》中认为，当时"亟须巩固社会组织，建设心理国防，故对于民众教育、礼俗改良、新生活运动、经济建设运动等，均特加注意，此种社会政策之施行。其成效如何，胥视所订法令是否适合社会实际情形以为断。惟欲求法令适合社会实情，自有待于全国各地实际材料之搜集，以资参证。……今日民众教育之推行及礼制等草案之拟订亦需此种实际材料，更有进者，民族复兴以民族团结为前提，如何破除民族间之隔阂，以沟通民族文化，自亦当以民族研究为基础工作，而民俗调查为不可缓也"。

　　抗日战争爆发后，过去的边疆广袤之地——西南成为抗战的大后方和基地。要有稳定的政治、经济环境，从而在人力和物力上支援前线，提供充足的兵源，保证为前方提供各种军需物品，维护支持战争的后方交通补给线如著名的国际大通道滇缅公路、滇越铁路的畅通，都要求对云南边疆地区有更多的了解和关注。日本帝国主义的侵略再一次向人们提醒了建设和保卫边疆的重要性，怎样调动各民族的民众积极参与抗战、在各民族的民众中树立国家民族观念、培养适应需要的建设人才，都需要进行实地调查研究。这样，对于现实问题的研究更加紧迫、更为重要了。

抗日战争时期，部分民族学家努力建设一门新的关于边疆政治的专门学问——"边政学"。按吴文藻先生在《边政学发凡》中的说法就是"研究关于边疆民族政治思想、事实、制度，及行政"，使中国的人类学研究在理论及实践上同时并进，以边政学为根据，来奠定新边政的基础，进而辅助新边政的推行。在中国，人类学应用于边政、边教、边民福利事业，以及边疆文化变迁的研究。正如梁钊韬在《边政业务演习的理论和实施》一文中所说："我们现在不应再把人类学的研究视为纯理论的学问，对于实用的边政设施，似应就功能的观念，予人类学与政治学贯通起来，换句话说，就是纳入人类学的理论于实践的道路上。这么一来，边政的科学理论的确立，可使边疆政策有所依据，边疆政治得以改进，而执行边政的人，对于不同文化的边民亦可有所借鉴。"边政学的提出，是中国民族学家试图将民族学应用到实际的政治建设中的尝试，民族学不再被看作纯理论的学问，把民族学理论与实践更紧密地结合起来。

为了促进边政学的研究，在专家学者的促进和国民政府的支持下，成立了边政学会，在中央政治学校中特设了边政专修班，蒙藏委员会开设了蒙藏政治训练班，西北大学建立了边政学系；中央大学专门设立边胞社会民俗学组，以后又建立边政学系；一些大学也开设了边政学课程。中央研究院历史语言研究所在1942年初撰写的1940—1941年度工作报告中，还以"纯为求知作研究"标榜，说"所事研究多不涉及应用"，并认为"国家之研究院从事其工作，恐舍此无正准也"。但五个月之后，在该所《一九四一年十月至一九四二年五月的工作报告》中，就易言为："语言及人类学两组所作之边疆调查，不仅有关学术，在政治上当亦有所助益也。"这种研究宗旨的变化说明了民族学在中国日益接近现实的发展趋势。

虽然有种种限制和障碍，但在边疆建设中民族学家作出了许多贡献，许多民族学家和社会学家参加了边政学会、中国边疆学会、蒙藏委员会等边疆建设机构的筹建工作，一些民族学家在抗日战争时参加了政府边疆建设部门的工作。吴文藻任重庆国民政府国防最高委员会参事室参事、蒙藏委员会顾问、边政学会常务理事；吴景超1935年到国民政府行政院任职，1937年任国民政府经济部部长翁文灏的秘书，并主编《新经济》周刊；张镜予先后任职于经济部和国家总动员会议，负责统计工作；陈国钧1943年任中央民众教育馆民俗馆主任、国民政府教育部边疆教育督导专员；杨成志担任广东省边政指导委员会研究主任委员，梁钊韬任该会研究员兼省干训团边疆班教官，协助战时边疆政教设计与指导训练；江应樑曾任云南省边政设计委员会主任委员兼车里县县长，对抗战时期的云南边政和边疆建设工作有较多指导。中华基督教全国总会在抗战期间成立云南边疆服务设计委员会，以云南省教育厅长为主席，西南联大教授陶云逵任副主席。

由于民族学家参加各地的边疆建设工作，其所着力宣传的各民族平等、尊重各民族风俗习惯等主张在一定程度上得到了人们的认可，有利于抗战宣传组织工作的顺利开展。许多民族学及相关专业的学生也积极投入边疆服务和边疆建设的工作中。

　　抗战时期，民族学家江应樑曾任云南省边政设计委员会主任委员兼车里县县长，对抗战时期的云南边政和边疆建设工作有重要贡献。江应樑主持云南省民政厅所辖的边疆行政设计委员会的工作期间，编著了《边疆行政人员手册》，除介绍云南边疆区域的基本情况外，用较大篇幅论述了革新边疆新政的基本要点。他当时主张在边疆地区的治理中应采取针对现实的特殊办法，应以合理的方法求得物产开发与人民开化，开发边疆须从政治着手并与经济文化一起展开，以求达到"边疆内域化"的目的。他初步认识到当时边疆政治腐败情况的严重性，他在《边疆行政人员手册》中提到："官吏为代表政府之机体。政府虽有爱民之心，而官吏们所为皆害民之事，则边民对于官吏既无好感，对政府自必无尊崇服从之信心。政府在边区既不能建立威信，则每一政令之出，人民皆等闲视之，边地行政何来推动之希望。"他认为政府应在诚、信、实三字上体会并力行，才可能在边疆各民族中建立起威信。他还认为，那种以为"边民愚顽，非以威镇之不足以制服"的看法是片面和错误的，主张采取提高边民的文化水准、改进生活方式、保存固有美德和提倡夷、汉通婚等措施"开化边民"。其中，固然可以见到大汉族主义的痕迹，但亦能看到的确是学者们在当时的情境中的冷静思考。此外，江应樑还以亲身的田野调查所得，提出"大小凉山开发方案"。他提议由川、滇、康三省合组"凉山建设委员"，并提出平等对待边疆地区的各少数民族同胞、开发边疆地区的经济非掠夺边疆地区人民的财富、提高边疆地区的生活和文化水平的开发原则。在此前后，他还参与草拟了《腾龙边区开发方案》、《思茅沿边开发方案》等方案。

　　抗日战争期间，在西南边疆少数民族地区建立了一些边胞服务站，为所在地区的各民族群众提供医药卫生、国民教育等方面的服务，同时进行抗战宣传工作，调查边疆社会状况，联络边地土司，收集边疆文物。1942 年 7 月，隶属于新生活运动促进总会的云南第一边胞服务站在丽江地区建立，由西南联大社会学系毕业生张正东任站长，工作至 1946 年结束。云南第二边胞服务站设在墨江，由大夏大学政治系毕业生丁兆兴任主任。一些民族学家参加了边胞服务站的指导和具体工作。如吴泽霖教授指导在边胞服务站的学生时，对于工作目的、工作项目、工作方法都有细致考虑和精心指导。1943 年夏，他还亲自到站了解工作情况，又同时进行当地民族情况的调查。江应樑也参加了对边胞服务站的指导工作。边胞服务站的工作人员对于所在地区的民族情况也经常进行考察、研究，以便更多地了解和熟悉边疆民族的实际问题，提供第一手资料。正如本书第二章第一节所论述，吴泽霖教授根据自己亲身对云南丽江县纳西族地区的田野调查所得撰写了《从么些人的研究谈到推进边政的几条原则》这篇经典佳作，提出了推进边政建设、发展边疆福利事业应该遵循的几条重要原则，即使在今天，对如何实施西部大开发战略，仍然具有巨大的理论启迪意义与现实指导意义。吴泽霖在此文中所阐述的许多精辟的观点和深邃的思想，即使在今天，对于西部大开发事业，依然闪烁着耀眼的光芒。

抗战时期关于提高国民民族素质的研究，是 20 世纪前半期中国民族学关于现实问题研究的另一方面。1943 年 7 月 13 日，蒋介石致电中央研究院院长朱家骅，要求以科学方法对民族素质作多方面研究。承担该研究任务的有中央研究院历史语言研究所、社会科学研究所、动植物研究所、管理中英庚款董事会、中国地理研究所、中国科学社生物研究所、国民政府卫生署等单位。研究题目共包括生物基础、营养环境、文化环境、地理环境四方面。提高民族素质的研究，就生物基础方面来说是体质人类学的基本任务，在文化环境方面也是文化人类学的一大课题。以吴定良为首的历史语言研究所人类学组承担了体质人类学方面的研究，他们将生物遗传、血缘与人才的关系、望族家谱之分析和人类选种这四个有关题目分为细类，在短期内进行规模较小的调查，并撰写和发表了一些专门论文。他们认为自然的及文化的环境在短期中与遗传不发生影响，但毕竟是人类或民族改进之重要因素。历史语言研究所史学组则同时进行文化比较研究，以探索中国国民性格问题，并讨论其如何影响人种选择。欧阳翥、吴定良、洪式间等还参加了民族体质改进研究会的研究和讨论。西南联大的潘光旦教授等也对研究民族素质改进等问题进行了讨论。

民族学家对民族教育和边疆教育给予了较多的重视和研究，一些民族学家直接参与了当时的边疆教育的建设工作，将民族学的学科知识用于民族教育的创建和改进。李安宅在抗战时曾担任教育部视导员。由于川、甘、康、青四省交界地区彼此不相系属，政令推行不易，情况缺乏了解，他于1941年对四川、西康、甘肃三省边境地区的民族教育进行视导。他考察的项目有边疆教育行政、边疆学校教育、边疆社会教育、寺院教育及其他可以在教育设施方面有参考价值的民族与文化的情况等。他对视导地区教育提出了许多意见，事后写出了专门的报告书，提交教育部和四川省教育厅研究改进。其中，包括对短期小学和寺院所设小学的督导改进、教育行政人员应辞去兼职、制定小学教员领薪办法、提高教师待遇、注意国语注音符号的推行、复制地方文献、补助地方小学、增加少数民族学生等。

凌纯声、吴文藻等民族学家抗战时期也参与了边疆文化教育的工作，凌纯声还担任了国民政府教育部边疆教育司司长。由国民政府成立的边疆教育委员会有凌纯声、吴文藻、刘锡潘等民族学家。该委员会曾经制定了《边远区域教育视导员暂行规则及劝学暂行方法》、《边地教育视导应特别注意事项》等文件，同时部署和领导了边疆教育考察、边疆教育调查研究等工作。在历次边疆教育会议中，他们先后提出了许多关于边疆教育发展的提案，如"如何推进边地国民教育案"、"如何推进边疆教育研究工作案"、"编辑边疆学校教材及读物案"、"如何优待边疆教育人员案"、"推进宗教教育案"等。在边疆教育委员会的各类提案中，也以关于边疆调查研究及人才训练类数量居多。

第二次世界大战之后，随着世界民族解放运动的发展和殖民主义体系开始瓦解，中国民族学界也进一步认识到民族学应用的意义。许多学者著文阐述了在中国发展应用民族学（人类学）的主张。凌纯声的《中国边政改革刍议》、黄文山的《综论殖民地制度及其占后废止的方案》、吴泽霖的《边疆问题的一种看法》、马长寿的《人类学在我国边政上的应用》和《少数民族问题》、卫惠林的《战后世界民族问题及其解决原则》和《论世界文化与民族关系之前途》、杨希枚的《边疆行政与应用人类学》等文相继发表，讨论当时中国和世界的民族问题，并从理论上阐述发展应用民族学的迫切性。杨希枚希望政府当局和人类学家促进应用人类学的研究，他在《边疆行政与应用人类学》一文中认为，在当时的中国，"今日边政的改善，已是人类学界所共鉴而不可或缓的事实；而它的改善复需要人类学的辅导。所以今后的人类学界，不仅趋向综合的研究，更应趋于实际问题的研究，始能担负新的任务"。这种意见代表了当时民族学家的普遍看法。

民族学家对解决边疆民族问题的途径进行了探讨，并结合学科理论重新认识。马长寿在《人类学在我国边政上的应用》一文中提出，重新估定民族文化价值应当应用进步的、民主的、适应的、理性的和多数的原则，并主张在这种估定的基础上，建设边疆应当通过边疆武力的国防化、边疆政治的民族化、边疆经济的现代化、边疆语文的国语化、边疆官吏的专业化等途径来实现。这种认识比边政学初创时已经深化了许多。

随着中国的民族学家对边疆的少数民族问题的认识不断加深，他们在分析、研究具体问题时，也试图上升到理论方面加以归纳。杨成志在《民族问题的透视》一文中谈到抗战胜利后中国出现的蒙古族、苗族、彝族和新疆的民族问题时，认为这些问题的发生是少数民族问题的尖锐化，是当时中国的边疆问题。他指出，这些问题的产生是在当时国际上被压迫的弱小民族发生民主运动的时代潮流推动下，边疆与内地的教育、文化、经济发展不平衡的产物，国民政府所提出的"国内一切民族平等"的政策未见实现和边政设施缺乏，又加剧了民族问题的严重性。并认为，民族问题关系着国家和民族的前途，若无妥善的办法应付，或许会引起领土和国际纠纷的问题。

当时，对于现实问题的研究不可能离开国民党及国民政府的影响，甚至时常处于其直接控制之下。我们不能一提起在国民党统治时期的民族学与现实结合的研究，就扣"御用"或"为国民党反动统治服务"的帽子来简单评论，而应当根据这些研究的目的、出发点、主观愿望、客观效果来全面地、综合地作出分析和评价。与现实结合可能会直接有利于政治统治。抗日战争时期，国民政府重视边政是为了巩固在边疆地区的统治，但在客观上有利于加强各民族的互相了解、加强各民族的向心力，有利于共同抵御帝国主义的侵略和渗透。应该说，以上我们列举多数事项对于国家的统一、边疆的建设是有好处的，对于各民族的发展和进步也是有益的，或者是利大于弊。

从学术发展上考虑，对边疆现实问题的研究促使学者们更多地考虑理论假说的合理性，更主动地寻求将自己所学的知识与实际结合，将此看作应用民族学的田野实习，从而促进了民族学的理论研究与中国社会现实的结合。同时，许多学者由于具备了较为扎实的民族学理论基础，在对现实问题的研究中，能够用当时社会一般认识所不具备的民族学理论来分析现实问题。在现实问题的分析和研究中并没有失去民族学家的分析、研究特点。

当然，由于当时的政府是建立在少数集团的利益和需要之上的，不可能对广大民众的切身利益有更多的考虑。当政治需要时，做出一些姿态，当边疆民族的现实问题的解决和统治集团的各种利益发生冲突时，解决问题的办法就只能是纸上谈兵，民族学家们的努力和心血即付之东流。同时，由于时代的限制，理论方法的欠缺，特别是没有科学的方法论和世界观，民族学家的现实问题研究有可能本身就存在着无法克服的弊病，对于现实问题的认识难达真正准确，甚至有一些大民族主义的影响，使他们的研究难以真正为解决现实问题服务。

（三）民族学中国化的积极探索

部分台湾学者认为，在 20 世纪前半期，民族学与史学的关系实际上是一种主从关系，民族学家大半是史学的附庸，只是供给材料，民族学家"甚至于没想建立一个学问的体系，或者有他自己对人类文化的看法。这种关系维持相当长的时间没有改变"①。直到 1949 年中研院迁台和台湾大学创立考古人类学系后，这种关系才慢慢改变。

中国民族学到底有没有创建自己的独立体系的想法和做法呢？回答是肯定的。自 20 世纪 30 年代起，一些学者就不满足于对于西方民族学的简单移植，从不同的角度提出发展中国的民族学学科体系的设想。蔡元培先生在创建中国民族学的过程中，在《说民族学》等著作中，就提出了发展中国民族学的设想，并且

---

① 李亦园：《人类学与现代社会》，水牛图书出版公司 1984 年版，第 200 页。

派遣学者赴各地进行调查，试图建立中国的民族学体系。

以后，这种想法又被一些处于学术前沿的民族学家发展为民族学中国化的主张。所谓"中国化"，首先是在西方的民族学的学术思想介绍和引进到中国来的前提下进行的，是把本来非中国的东西中国化，而不是中国自己化自己。中国化是以吸收外来哲学与文化为前提的，正是外来哲学与文化传入中国，才带来中国化的问题。同时，舶来的学术理论和方法如果不用于中国的实践，就不可能得到长期的流传。社会科学只有结合本国情况，才有意义和价值。只有少数几位学者熟悉民族学知识，社会上多数人不知道民族学有何用处，民族学就没有太大的价值，就不能够发挥更大的作用。因而西方的民族学理论和方法要在中国生存下去，就必然依赖于中国化。当民族学在中国得到初步发展之后，中国的民族学界提出民族学中国化的主张是符合学术发展的规律的，是顺应历史发展的必然结果。

从民族学中国化的主张、发展的过程，可以看到中国的民族学家们对于学术发展的认识不断深化。由简单的采用西方理论解释中国材料起步，发展到综合西方的各派学说和方法构成中国 20 世纪前半期的民族学，再到汇合中国化运动的潮流，提出更有系统的中国化主张。

民族学中国化的发展过程，也是中国学术界中体西用——晚清国粹派——全盘西化论——中国本位文化论——中国化运动的发展轨迹在民族学界的表现。

中国民族学的产生和发展与中国近代向西方学习，进行中西文化交流是分不开的。中国的传统文化，特别是 20 世纪前半期的中国知识分子所接受的中国传统文化是以儒家思想为核心的。同时，他们又受到国外学术思想的影响。如前文所述，中国民族学家的综合主张正是这种东、西文化结合的观念的产物。民族学中国化的提出，也同样与这种观念有相承的关系。这是与整个中国的社会科学学术界相一致的。此外，中国民族学又具有特殊性，因为民族学本身是一门重视田野工作、强调实地调查的科学，中国化的呼声越强烈，学者们对此问题的思考越多，中国化的意见和看法也更多样化。

在民族学的发展过程中，学者们对于西方的民族学理论和方法，也面临着是全盘接受、不加分析的应用，还是用分析的态度、综合的方法加以吸收采纳的抉择。一些学者从不同的角度出发，提出了各自的见解。

概括来看，在 20 世纪前半期，建设中国民族学体系或者实现民族学中国化可以说有三种设想：第一种是利用外国民族学的方法，择其善者，根据中国的实际，综合而成中国化的民族学；第二种是以经过比较择出国外的某一学派的民族学理论为张本，实现民族学中国化；第三种是强调中国国情的特殊性，主张吸收国外民族学理论合理之处，建立本质上与欧美不同的中国民族学。

1930 年，孙本文在中国社会学社的第一次年会上演讲时提出了建设一种中国化的社会学的主张。他在《中国社会学之过去现在及未来》一文中认为："如能采用欧美社会学之方法，根据欧美社会学家精密有效的学理，整理中国固有的社会思想和社会制度，并依据全国社会实际状况，综合而成有系统有组织的中国化的社会学，此诚今后之急务。"他认为在中国社会学的建设时期，应当依据有系统的计划，努力切实进行。首先，要系统地介绍世界名著及欧美的重要学说及方法，统一译名，编辑社会学词典，编纂大学社会学教本及参考用书；其次，整理中国固有的社会学史料；再次，是实地研究中国社会之特性。这样就可以实现上述目标。同时，他还提出应当通过实际问题研究、开展各大学的分工合作、集中全国的人才、训练大学高才生等来完成发展中国社会学的任务。

孙本文认为，在理论上必须对国外的学科理论进行全面的研究和综合的吸取，再根据中国的现实加以检验与修改，由是取得思想上的独立。中国社会学体系的基本观点是社会整体、结合、有机和演进。研究任何社会现象、社会问题，都要从整个社会来观察，不应有所偏废。社会又是人与人的结合，必须重视人与人之间的关系和行为。个人与社会是密不可分的，是有机的整体。社会的本质是发展变化。他在理论上秉承美国文化社会学派的见解，又进一步发挥，把社会学扩展到民族学的领域，将自原始至现代的人类社会都纳入其研究范围，突破了西方社会学只研究现代民族，民族学只研究原始民族的传统。在方法上，他也主张不能完全照搬国外，应当各取所长。

孙本文自谓他不是文化学派，也不是心理学派，而是综合学派，是系统社会学。但由于他提倡文化社会学，他在《近代社会学发展史》中认为："文化社会学可说就是应用人类学上的方法、观点与材料，以研究现代社会现象的学问。简单地说，亦可谓文化社会学只是文化人类学的扩充，由初民社会的研究扩展而为现代社会的研究。"同时，在孙氏所开社会学基本用书目录中也列有"民族学"一项。所以，他的社会学中国化的主张对于民族学中国化也有重要的意义。

在孙氏的社会学中国化的主张中，包括建设中国本位文化的意见。他在《建设本位文化的标准》中提出：首先，"为了要明了过去历史的背景，须注意历史给予我们的固有文化，因此必须对于中国文化加以全盘的研究"。其次，"要保持中国的民族精神，并求有所发扬光大"。再次，"应注意中国目前社会的实际需要"。但他不仅没有拿出对这些实际问题的研究成果，而且也没有进行过更多的理论探讨。他虽然也提出要在中国进行实地研究，但在总体上来看，他的社会学中国化的理论探索是想在书本上建立起宏大的体系，他本人也偏重于理论建设，但又没有组织起实地研究的力量，其社会学中国化的理论缺乏具体实践相辅，尽管详备，却只能成为空中楼阁。正如他的代表著作《社会学原理》一样，是综合美国当时各家的教科书而成，其中仅仅是采用了少量的当时可得的中国历史及统计资料加以引证，基本上可以被视为"土包装的洋货"。从体系的构成上看，基本上是一种多元论的产物。

他的这种中国化的主张是在以西方民族学理论在中国进行实地调查与研究的学术背景下提出的，是在过去部分中国学者主张综合认识的基础上进行认真思考的结果，反映了人们对西方学术思想认识的深化。当时，有许多中国民族学家与孙本文的这种综合国外的民族学理论和方法进行中国民族学建设的想法不谋而合。

黄文山①虽然没有明确提出民族学中国化的主张，但在对中国的民族学建设问题上也提出了自己的意见。他在 30 年代提出，为了使固有文化与西洋文化调适和交流，为了加强中华民族的向心力，必须以民族学家的文化理论为根据，而文化理论的产生又要以事实为根据，所以中国民族学最重要的工作在于对全国各民族作有计划的实地调查，而对于各文化区的实地材料尤其需要作

① 黄文山（1895—1982），广州人。1921 年毕业于北京大学，后赴美留学，1927 年获哥伦比亚大学硕士学位。回国后先后任国立劳动大学、中央大学、建设大学教授，曾任中央大学社会学系主任、中山文化教育馆研究部主任、建设大学校长、广东法商学院院长、立法院委员、广东省政府委员等。1951 年后，历任社会研究新学院和南加利福尼亚大学教授、洛杉矶中国文化学院院长、洛杉矶泛美华人出版社社长、台湾大学和香港中文大学客座教授等。为台湾"中央研究院"院士。长期致力于社会学、人类学在中国的发展，积极介绍美国社会学的文化学派，倡导并努力从事建立中国文化学体系的工作。著有《文化学及其在科学体系中的地位》、《文化学体系》、《论当代的文化》等。

系统和详尽的搜集。他在《民族学与中国民族研究》一文中明确提出："要以学术公开之态度，存比较推求之虚心；在方法上，撷取西洋近数十年来进化派、历史派、功用派方法学之精英，而去其糟粕；在资料上，参考欧美、日本无数民族调查之成绩与先例，以为解释及整理我国民族文化之张本；在综合上，自应对于中国民族文化之性质、功用、法则，全盘加以说明。"

20世纪20年代，黄文山回国后就试图扩大学科的范围，在社会学和民族学之外，另创建文化学。1932年，他为中央大学社会学系的三年级学生开设了为期一年的"文化社会学"课程。1940年春，黄文山由美国回国，"伏处重庆北碚，著《文化学体系》一书"，至抗战胜利时，著成60万字。战后，将其中一章《文化学及其在科学体系中的地位》，作为由陈序经主持的岭南大学西南社会经济研究所丛书之一独立出版。在该书自序中，黄文山指出，创建文化学"其最大的急务，似不在搜集资料，而在把既存的资料，予以类化，及作合理的逻辑排列，进一步把文化学建立成体系的科学。这样的一种概推的科学，应具有一套参考的原则，一种动力的因果方法"①。人们对黄氏的"文化学"褒贬不一，有批评者认为，他的文化学体系基本上是一种纯理论的构拟，把理论上的排列和组合作为学术发展的最迫切任务。但应当说，黄氏的文化学建设也是在学术体系和理论上力争创新的努力之一，应当被视为借鉴国外民族学学说促进中国民族学发展的成果。

张光直在《人类学派的古史学家——李济先生》一文中指出，李济也主张"要研究人类学，中、西名词和中西观念都要融

---

① 黄文山：《文化学及其科学体系中的位置》，台北：商务印书馆1982年版，第7—8页。

会贯通。因此不论是西洋玩意儿，还是中国固有文化，只要与研究论题有关，都得采用。进一步说，只要与研究论题有关，不论哪种资料，哪种学科，都可以毫无顾忌地拿来使用"。类似的见解对后来的人们有较大的影响，而且也和今天国际学术界普遍提出综合取向的潮流相融合。

费孝通在美国丹佛接受应用人类学学会马林诺夫斯基奖的大会上发表了《迈向人民的人类学》的演讲，他指出，早在30年代，中国就有一批青年"开始认识到必须对我们所生存在其中的中国社会有清楚的理解，因而要求摸索出一条科学地研究中国社会的道路"。"要学到一些能改造社会、为人民服务的知识的青年人不能满足于当时学校里、社会里、课堂上所传授的有关中国社会的书本知识。他们中间有一些人跑出了书斋，甚至抛开了书本，走入农村、城镇等社区去观察和体验现实的社会生活。社会生活本身归根到底是一种社会知识的来源，这一认识开动了当时的一些青年人的脑筋，开展了当时被称作'社区调查'的这项通过实地调查和体验来了解中国社会的学术活动。"这些活动是在实践上进行中国化的学术研究的大胆举措。在此时期，以燕京大学师生为主的这些学者，与孙本文等人所提倡的中国化主张不同的是，前者以个人认为可以在中国有实际作用的国外民族学的最新理论和方法研究中国的实际，对理论加以实践的检验，也就是说，十分重视实践对于民族学中国化的作用，使得民族学中国化不再是纸上谈兵，而真正开始投入具体的运作。

到了20世纪30年代末40年代初，中国共产党在将马克思主义用于中国实际、使马克思主义与中国社会的实践结合方面有了更深的体会，中国社会科学家也对过去的学术活动进行了反思，在不同的社会科学领域提出了中国化的主张，部分民族学家也再次发出了民族学中国化的呼声。

吴文藻为了在中国建立"比较社会学"的基础，1940 年开始主编《社会学丛刊》，在该丛刊的总序中，提出借鉴功能学派的观点和方法，实现包括民族学在内的社会学中国化的思想。他在该丛刊的总序中宣布其立场是：以试用假设始，以实地证验终。理论符合事实，事实启发理论。理论和事实必须糅合一起，获得一种新综合，现实的社会学才能植根于中国土壤之上。又必须有了本此眼光训练出来的独立的科学人才，来进行独立的科学研究，社会学才算彻底的中国化。也就是以吴氏所认为的"社会人类学中最先进亦是现今学术界最有力的"功能学派的理论作为指导思想，并把它用于中国的实地研究。通过实地研究，检验和修改理论，然后再得出一种新的能植根于中国的民族学理论。与此同时，组建一支独立的民族学研究队伍，使他们能够在经过中国的实地调查、检验的理论指导下，进行独立的科学研究工作。在此前后，他积极着手进行民族学中国化的创建工作，如布置学生们到各地进行田野调查工作，亲自主编《社会学丛刊》等。《社会学丛刊》乙集共收入五部著作，其中三部是汉族社区的调查报告，有费孝通的《禄村农田》、张之毅的《易村手工业》、史国衡的《昆厂劳工》。关于少数民族地区的调查报告有两部，即田汝康的《芒市边民的摆》和林耀华的《凉山夷家》。这些实地调查报告给吴文藻民族学中国化的主张增加了更强有力的支持。

吴文藻的民族学中国化的主张选取功能学派理论作为理论依托，是在反复比较国外各种学说的基础上作出的，并非对于某一学派由于师承关系而产生的特殊偏好。当时，功能学派反映了国际学术界对于学术研究的方法和理论的最新认识，同时，功能学派重视民族学与社会的联系，强调实际应用性，正与以经世致用为学术调查和研究宗旨的学者们的意愿相契合。

吴文藻主张，应当应用类似自然科学的方法——比较法，对于各地现在的社区，作系统而精审的观察，进行社区、文化、制度的比较研究。研究应有系统性，应有规划。按照他所说，要对社会与社区、文化与文明、组织与制度、结构与功能，以及人与人的社会关系等普通社会学基本学理，分别加以介绍和发挥。同时，注意特殊社会学的研究，以使普通社会学有根基。既研究文化的功能方面，又探讨团体的制度方面；既从事历史上的社会制度的专题研究，又做当代社会变迁的研究。更要将努力推进本着理论而进行的实地调查工作，作为建立"社会学中国化"的基础。应当要求的是理论与事实的完全契合，一方面给理论以健全的基础，另一方面给事实以科学的结构。这种"专刊社会学"发达之后，"比较社会学"才有立足之地。这种民族学中国化的思想并非对功能学派的照搬，而以主张在中国实际中检验、修正和发展理论为其重要特色。他的主张比过去的空谈具有较强的实践性，并有在田野调查、人才培养和队伍建设等方面推行的一套实际措施作为实现民族学中国化的保证，反映了对学术问题更加深刻而具体的思索。

岑家梧在 20 世纪 40 年代初发表的《西南边疆民族艺术研究之意义》一文中提出，因为国情不同，中国所需要的民族学与欧美殖民地式的民族学应当有本质的区别。需要建立一种中国民族学，在观点、方法和内容上都与西方的民族学有别，成为中国自己的独立的民族学。他认为，中国文化的唯一出路是综合。折中是这要一些那要一些，结果变成不中不西；综合则不同，它是要把自己固有的文化发扬，同时又吸收其他民族文化的精华，灌注新的血液，二者经过有机的综合，中国文化才能达到更高的境地。他的关于中国民族学的建设的看法，正是这种中国文化观的产物。

他在《中国民族与中国民族学》一文中认为，首先，从观点上讲，西方民族学的研究有很多不适用于中国，如人种不平等说、低文化总是为高文化所消灭和征服的理论、中国文化西来说等都是错误的，我们不仅不能采用，而且应予驳斥。

其次，就方法上讲，西方民族学是殖民制度的产物，采用比较法是为了猎奇，处处求异，达到他们统治殖民地的目的。中国民族学的背景是：中国是一个多民族的国家，中华民族的文化是集合各族文化形成的，整个中华民族是由不同文化融合而成的统一体。采用比较法不是为了猎奇，而是在各民族的文化中求同，指出中华民族文化的统一性和不可分割性。在具体的研究方法上，也包括体质人类学方法、比较法、传播论方法、历史研究法等。岑先生认为，应当详细测量各民族的体质特征，这样不但可以据此以决定各民族的系统分类，同时更可阐明各民族过去的体质上相互混血而构成今日中华民族的事实。应当对各民族的文化区进行详细的调查、研究，划定各民族的文化区域，认识各民族的文化特质，进而研究各民族的文化的互相传播、同化的现象，说明中华民族文化的形成过程。必须对各民族的历史进行深入的研究，用历史的事实说明各民族都是中华民族重要的一员，有着不可分离的关系。

再次，就内容上说，先要明确中华民族文化的统一性，从文化的进化和传播的观点来指出中华民族文化的发展变化过程是趋向同一，凝结为一个中华民族的整体。同时，也应该根据文化区的观点来指出各区域文化的特殊性，明了中华民族文化的多样性。

最后，根据文化辐合交替的观点，指出中华民族发展的趋势。汇合各区域文化的精华，使整个中华民族更加充实和壮大，使将来的中华民族文化达到多样统一的尽善尽美的境界。如何使中华民族达到这种境地，是中国民族学应当研究的课题，也就是建立中国民族学的最高目的。

由于岑家梧所接受的民族学训练的背景限制及在学术信息获取方面的局限，其在对西方民族学的批判中略显对于当时国外最新学术理论，特别是功能学派和文化历史学派的理论与方法吸收不足。然而，岑先生对西方殖民主义的民族学的批判和对中国民族学特点的分析颇有见地，没有因袭国外学者的一般见解，并在此基础上提出了综合西方学者的民族学理论，根据中国的国情，来建设中国的民族学道路。这种意见的提出，正是中国学者在对中国的现实考察分析之后，吸收西方学术研究的具体方法，又力求摆脱西方学术理论和方法的束缚的结果。

马长寿也提倡建立中国人类学或民族学。他在 1947 年《边政公论》第 6 卷第 3 期上发表了《人类学在我国边政上的应用》一文，他认为，中国边疆有异于列强殖民地的性质，综合概括起来有下列特点：第一，中国边疆并非中国的殖民地，中国只有边疆，没有殖民地；第二，中国人移民，与列强以资本为手段、武力为后盾的殖民运动相异，中国移民所至之处，只有事业的组合，而无政治的力量；第三，中国是列强的一个变形的殖民地或"次殖民地"；第四，中国的边疆问题是内政问题，而不是民族问题；第五，中国的边疆早已解决了各民族间的接触问题和各种文化间的接近问题，中国的各民族早已经接触，中国的各种文化早已经接近。另外，人类学是一种既为自然科学又为人文科学的综合学问。他在自然科学中与生物学最接近，与纯理的数学及无地域性的理化科学不同，有建立为中国科学的可能。文化原有普遍文化模式与特殊文化模式之分，社会亦有共同社会与社区社团之分，心理亦有人类通性与人类个性之分。前一种是人类可共同的，后一种是因地因时而异的。中国的人类学，固然不能放弃人类所共有的一方面，但尤应注重中国人独有的一方面。同时，他认为一方面要修正应用人类学，另一方面要将一些人类学原则，如文化相对论、文化动力论、多元文化主义等在中国加以应用，以求适合中国边政的特殊情况。

这种意见与岑家梧的看法有一些类似之处，说明了中国边疆的特点要求人们及早建立中国的人类学，但强调了中国的文化、社会与心理的个性，作为建设中国的人类学或民族学的基本理由，亦提出寻求应用人类学原则的意见。他的见解较岑氏的观点在中国特点方面的认识上略显简单，但视野更广阔一些。特别是已经注意到从社会科学的性质上去认识中国化的可能性，将讨论引至更深层次。这种意见对今天我们认识中国民族学的发展规律也有现实意义。

同时，民族学中国化的主张本身也经历了一个不断发展的过程。孙本文关于社会学中国化的思想在抗日战争胜利之后有了新的发展，在《当代中国社会学》一书中，他进一步发展和完善了他的意见。他提出，在理论社会学方面，建立中国化的社会学，重要工作有三：整理中国固有的社会史料，实地研究中国社会的特性，系统编辑社会学的基本用书。他还对每一方面的工作进行了具体的阐述。孙氏在中国化问题上对工作任务的重要性的不同认识，是认识深化的结果。他认识到，必须从多方面对现实社会作详尽精密的调查与研究，才能彻底了解我国社会的本质。因而，在发展之后的社会学中国化的主张中，他明确提出，要建设一种适合于中国国情的应用社会学，详细研究中国的社会问题，加紧探讨中国社会事业与社会行政，切实研究中国社会的建设方案。此外，又把社会学人才的训练，作为中国理论和应用社会学建立之外的第三项任务。

同样，吴文藻提出社会学中国化的主张后，由于费孝通、林耀华等人的努力,在 20 世纪 40 年代后期又不仅翻译了国外名著,也发表了许多有关中国的田野调查的著作,还进行了一些类型概括的尝试。

民族学中国化,是中国民族学从对西方学术理论的简单引进和接受照搬向全面分析西方民族学的理论并将理论的精华用于中国实际的进步。开展民族田野调查研究是实现民族学中国化的最重要的途径。当时的中国化观点,恰恰是那些曾经系统学习过西方民族学理论的学者提出的,其中最重要的代表人物甚至还是西方民族学学术领袖的得意弟子,他们较为系统地掌握了学科理论和方法。因而,他们提出的民族学中国化,是在掌握西方民族学理论的基础上,摆脱西方学术之争,将理论用于中国民族文化实际的产物,是在对西方理论理解的基础上加以思考的结果。这种结合已经不完全是纯粹的舶来品,不是单纯地把西方的理论用适当的中国的传统概念加以解释,不是仅仅专注于西方理论的系统介绍,不是烦琐地罗列中国的事实,而是力图用西方的研究理论和方法来观察和分析中国的文化,并进一步解释其中的特殊现象。他们不满足于引进和介绍,而是力图以本土资料进行研究,在本土发展中国的民族学。

当然,由于社会总体环境的制约,这些学者本身所具有的阶级和时代的局限性,同时又受到当时客观条件的限制,他们无法对中国的民族和文化的实际进行有组织的、系统的调查和研究,因而,民族学中国化在刚刚起步之时就中断了,所提出的任务当时实际上没有充分完成的主、客观条件和环境。但是我们不能忽视他们十分有意义的奠基工作,他们在民族学中国化问题上的讨论和研究,为我们提供了宝贵的经验,对此后建设现代中国民族学具有重要意义。

二　抗战时期民族学在中国的本土化

抗日战争时期是 20 世纪前半期中国民族学发展的一个黄金时期，这种进展特别表现在广泛而深入的田野工作的进行，在研究队伍、研究成果的质量和数量等方面都有了可喜的变化。

（一）民族学的研究机构和人员向西部的转移

抗战开始后，原来集中在东部地区的民族学研究机构和各大学向西部地区转移。抗战时期，中国的大部分民族学研究机构内迁至西南地区。研究机构分布格局的变化必然对中国民族学的发展产生重大的影响。民族学家们较为集中的城市依次是昆明、重庆、成都、贵阳等。

中央研究院历史语言研究所于 1938 年秋迁至昆明北郊的龙泉镇，次年恢复工作。该所的人类学组在昆明的工作，对于该处成为抗战时期的民族学研究基地产生了重要作用。1940 年 8 月，又奉令向四川转移，到年底才全部到达南溪县的李庄，至次年 1 月，全部恢复了工作，使李庄也逐步成为抗战时期的重要的民族学研究基地之一。人类学组在抗战时编印出版了《人类学集刊》杂志。

昆明以西南联大和云南大学为主要研究机关。

清华、北大、南开先成立长沙临时大学，1938 年 4 月，迁到昆明，组建了西南联合大学。文科初设历史社会学系；1940 年夏，分为历史学系和社会学系，社会学系是以原清华大学社会学系为中心组成，改隶法商学院，是重要的民族学、社会学研究机构。清华大学研究院于 1944 年 12 月恢复社会学研究部。北京大学文科研究所包括人类学部分，该所招收的部分民族学方面的研究生聘请中央研究院历史语言研究所的凌纯声等为导师，让学生到李庄受教。西南联大的其他系也开设了与民族学有关的课程。

南开大学迁到昆明后,成为西南联大的一部分。由于处于西南边疆地区,1942 年该校计划以边疆人文作为研究范围,开展实地调查,推进边疆的教育工作。恰好此时云南省打算修筑石屏到佛海的铁路,通过缪云台的帮助,得到石佛铁路建设经费的资助,成立了边疆人文研究室,由陶云逵担任研究室主任,该室研究人员有邢庆兰(公畹)、高华年、黎国彬、赖才澄等。该研究室的主要实地研究计划包括:社区人口调查和主要群体及各种杂居群体之分布及其人口状况,物产及自然环境与社会人文环境的调查,主要群体的文化概况(包括亲族组织、社会团结形式、政治制度、经济与技术方式、法律机构、教育制度、宗教与语言、衣食住用等物质生活),主要群体与社会内少数群体在生活等各方面之影响。同时,边疆人文研究室还进行了边疆教育的专门调查与研究,其中涉及了教育的制度和内容、人们对于教育的反应、改进教育的可能策略与途径等。抗战期间,该室出版有油印的杂志《边疆人文》(三卷共 18 期)和《语言人类学专刊》,刊登本室人员的研究成果和外约的稿件。

云南大学的民族学研究工作是在燕京大学社会学系的帮助下发展起来的,是当时中国民族学界的一支新军。1938 年秋,吴文藻到昆明,在云南大学建立社会学系。1939 年,在洛克菲勒基金会资助下,吴文藻代表燕京大学在云南大学建立了云南大学—燕京大学社会学实地调查工作站。1940 年昆明遭日本飞机轰炸,社会学实地调查工作站迁到昆明附近的呈贡,住在三层楼的魁星阁。吴文藻 1940 年到重庆任职后,由费孝通接任站长。先后在该站工作且为专职的有张之毅、田汝康、谷苞、史国衡、王康等,兼职研究者有林耀华、李有义、瞿同祖、胡庆钧、张宗颖等。云南大学还建立了方国瑜等参加的西南文化研究室,并出版有"国立云南大学西南文化研究室丛书"。

抗日战争时期，云南省政府曾经邀请在云南和邻近省份工作的著名学者进行学术演讲，其中也包括一些社会学家和民族学家，潘光旦讲"抗战后的民族健康"、吴文藻讲"社会行政设计与社会行政"、费孝通讲"中国乡村工业之特质及其前途"、李景汉讲"社会调查与社会建议"、李树青讲"社会之筛"。事后，由云南省地方行政干部训练团将讲演稿汇编成册，于1944年刊印。

重庆以中央大学为中心，中央大学于1938年迁到重庆。1944年中央大学边政学系设立，设蒙古族、维吾尔族、西藏文史三个组，除开设一般的人类学、民族学和语言学课程外，主要探讨中国边疆各民族的历史、文化和语言。中山文化教育馆、乡村建设学院等单位也在战时迁到重庆。同时，还有一批从政的民族学家战时在重庆任职，如黄文山在中山文化教育馆工作，吴景超在经济部，吴文藻在国防最高委员会参事室等，凌纯声则在抗战后期到国民政府教育部任职。

成都战前就设有华西协合大学，内有边疆学会的组织。金陵大学和金陵女子大学于1938年2月迁到成都，齐鲁大学医学院也迁到这里。燕京大学在太平洋战争爆发后，于1942年夏迁至成都。华西坝是成都的民族学研究中心，甚至被有些人视为当时中国民族学的中心之一。抗战时期，中国民族学会曾委托在成都的会员处理日常事务，燕京大学、金陵大学、金陵女子文理学院、齐鲁大学和华西协合大学五所教会大学均在原华西协合大学的校址上课。所以，在蓉会员实际上也都集中在华西坝，因而，华西坝就被视为当然的民族学基地。当时，这里出版的关于民族和边疆的期刊最多，居住在此处的民族学家最集中，学术活动最活跃。金陵大学社会学系边疆社会教研室的徐益棠等编印了《边疆研究通讯》，于1942年1月创刊，逢双月出版。此外还出版了由中国民族学会（成都）编辑的《西南边疆》、《边疆研究周刊》等杂志。燕京大学 1942 年迁到成都后，最初由华西协合大学社会学系主任李安宅兼理系务。1943 年后，由林耀华担任系主任。关瑞梧、周励秋、廖泰初、徐益棠、徐雍舜等都在成都燕京大学分校任教。

李安宅于 1941 年到华西协合大学社会学系任教授，他创建了华西边疆文化研究所，并组织出版了《中国边疆》杂志。于式玉、玉文华等先后到该所工作。这个研究所"研究华西边疆，并造就是项服务及教学人才，以谋华西边疆之改进为宗旨"。分为文化科学和自然科学两组，曾打算在松潘、理县、茂汶以北以西设立工作站。华西大学中国文化研究所建立于 1940 年秋，由闻宥担任主任，刘咸、颜间、韩儒林、杨汉先等为研究员。齐鲁大学国学研究所 1939 年迁到四川后继续工作，先后由顾颉刚、钱穆，吴金鼎主持。金陵大学中国文化研究所由李小缘主持，继续在蓉工作，编辑有《边疆研究论丛》杂志。1941 年为了更好地聚合力量，华西大学和齐鲁大学出版《中国文化研究所集刊》和《中国文化研究所汇刊》（*Bulletin of Chinese Studies*）。燕京大学迁蓉后，自 1943 年起也参加了这个研究所的工作。

四川大学在抗战时期一度迁往峨眉，该校的社会科学研究处人文组继续进行西南民族研究等工作。抗战后期，该校迁回成都，加强了与其他民族学研究较为活跃的院校的合作。

贵阳则有大夏大学为主要研究机构。大夏大学由上海迁至贵阳后，社会学系仍由吴泽霖教授主持，于 1938 年春建立社会经济调查室，附属于文学院，亦由吴泽霖主持。一年后，为促进工作效能、充实研究内容和设备，将该室改名为社会研究部，"进行有系统之调查与研究，以冀促成贵州社会建设之事业"，"特别着重黔省境内苗夷生活之实地调查工作"。抗战期间在贵州的调查研究活动十分活跃。他们编辑了以《贵州晨报》副刊出版的《社会旬刊》，每旬出版，共出 40 期，后因日本空袭、报社被毁而停刊。继而又借《贵州日报》出版《社会研究》半月刊，出 55 期之后，又转到《时事导报》出版。他们还将有关论文编成《民族学论文集》第一辑和《贵州苗夷社会研究》两书，公开出版。

其他大学也有一部分内迁到西部地区或华南山区。广州中山大学于 1938 年迁到云南的澄江，1940 年又转到广东的坪石，岭南大学抗战期间先迁到香港，又先后迁往广东的曲江、梅县。抗战时期厦门大学迁到闽西长汀，暨南大学迁到福建建阳，武汉大学迁到四川乐山，武昌华中大学（今华中师大前身之一）迁至云南大理的喜洲镇，复旦大学迁到重庆北碚。西北大学迁到陕西城固，北平大学法商学院也迁至城固，并与西北大学等校合组西北联大，1944 年该校建立边政学系，由王文萱教授担任系主任，杨兆钧、郑安伦任副教授。该系成立了边政学会，并举办"边政问题十讲"等讲座，讲题有"新疆十四个民族"、"新疆中苏国界问题"、"边疆之婚姻"、"拉卜楞——西北的一个宗教中心"等，出版有《边疆文化》杂志。

日军的入侵使大批教学研究机构被迫迁到西部地区，客观上使得民族学在中国的分布地域上大大延伸了。以往的民族学研究的最好田野工作基地所在地没有专门的民族学研究机构的缺陷得到了弥补，为中国民族学的一个新高潮的到来提供了有利的条件。

中国民族学会的团体活动虽然在抗战期间受到了一定程度的影响，但是，由于西部地区成为后方，全国对边疆问题更加重视，国民党中央在边疆施政纲要中提出："设置边政研究机关，敦请专家，搜集资料，研究计划边疆建设问题，以贡献政府参

考，并以提倡边疆建设之兴趣。"经过不长时间的筹备，1941 年
9 月成立了隶属于蒙藏委员会的中国边政学会，由吴忠信任理事
长，其中有一些民族学家参加，吴文藻为理事兼研究主任，徐益
棠为候补理事，以后递补为理事。

此外，抗战时成立于重庆的中国边疆问题研究会，也将对边
疆的实际状况之调查作为其工作范围的第一项内容。这类团体还
有设在重庆的中国边疆学会等。虽然这些团体与官方联系较为密
切，但他们也直接组织了一些有关民族学的学术调查和研究的活
动，如 1942 年边政学会拟定了研究西藏问题、出版边政丛书等
项计划，并邀请在重庆的民族学专家吴泽霖、吴景超、柯象峰、
李景汉等人座谈，讨论边疆研究等问题。同时，边政学会还为各
专门机构的民族学调查研究提供了许多方便，出版有《边政公
论》杂志（最初由蒙藏委员会编辑发行），该刊是抗日战争时期
重要的民族学刊物，所以台湾重新影印此杂志时，以"中国边疆
民族学杂志"之名出版。蒙藏委员会还编辑出版有《边疆通讯》、
《蒙藏月报》等刊物。中国边疆学会总会在重庆出版了《中国边
疆》杂志，该会的陕西分会分别在西安和榆林出版了《边疆月
刊》和《边疆周刊》，四川分会出版有《边疆周刊》。这些学术团
体这些方面的工作，对民族学在抗日战争时期的发展颇有裨益。

（二）抗战时期对西北的民族学的调查研究

在抗日战争时期，因为东南地区沦陷，西部地区以往未被人
们重视的边疆地区成为后方。人们普遍感受到外来侵略的威胁和
边疆地区的重要，掌权者们对边疆民族聚居地区的重视程度也增
加了。国民党中央组织部 1941 年向国民党八中全会提交了《请
设置边疆语文系与西北西南边疆文化研究所培植筹边人才而利边
政实施案》。中央研究院据此有了在西康雅安（今属四川）筹建
边疆文化研究所的计划，并拟请李方桂担任筹备主任。但中央研

究院方面后来考虑到人力和物力困难、边疆文化研究涉及面广、所长人选未能及时确定等原因提出应慎重考虑之言，政府意向也在其后产生了一些变化，而未能实施。云南等著名人士李根源也向蒋介石建议，因建设边疆任务迫切，请拨款在昆明设立西南边疆文化研究机关。但从宏观上来看，民族学的田野调查比较以往有了更好的外界条件，更易得到有关当局的批准和支持。

从学者自身来看，许多民族学家集中在西部地区，使他们在地理距离上更接近了西部的少数民族聚居地区，调查和研究更为方便。许多民族学家和社会学家看到在边疆地区生活的少数民族之间语言不通，社会制度、社会组织殊异，风俗习惯差异颇大，于是产生强烈的调查研究兴趣。同时，以往对西部地区的民族群体和文化较精确的调查数量少，且大多数质量不高，有些关于少数民族的介绍和叙述客观性不足，可供研究的空白点较多。许多过去以社会学等学科为主要研究领域的学者，在这时也转向了有关民族学的调查研究。因而，在这一时期中国民族学的发展出现了空前活跃的局面。在西部地区，以往民族学家很少涉足的偏僻山寨和牧区都有了民族学家的身影。他们不仅考察民族文化的变迁，对中国的民族现实问题也有了更多的注意和调查研究。这些事实说明抗战时期的中国民族学在广度上较过去又有了进一步的拓展。

抗日战争时期，民族学家们更接近田野工作基地，有更多的调查机会，由于民族学家们普遍重视实地调查，这个时期的重要研究成果大部分是田野调查报告或在田野调查的基础上整理而成的研究论著。在生活艰苦、战争威胁，甚至没有安定的写作条件的困难境况下，他们以满腔热忱投入了民族学的研究工作，也产生了一批有价值的论著。同时，也因为占有了更丰富的研究资源，许多学者在西方学习的理论有了更多的在中国进行验证或修正的实证材料，研究也因此有了深化的基础。抗战时期及其稍后根据抗战时期的田野考察整理而成的一批著作更集中地表现了中国民族学在深度上的进步。

李安宅于1938年接受陶孟和、顾颉刚的建议，根据燕京大学与甘肃科学教育馆在前一年商定的合作计划，到甘肃从事藏族文化的促进工作和社会人类学的实地调查。他与夫人于式玉绕道上海，经香港和云、贵、川、陕到达兰州，又转至拉卜楞地区。于式玉在当地义务办拉卜楞女子小学，同时学习藏语文，李安宅则对藏传佛教格鲁派六大寺之一的拉卜楞寺进行民族学田野调查，研究藏传佛教。于式玉也协助李先生进行调查，他们的调查长达三年，是中国民族学田野调查中时间最长的一次。李安宅注重实地调查，在撰写调查报告和论文时主要依据调查材料，其次才检阅典籍。李安宅在燕京大学学习、教书和在美国时就对宗教、人类学有极大的兴趣，他曾经研习国外的有关著作，这次田野调查正是将学习过的理论用于田野的机会。接受过理论熏陶的民族学家以田野调查作为获取材料的第一选择成为这一时期民族学家们普遍的行动，当时许多民族学家也采用了类似的调查研究方法。

在拉卜楞寺进行调查、研究的学者，还包括清华大学的毕业生黄明信等人，黄氏在1941年之后仍留在拉卜楞寺，并成为一名喇嘛，以便作为参加者更为清楚地研究喇嘛教的宗教—经济—政治功能。

1941年4月，甘肃拉卜楞巡回施教队实验组以拉卜楞地区的寺庙、家庭、机关等为对象进行调查，但全部完成的只有机关调查。参加此次调查的俞湘文女士此后将个人调查加以整理，出版有《西北游牧藏区之社会调查》一书。

1944年，由杨兆钧率领西北大学边疆考察团，到青海的循化和甘肃的拉卜楞寺调查，为期两个月，以两处分别作为伊斯兰教文化、语言调查区和佛教文化、语言、习俗调查区，调查取得了可喜成果。

人文地理学家李式金，在抗战时期担任管理中英庚款董事、甘肃科学馆副研究员和西北大学、东北大学、西北师范学院教职，从事人文地理学的研究和教学。他曾经多次到甘肃、青海、新疆等地进行地理考察和民族调查，搜集了大量的民族风俗材料，并写出了许多关于边疆民族的介绍资料，刊登在各地的报刊上。

中央大学地理学系的师生在胡焕庸、戈定邦、丁实存等人带领下，在抗战期间受国民政府行政院水利委员会的委托，考察了西北水利、移垦问题，重点调查甘肃、新疆等地的地理、气候、水利资源等，也进行了新疆的民族调查。事后发表了许多著作，丁实存还整理出了《新疆书目》。

吴文藻于 1943 年 6 月至是年底，参加了中央设计局组织、由西北监察使罗家伦率领的西北建设考察团，负责以新疆的民族问题为主的西北民族问题调查。由于蒋介石《中国之命运》的出版，要求以中国只有国族没有民族，即中国不存在各少数民族的基调写作调查报告，吴先生对这种观点有异议，调查报告未能完成。

中央研究院社会科学研究所经济学组的助理研究员张之毅（此人是经济学家，与同期的云南大学实地调查工作站张之毅并非一人），于 1942 年 9 月至次年初到新疆调查经济，调查了新疆与印度的贸易、维吾尔族的纺织和丝织业、南疆绿洲的农业经济等，主要考察地区为库车、喀什、和阗、莎车、伊犁、哈密等，在归途中又考察了甘肃的水利、畜牧，事后著有《新疆之经济》、《亚洲的枢纽》等。

在吴文藻先生的推荐下，1942年，燕京大学社会学系研究生陈永龄到新疆学院任教。他原打算对新疆的各民族进行田野调查，但由于盛世才的限制未能如愿；1944年，又身陷囹圄，调查更不可能。

蒙藏委员会调查室自1933年就陆续发表了一些对少数民族聚居地区的调查报告，抗战期间又先后组织进行了对甘肃、青海、内蒙古等西部的少数民族聚居地区的考察。1933—1942年间，由蒙藏委员会刊印的关于上述地区的调查资料有《乌兰查布盟各族调查报告书》（1933）、《马鬃山调查报告》（1938）、《伊克昭盟左翼三族调查报告》（1942）、《伊克昭盟右翼四旗调查报告》、《青海玉树、囊谦、移多三县调查报告》（1941）、《祁连山北麓调查报告》（1942）、《果洛调查报告》（1942）、《玉树二十五族调查报告》（1942）等。这些调查报告以服务于上述地区和民族的管理为目的，基本上是资料的简单汇集，没有更多的分析，但对有关民族情况的资料积累亦有益处。

与此同时，也有一些由政府官员或有关机构所作的西北各民族调查报告先后发表。例如1941年重庆正中书局出版了30年代由参谋本部派遣调查过青海、西藏地区的高长柱撰写的《边疆问题论文集》；次年，甘肃省银行经济研究室刊印了王志文编著的《甘肃省西部边区考察记》，重庆商务印馆出版了葛赤峰的《河曲藏区采风记》。

中国共产党在进行长征的过程中和转移到西北地区后，由于实地的体验，进一步认识到中国的民族问题研究的必要性和紧迫性，并开始联系中国少数民族聚居地区的实际，进行调查研究。在抗日战争时期，延安的民族问题研究是围绕中国共产党建立抗日民族统一战线的任务开展的，表现了很强的目的性。中共中央西北工作委员会于1940年先后发表了《关于回回民族问题的提纲》和《关于抗战中蒙古民族问题提纲》，提出了争取回族、蒙古族共同参加抗战的具体纲领和政策。为了更好地进行研究，在延安专门成立了民族问题研究会，先后开展了与中国共产党抗战根据地的发展密切相关的回族问题和蒙古族问题的研究。李维汉、贾拓夫、刘春和牙含章等人研究回族问题，编写成《回回民族问题》一书，于 1941 年由延安解放社出版。《蒙古民族问题》的编写工作始于 1940 年，由刘春执笔，经过两年的研究完成初稿。由于战争的关系，于 1946 年才由内蒙古出版社出版。这两部著作更为详尽地阐述了中国共产党对于回族问题和蒙古族问题的看法，在写作过程中，对有关问题进行了调查研究。而另一部关于民族问题的研究著作《蒙古社会经济》虽完成了书稿，却在战争中遗失，未能与读者见面。

　　除了基本观点之外，上述论著在研究步骤、研究方法、研究题目的选择和队伍的组织上，与当时的学院派民族学也有很大不同。中国共产党在延安的这些工作作为中国共产党研究和认识民族问题的传统中的重要部分，对中华人民共和国建立后大陆民族学的发展产生了很大的影响。

（三）抗战时期对西南和华南的民族学田野调查

　　对云南省各民族的调查，在中国民族学界虽然开展得比较早，但由于云南的民族众多、交通不便，调查的深度和广度都有待提高。在抗战之前虽有学者对四川的少数民族进行民族学的调查研究，但其范围较云南则更小。抗战前很少有人对贵州进行民族学实地调查，基本上属于调查盲区。抗战时期，由于研究者云集西南，对西南地区的民族学调查在过去调查研究的基础上有了更大的进步。对西南的民族调查可以分为四种类型：一是专业学术研究机构及其派出的学者进行的调查，二是由政府和有关社会团体组织的考察团，三是有关部门的官员或受专门派遣、或在从政之余进行的调查访问，四是西迁的院校学生利用暑期进行的边疆服务和调查工作。

1941 年，中央研究院历史语言研究所与中央博物院筹备处合作组成了川康民族考察团，由凌纯声任团长，中央研究院副研究员黄逸夫和中央博物馆筹备处专员马长寿为专员，另有技术员和团员各一人。此次川康民族文化调查，旨在调查各民族之经济、生活状况，政治、社会情形，宗教、语文等项，研究各民族的婚丧制度、生活习惯及与文化有关的各种问题，并搜集了有关民族文物的标本与用物；调查区域为四川的西北及西康的东北，包括理番、靖化、懋功、丹巴、康定等县及梭磨、卓克基、党坝、绰斯甲、巴底、巴望等土司地；调查对象包括羌族、彝族、藏族等民族。马长寿根据调查资料写了《钵教源流》、《嘉戎民族社会史》等论文。

马长寿先后两次深入大、小凉山地区调查记录了彝族的语言、社会阶级、物质文化、宗教信仰、生活习惯等各方面的情况，搜集了各种彝族文物，写成了数十万字的《凉山罗夷考察报告》。虽然当时因为种种原因未能公开发表，但由于记录较早、详细完整、记述直观，至今仍具有科学价值。他还以自己的调查结果发表了《凉山罗夷的宗谱》等著作和论文。

中央研究院历史语言研究所芮逸夫于 1942 年 12 月至次年 5 月对川南与黔滇交界地区的苗族支系白苗、花苗等族群进行调查，调查以苗族的原始文化特征及其同化过程与现状为重点。事后又请苗族同胞到研究所补充了苗族语言和婚丧礼俗方面的资料。

陶云逵和南开大学边疆人文研究室的其他研究人员在 1942 年对云南的新平、元江一带的语言宗教、巫术、市集、地理环境等进行了专项调查。次年，又到红河上游的上述两县和峨山等地调查语言文学、物产等内容。1945 年，该室研究人员青年语言学家高华年调查了路南地区的语言。该室学者的调查对象包括布依族、哈尼族、傣族、彝族、苗族、汉族等民族。

岑家梧于 1938 年得到管理中央庚款董事会资助，到云南东北的嵩明的苗族聚集居区调查，随后到南开大学社会经济研究所协助陈序经进行西南各民族的研究。

云南大学魁阁研究室抗战时期坚持理论与实际密切结合的原则，每个研究人员都有自己的专题，到选定的地区进行实地调查，然后组织集体讨论，最后撰写研究论文。1939 年，费孝通和他的助手在云南禄丰县大北厂村进行实地调查，《禄村农田》即这项调查的结果。费孝通又指导他的学生张之毅对易门县的一个村庄的手工业进行调查，写成《易村手工业》。1940—1941 年间，张之毅又到玉溪县县城附近的一个村子调查农业和商业，写成《玉村的农业与商业》。四十多年以后，上述三部著作合编为《云南三村》出版。谷苞两次到呈贡的化城镇作长期调查，1942 年写成《传统的乡村行政制度》。该室的研究成果还有田汝康的《摆夷的摆》（又作《芒市边民的摆》）、《内地女工》，史国衡的《昆厂劳工》、《个旧矿工》等。李有义研究了云南的汉族、彝族杂居区的民族关系。胡庆钧于 1944 年到云南大学工作后，也倾向于功能学派，他研究了云南呈贡的地方基层权力结构，陆续发表了一些论文。其他成员也都有各自研究的专门题目。费孝通和他的研究伙伴的调查及研究是中国功能学派十分有意义的实践，他们的集体研究方法促使研究成果更多、更快、更好地得到展现，研究涉及的课题也更为多样化，表现了广度和深度两方面的进步。

1938 年暑期，金陵大学社会学系的柯象峰、徐益棠在西康建省委员会的资助下，对甘孜、炉崔、道孚、泰定、康定、汉源、荣经、雅安等县进行了调查，并拟定了方案以便研究边政者参考。1939 年 11 月，柯象峰还曾带领校社会学系的学生到峨边县对彝族的社会生活进行为期一个月的调查，对其政治、经济、文化、社会组织等作了调查，并亲自观察了其婚丧祭礼和度岁习俗。以后，徐益棠、柯象峰等人又参加了四川省边区施教团的调查工作。

李安宅与华西大学边疆文化研究所在 1944 年到川康藏区进行调查，李安宅对西康南北两路进行的调查时间长达半年。1945 年，李安宅考察了西藏德格社区的藏族的宗教、语言等。1943 年 1 月至 3 月，任职于华西大学的于式玉、蒋旨昂到四川西部的汶川、黑水、理县等地调查。

冯汉骥于 1937 年回国，执教于四川大学历史系，任教授。翌年暑假，只身前往岷江上游的松潘、理番（后改为理县）、茂汶等地考察羌族社会，历时三个月，探讨西南古代民族与北方草原民族的联系。1939 年，他又出任教育部川康科学考察团社会科学组组长，对西康地区的民族作了调查分类。

1938 年冬，任乃强赴康定、泸定等藏族、彝族、汉族等民族聚居和杂居的地区进行调查，考察各地的古迹、市街、村落等，撰有《泸定导游》，记载考察经过。1943 年，任乃强被聘为华西大学教授兼边疆研究所研究员，翌年随华西大学考察团第三次赴当时的西康省北部调查，着重进行寺庙和土司研究，调查完毕后，发表了《德格土司世谱》、《喇嘛教与西康政治》等文。

燕京大学成都分校的教授林耀华，于美国获得博士学位学成回国后，于 1943 年暑期率燕京大学边区考察团，与胡良珍等到大小凉山彝族聚居地区考察。他们以小凉山的乌角、哨上一带为社会研究的样本，进行语言、物质文化、社会组织、亲属关系、经济制度、宗教等方面的考察和体质测量。以后又到大凉山考察，写成《凉山夷家》。1944年夏，林耀华趁暑假"赴西康北部，往返三千余里，前后费时两个半月"，调查康北藏族；调查地区为康定、折多塘、道孚、炉崔、甘孜，以甘孜以北的绒擦沟为比较深入的考察区域；曾亲自登门调查50户藏族家庭，对康北藏族的物质文化、社会组织、宗教生活等进行了较为深入的考察和研究，事后发表了《康北藏民的社会状况》，连载于《流星》月刊第1—5期。总结这次调查的著作《康北藏民》也在不久之后写成，惜未能刊印。燕京大学社会学系接受美国罗氏基金会及哈佛燕京学社的专款，委托林耀华调查川、康间的少数民族。1945年夏，林耀华又带领他的研究生、兼职助教陈永龄，对川、康北部交界地区的嘉戎（今为藏族的一个支系）进行调查。这次调查行程两千余里，其重点地区为理县北部的梭磨、卓克基、松冈、党坝四土司地区和理县以西的九子、上孟、下孟、甘坡、杂谷五屯。这次调查的报告整理后题为《川康北界的嘉戎土司》，公开发表于1947年《边政公论》第6卷第2期。以后又写成专著《四土嘉戎》。陈永龄据此次调查资料写成了硕士学位论文《理县嘉戎土司制度下的社会》。

　　大夏大学的教授吴泽霖、陈国钧、张少微等在抗战前期曾经对贵州境内的民族进行多次调查。1939年2月，大夏大学组织了"西南边区考察团"。是年春，受内政部委托，经过初步调查后，派员分别赴安顺、安番、炉山（今凯里）等处实地调查，历时八个月，根据部定调查要点，将调查结果编成《安顺县苗夷调查报告书》、《炉山县苗夷调查报告书》、《定番县苗夷调查报告》三种呈报，每种约20万字，内容翔实。1939年初，贵州省教育厅民俗研究会委托该部搜集各县的苗族、彝族等民族民俗资料，经过前后半年的分赴各地搜集资料、汇齐后缴送民俗研究会。1940年春，贵州省政府组织边远农村工作宣传团，大夏大学社

会研究部受贵州省民政厅的委托，调查各县的苗族、彝族等社会
状况，派出两名助理研究员随团从东部和西部分别赴地处边远的
苗族、彝族等少数民族聚居区调查，为期五个月，将报告呈送民
政厅。大夏大学社会研究部还进行了社会学方面的调查，如贵阳
城区劳工概况调查、贵阳二四灾情调查等，"同时于学理上之研
究，亦未敢忽略"。

　　1941 年，岑家梧在吴泽霖离校后，担任大夏大学社会研究
部主任，他和陈国钧等继续对贵州境内的各民族进行调查。其
间，岑家梧曾到黔东南荔波的水族聚居区作实地调查。

　　中山大学的民族学家们，在抗战期间也进行了一些有关民
族学方面的调查。在云南澄江时，利用处于边疆少数民族中的
便利条件，研究院文科研究所的师生经常结队到附近的少数民
族地区搜集当地的语言、歌谣、风俗习惯的材料；曾以半年时
间对大凉山夷（彝）民进行调查，并整理资料出版。当由云南向
广东转移时，他们又于 1940 年组织暑期学术考察团，沿途考察
滇、黔、桂、湘、粤五省边区各地的文史、教育等情况。1941—
1942 年间，文科研究所师生多次赴粤北考察瑶族的体质、文化、
语言。该研究所还曾到广西蒙山、修仁等地调查瑶族的文化和生
活状况。1943 年 11 月，中山大学社会学系利用国民政府教育部
拨出的边胞民俗调查专款，到郴县棉花坳调查，对当地的瑶族等
民族的语言、历史、传说、宗教仪式、社会、政治组织、经济生
活及婚姻制度等都作了初步考察，所获材料颇丰。1940 年夏，
中山大学文科研究所迁回广东坪石后，江应樑留在西南，并于
1941 年在顾颉刚协助下筹得经费，到四川马边、雷波和云南的
彝族聚居区进行调查，回到昆明后，写成《凉山夷族的奴隶制
度》。

　　岭南大学社会研究所在日军侵占广东之前也进行过一些民族

学调查。1938 年夏，由外籍教师霍真（R. F. Fortune）带领部分学生到连县一带调查瑶族的生活。调查报告发表于《岭南科学杂志》第 18 卷第 3、4 期。该研究所对海南岛的黎族和苗族的调查迄 1938 年秋尚未完全结束。

以上各次学术考察的主要调查区是云南、四川（包括当时另外设省的西康）和贵州三省，亦旁及桂、湘、粤等省。由于是由训练有素的专家设计和主持调查，研究者多为专业研究人员或有关专业大学生，在学术研究上来说，不是简单的和抽象的理论推衍，而是基于具体实际资料的分析和描述，质量较以前有所提高，多数研究成果引起了民族学界的普遍关注。

在这一时期，民族学家对各民族的文化都进行了许多调查，并在调查的基础上进行了分析和研究。如从对彝族的调查研究来看，有一些研究心得问世，其中以林耀华的《凉山夷家》、陶云逵的《大寨黑夷之宗教与图腾制》、徐益棠的《雷波小凉山之罗民》等著作最为著名。这些报告以各自不同的观点组织和分析材料：林氏以家庭和社会组织为中心，关联到与家庭有关的其他方面的生活，注重功能分析；陶氏强调姓氏、族源与崇拜物的关系；徐氏则注意对文化各方面的描写，兼及功能分析。各有特色的成果正是对实地考察总结分析的结晶。

正是这些较为深入的田野工作，为民族学在中国进一步形成特点提供了基本支点，并在此基础上产生了关于民族学中国化的重新思考。

特别值得注意的是，在田野调查和研究的实践中，中国较早时期的一些少数民族的民族学家开始成长起来，如蒙古族学者杨汉先在贵阳大夏大学、成都华西协和大学任教期间，发表了关于苗族和西南地区各民族的文化与发展史的论文多篇。回族学者杨兆钧受到民族学的影响，开始从事西北各民族的研究。

1938 年，赈济委员会约请几所大学的学者组织滇西考察团，目的在于调查滇西的民族、地理、物产，拟在此建立一个移民区，其中有李景汉、江应樑等民族学、社会学家参加。丰富多彩的民族生活习俗吸引了学者们的注意力，在综合考察报告中，民族学方面的内容占大部分篇幅。同年冬天，云南省政府组织人员调查普洱、思茅及迤南一带傣族聚居地区的社会状况。事后，调查者之一的姚荷生写成了《水摆夷风土记》，记载了当地的傣族、哈尼族、拉祜族、佤族等民族的风俗，但存在曲解和滥发议论之处。

国民政府教育部在 1939 年组织了西南边疆教育考察团，团长郭莲峰，另有七名团员，分为教育、社会、自然三组。到昆明后分为两队，迤南队沿滇越路至蒙自、石屏、河口，到安南、劳开等地考察，然后经马关、文山、富宁、百色抵桂林。两队会合后，再往瑶族聚居的山区考察，足迹几遍西南，前后历时八个月，整理出数十万言的报告《边疆教育概况》，由国民政府教育部蒙藏教育司印行。

1939 年，管理中英庚款董事会组织川、康科学考察团，其中有社会组，方壮猷为该组专家，包括社会、历史、考古、教育调查。拟分为三期进行。第一期以嘉定为中心，考察雷波、马边、屏山、峨边、西昌、盐边一带，而后，沿公路考察雅安、洪雅、天全、泸定、康定，时间为一个半月至两个月；第二期以康定为中心，考察康定以西、以南及西北各地，以两个月至两个半月为期；第三期考察松潘、理番、茂懋、武平、灌县，时间是一个半月至两个月。因"粮食缺乏，物价奇昂"，预算"不敷甚钜"，实际进行仅三个月。

四川边区施教团是四川省政府于 1940 年夏组织的，柯象峰、徐益棠担任正副团长，率张云波等二十余人，深入雷波、马边、屏山、峨边等县，除进行医疗、宣传外，对于当地的社会状况、风俗民情、古迹名胜、经济物产等作了调查。徐益棠专注于小凉山彝族的民族学考察，张云波的兴趣也在彝族的社会组织和文化等方面。他们的考察研究成果汇成《雷马屏峨纪略》，翌年 7 月由四川省政府教育厅出版。

1944 年，因雷波的彝族、汉族发生冲突，当地驻军在派出军队的同时，也组织了边区文化教育考察团随军前往，由方壮猷主其事。方氏的调查除了解少数民族的一般情况外，尤其注意凉山的彝族系谱的研究，著《凉山罗族系谱》，载于 1945 年《边政公论》第 4 卷。

蒙藏委员会调查室在抗战时期对西南地区的调查涉及四川西部、西藏东部、云南省等，根据调查先后发表了《宁属洛苏调查报告》（1941）、《昌都调查报告》（1942）、《丽德大道调查报告》（1944）、《中甸调查报告》（1945）等成果。

当时，一些机构还组织了一些名为旅行团的考察活动。1941 年国民政府行政院曾组织了康昌（今四川西部至西茂东部地区）旅行团和青康（今四川西部至青海）旅行团。

由政府机构或其他团体组织的考察活动以政治目的为主，侧重于处理少数民族事务中的各种问题。如行政院组织的康昌旅行团以"考察民生状况、促进经济建设为宗旨，主要任务在考察宁属各地富源，俾作开发之计划"；青康旅行团的"任务为考察青康之富源及政情"。而对民族学所重视的民族文化的各方面的考察，除个别专家之外，一般较为简略，而且多就事论事，记录所见所闻，在文化记录方面不够全面系统，很少进行文化分析、研究。

梁瓯第于 1939 年由管理中英庚款董事会派遣，考察四川、西康社会及教育。当年 10 月至西昌，"冒险涉足川康滇边境大小凉山区域，经昭觉而至雷波，历时月余"，与彝族同胞同居同处。出山以后，他撰写了《川康边民之社会及其教育》，约 20 万字，交管理中英庚款董事会印行，以后又写了若干论文和《我怎样通过大小凉山》一书。

滇、缅铁路工程局的秘书陈碧笙对已设计好的铁路沿线进行了实地考察，并研究了历史上的滇、缅关系，著成了《边政论丛》第一集，于 1940 年由战国策书社在昆明出版。

毛筠如曾筹建国民党中央军校成都分校夷生班，并在该班任教，以后又在凉山地区担任行政督察专员。他在 1935—1942 年间曾在雷波、马边、屏山、峨边等地进行宣抚工作，他注意观察和记录，先后编著和出版了《马边纪实》、《雷马屏峨纪略》、《雷马屏峨夷务鸟瞰》（与康兴壁合著）、《大小凉山之夷族》等。

担任军政职务的彝族土司岭光电，根据所了解的凉山彝族的各方面情形，著有《倮情述论》，收入了作者 1938—1942 年间撰写的 22 篇文章，介绍了凉山彝族聚居区的人文地理、彝族历史与文化等，对认识彝族文化的若干内容和彝族地区的改革发展步骤提出了自己的看法。早年进行过青海藏族考察的庄学本在抗战时担任西康省政府参议，继续对西部地区民族的考察，又写成《西康夷族考察报告》，于 1941 年出版。

这些官员的考察以如何处理少数民族问题为宗旨，根据考察，提出了一些管理少数民族聚居地区的建议。也有一些看法值得从事学术研究者的注意。如梁瓯第在谈及凉山考察的收获和教训时指出，研究应与应用相适应，学术即是应用，在"抗战建国"的时代，不需要学究式的研究，要求学者和社会合作，把研究各民族的成果用于开发各民族的各种资料，这样才有价值，才不浪费。

教育部于 1941 年组织了第一次大学生暑期边疆服务团，由边疆教育会秘书王文萱任团长，有中央、金陵、齐鲁、华西协合、云南、武汉、四川等大学和金陵女子文理学院、江苏医学院、西康技艺专科学校等校的教员10人、学生47人参加。调查分为两队：一为川西队，历时两个月，行程1300余公里，赴川西黑水、杂谷河流域进行实地调查。另一队为西康队，以冕宁等地为中心，进行考察。同时，教育部蒙藏教育司主持对四川西部地区的考察，派人会同四川巡回施教队赴松潘，出黄胜关至草地调查。其调查以边疆文化为第一项内容，出版十余万字的《川西调查记》。

当时在西北、西南的大学都有学生考察、旅行、服务活动，如仅在1941年，除上述教育部出面组织的边疆服务团外，中山大学在毕业生中选拔学行优良者数人，到康藏云南等边区服务，从事边疆语言文字、民俗、经济等方面的工作；西南联大组织川康科学考察团，考察滇西、西昌、大小凉山等地森林、矿产、居民俗尚等。

1941年夏，西南联大的教授曾昭抡带领黎国彬等十名各系的学生组成的川康科学考察团，由西康步行入川，到彝族聚居地区的中心昭觉之后，分为三路。一路横越大凉山绝顶黄茅岭到雷波，取道屏山至宜宾；另两路返回西昌，途经越西至雅安。学生们沿途结合所学专业进行考察，并了解沿途的各少数民族的社会、文化情形。此次考察共用时整100天。

中华基督教全国总会在抗战期间组织了学生暑期服务团等社会调查组织。自1940年起，每年夏季组织大学生暑期边疆服务团，主要考察地区为川西等地。内容包括特别研究和巡回服务等项。1942年的服务团由教授4人、团员32人组成，来自华西、四川、金陵、齐鲁、中央、金陵女子、燕京等大学和华西神学院。华西协和大学的教授葛维汉一向对西南地区的民族研究有浓厚兴趣，1941 年加入中华基督教全国总会边疆服务部担任义务研究员，进行羌族、藏族等民族的调查研究。中华基督教全国总会边疆服务部的张伯怀主任也到贵州惠水、黄平两县苗族地区进行调查。

上述后两类考察多数不是专门研究学者策划和主持的，在调查资料的整理和分析上的程度参差不齐，部分内容只是一般情况的陈述，但也为研究民族学提供了部分重要资料，丰富了民族学研究资源。退一步说，这些调查引起了更多的人对民族学的兴趣，不少人都来做民族学工作，是民族学发展中十分难得的机遇，为扩大民族学的影响、吸引社会对民族学研究的注意、普及民族学知识，作出了有益的贡献。

在抗战期间，也有一些外国的人类学家到中国的西南地区进行调查。如德国的人类学家布克莱尔（Inez de Beaulair）1940 年来华，曾在贵州等省对苗族、仡佬族进行过田野调查。他调查过的地区包括贵州的安顺、镇宁、郎岱和云南省。回国后写成了关于贵州的仡佬族与贵州、云南、海南岛苗族的研究论著。又如美国的植物学家、探险家约瑟夫·洛克，在 20 年代至 40 年代，长期在云南丽江等地的纳西族中生活，广泛搜集东巴文经书，著有《中国西南的古纳西王国》等著作和文章。

（四）抗战时期民族语言学家和体质人类学家对民族学研究的重要贡献

抗日战争时期，一批民族语言学家也到西南地区工作，他们用大量的时间进行民族语言学的调查研究。李方桂、罗常培、马学良、闻宥、张琨、邢公畹、高华年、袁家骅等将西南诸省视为语言学的黄金地，尽量加以发掘。他们在研究中注意到民族语言研究与民族学的结合，涉猎了民族学问题，将民族学的理论与民族语言的调查研究结合起来。一方面从民族学理论出发，研究民族语言问题；另一方面由民族语言材料入手，探究民族学问题。民族学理论的引入，帮助民族语言学家更好地去认识语言发展变化的社会文化因素，使民族语言的研究领域拓宽了；民族语言学的研究又为民族学问题的解决在理论和事实两方面提供了有益的帮助。

早在中国民族学学科建立初期，民族学家就进行了包括民族语言在内的文化整体的考察。同时，一批专门从事语言研究的专家也开始进行语言学的调查与研究。美国语言人类学家萨皮尔的学生、中国非汉语研究的创始人李方桂20年代末留学回国后，在中央研究院历史语言研究所开始研究少数民族语言。30年代初期，他就曾调查广西的壮族语言和瑶族语言；抗战爆发后，他又进行了贵州的侗族语言、水族语言和云南的壮族语言、傣族语言的研究。赵元任在抗战之前就已进行了瑶族聚居区的语言文学的实地考察。

北京大学迁到云南之后，加入西南联大。该校语言学教授罗常培将自己的研究领域由汉语研究发展到少数民族语言研究，先后进行了傣族语言和傈僳族、纳西族、独龙族、怒族、景颇族、白族、苗族等多种西南民族的语言调查，发表了《贡山俅语初探》、《茶山歌》等语言学调查研究成果。张琨在40年代对四川、贵州一带的苗族、瑶族、藏族等民族语言进行了调查，为他以后在此方面的语言学研究搜集了大量的资料。闻宥对羌语音系、嘉戎藏语语法等项专门问题进行了调查、研究，并发表了一些论文。

民族语言学家对于民族学调查和研究的贡献，还表现在通过民族语言学家的调查，为民族学研究提供了极有价值、很有说服力的参证资料。如李方桂《龙山土语》中发表的语言材料，不仅有故事和山歌，还有讲婚俗和葬俗的材料各一篇；李氏的学生邢庆兰（公豌）在关于云南罗平县境内的台语的调查中，有亲属制度、生活习俗等方面的宝贵材料；罗常培的弟子马学良1944年到云南去研究彝族语言，在当地搜集了2000多册彝文经典，种类有祭经、占卜、律历、谱牒、伦理、古诗歌、历史、神话等。由民族语言学专家从事的这些资料搜集工作，由于语言记录和翻译准确，而强化了其价值。

一些民族语言学家还利用在调查民族语言时搜集的大量资料，直接参与了民族学方面的专题研究。自1942年起，罗常培在研究语言学的同时，更多地注意将语言学与民族学结合进行研究，先后发表了《从语言上论云南民族的分类》、《从客家迁徙的踪迹论客赣方言的关系》、《论藏缅族的父子连名制》、《再论藏缅族的父子连名制》和《三论藏缅族的父子连名制》等与民族学有更多关系的文章。他注意到利用语言资料考虑民族分类，从语源看文化遗迹，从造词心理看民族文化，考察借字和文化接触的关系，由地名推论民族迁徙踪迹，通过姓氏别号分析民族来源和宗教信仰，进行亲属称谓和婚姻制度的研究，一些文章甚至通篇都是以语言人类学家的面目讨论文化人类学问题，与民族学家直接对话。他不仅注意语言学与民族学的结合，而且注意到民族学理论的发展，避免简单的附会。他在论述亲属称谓和婚姻制度的关系时，依据西方学者的观点，对摩尔根古典进行论将两者之间简单武断地加以联系的做法提出批评。在引证独龙族亲属称谓材料之后，他在《语言与文化》中指出："民族中的亲属称谓颇可作为研究初民社会里婚姻制度和家庭制度的佐证，不过，应用它的时候，得要仔细照顾到其他文化因素，以免陷于武断、谬误的推论。"

华西协合大学中国文化研究所所长闻宥在抗日战争期间发表了许多关于西南各民族的语言、文字和文化的论文，涉及羌族语言、彝族语言、嘉戎的藏语言、彝族文字、白族语言、西夏族语言、纳西族文字及西南地区古代民族史等方面，也对西南的各民族的语言分类发表了意见。他对民家（白族一支系）的地名进行了分析研究，并说明其意义，发表了《民家地名的初步分析》一文。他还著有《么些象形文之初步研究》一文，旁征博引中外材料，分析纳西族的东巴文字，总结其特点。

马学良在云南研究彝族的文字期间，除了搜集彝族的祭经和其他经典之外，以其中的作斋经和作祭经作为主要研究课题进行探讨，他的研究没有就经典本身研究经典，而是注意到了作斋和作祭的礼俗，对斋场、祭场情况和重要名物的位置绘图说明，并较为详细地记录了作斋的全过程。

高华年在《黑彝语中汉语借词研究》中研究了汉语借词和汉文化在当地彝族中传播的关系，从语言借词的分析说明文化的接触和民族的关系。以后，他又进一步发挥，写成《论汉语介词与汉文化的传播——一个倮族实地调查的统计和研究》。

民族语言学家的上述研究，由于他们在语言学上的造诣，回答了时常被民族学家有意或无意忽略的一些重要问题，丰富了研究的内容，成为中国民族学研究中不可缺少的部分。特别是他们将语言视为整个社会文化体系中的一部分，探讨语言和其他文化现象之间的彼此关联和相互影响，更清晰地展现了民族文化的全貌，对各种文化要素之间的关系从语言角度进行了阐述，在民族学研究中具有不可替代的作用。

民族学家和其他从事西部地区少数民族聚居区实地调查的学者，在调查中注意搜集各民族的民间文学资料，有些甚至将此作为实地研究的主要工作之一，并将这些资料的整理和刊布作为研究的重要成果。中国民族学家意识到，歌谣是研究民族学的宝贵资料，陈国钧在《贵州苗夷歌谣》中指出，歌谣"因它多自民族群众的口中唱出，也就是民族个性的真实表现，而且反映民族的过去或现在社会的一切人情道德、生活形态、风俗习惯、制度文化等"。陈国钧在专门研究贵州少数民族的过程中，因为每次作调查附带搜集歌谣"是件轻而易举并有意味的事，而且材料积累到相当多时，也不必花多大的整理工夫，就可以编成书"，将经几年搜集所得的布依族、苗族、侗族、水族等民族的 1000 首歌谣编成《贵州苗夷歌谣》。陈志良广泛搜集资料，大部分得自广西省立特种教育师资训练所（后改为广西省立桂岭师范学校），有的借抄于歌本，有的录之于口头，有的予以翻译而成。1940年编成《广西特种民族歌谣》，全书分上、下两篇，上篇为对歌谣概况研究的理论部分，下篇是歌谣之部，收入约 3000 首歌谣。

中央研究院对于体质人类学的专项研究，将中国的各民族体质的调查研究作为主要内容。在民族学组改为人类学组后，由于吴定良主持该组工作，开始更多地注意体质人类学的研究。抗战开始后至 1944 年 4 月，该组的体质人类学研究与民族学的关系较为密切的研究课题有"中国人颅骨研究"、"丁文江遗著整理（中华民族体质之研究）"、"殷墟颅骨研究"、"各族下颚骨颏孔位置比较"、"罗罗体质分析"、"中国人发旋之统计"、"云南头骨研究"、"昆明人锁骨之研究"等。该组对于贵州苗族、彝族、仡佬族、布依族、汉族等民族的调查，是将体质调查、测量和民族文化调查结合在一起进行的，研究题目是"贵州苗夷体质与文化之调查"。吴汝康及张洪鋆等人于 1941 年 8 月开始，到是年底，调查了安顺、镇宁、普定、织金、贵阳、龙里、平坝等县的 60 多个村寨，调查的民族和族群有"青苗、坝苗、水苗、补陇苗、仲家、龙家、打牙仡佬与披袍仡佬等"。该组在调查中得到体质测量材料 2000 余份、指纹与血型材料 1000 余份及民族文化和人口统计资料。1942 年，吴定良又和技术佐理张洪鋆到贵州的大定

（今大方）、毕节、威宁、纳雍等地，再次调查苗族支系中的大花苗、小花苗及彝族的不同支系等族群的文化与体质。

1944 年 4 月 1 日，中央研究院成立体质人类学研究所筹备处，由吴定良担任主任。因为一些成员曾参加过原民族学组及人类学组的工作，对于民族学的研究有一定的认识和见解，同时，根据当时的实际情况，该组对各民族进行体质人类学研究较为重视，推动了民族学研究范围的开拓。该所的研究范围包括边疆各民族之源流与支派的问题、种族心理的各项研究、种族生命统计的各项研究等 15 项。出版有三种刊物：《人类学集刊》（年刊），专门刊短篇研究文章，用英文发表；《人类学志》（不定期刊物），专载专题长篇研究，也用英文发表；《人类学年报》（年刊），专门刊载实用的短篇研究文章，并介绍各国人类学知识、技术与消息，用中文发表。他们研究的课题许多都与民族学有较多联系，其中有"安顺坝苗之体质"、"西黔小花苗之体质"、"西黔水西苗之体质"、"贵州仡佬之体质"、"贵州仲家之体质"、"贵州罗罗体质调查报告"、"栗粟之体质"、"华族血型之分析"等，部分研究成果在国内外学术杂志上发表。

此外，当时在西南地区的其他一些大学和科研机构也进行了少数民族体质人类学的测量。其中一些测量是民族学家在民族学的综合调查时进行的。林耀华在凉山进行彝族调查时，曾有体质测量一项，但因当时统计考核不便，未列入《凉山夷家》一书中，林耀华曾打算就体质问题另作一篇专门论文。马长寿等人对川康民族调查时也包括体质测量的内容。还有一些从事医学等专业的学者也在抗日战争期间做过西部少数民族的体质测量。如1943 年暑期，同济大学医学院教授方超带领两名学生到雷波测量彝族的体质。德国人类学家布克莱尔也在贵州调查时测量了安顺地区的仡佬族的体质。

以上研究采取体质人类学的科学数据采集和现代统计分析手段，并依托于对各民族体质的身体测量，试图通过这些研究，对各民族的体质特征、体质与民族分类之间的联系等问题能够有更准确而科学的认识。即用现代科学方法搜集的体质人类学多项指数来说明民族分类的体质人类学的根据、民族的起源，甚至解释文化与体质的关系。希望由此可以更好地分析各民族的来源、民族群体间的相互关系、民族发展的道路和前途等问题，拓展和深化了对各民族的研究。

（五）沦陷区的民族学调查和研究

抗日战争时期，在沦陷区也依然保留了少数民族学或相关学科的研究机关，如留在上海的沪江大学、东吴大学、光华大学和留在北平的辅仁大学等，燕京大学在抗战初期也留在北平。日伪在沦陷区也办了一些大学和研究机构，为其侵略和统治服务，较有代表性的是"建国大学"和"北京大学"。

"建国大学"是日本侵略者为统治中国东北及其他地区而在长春设立的大学，于1937年成立。该校大学学业分前、后两期，各修业三年。该校内还设有研究院，从事包括民族学在内的各项研究。该校后期的基础学科课程"国家学"一项中包括民族学课程；在专门学科之一的政治学科"厚生政治论科目"中包括"家庭政策论"、"文化政策论"等课程；在专门学科之三中有"国民文化论科目"项，其中包括"满蒙文化、日本文化、支那及西域文化、印度及西亚细亚文化和古代、中世及近世西洋文化"等课程。

日伪占领华北后，原北京大学和其他学校组成了"北京大学"。在该校开设有人类学和社会学等课程。

中国学者在沦陷区内的研究受到日本统治者的限制，各种集会和讲演都受到日本宪兵的严密监视。日本侵略者也试图驱使民族学家为他们的统治服务。日本在太平洋战争后占领了燕京大学。在燕大校园内，他们设立了一个中日合作的华北总合调查研究所。1943 年在该所内附设一个"习俗委员会"，由周作人担任委员长，常惠、江绍原、傅艺子等人参与这个委员会的工作，但是，他们并没有什么成果发表。

留在沦陷区的多数中国教师"处敌嫉视压迫之下，惟恃有不屈不挠精神，努力奋斗，以完成建国储才之使命"。当时沦陷区的为数不多的民族学家为了躲避日本人的限制和监视，同时也不具备进行实地调查的条件，只能将注意力放在对中国古史中所载的民族学资料的研究上。中法汉学研究所成立于 1941 年 10 月，由驻汪伪政权法国大使戈思默（H. Cosme）主持，以中法大学礼堂院为所址，进行了民俗资料的搜集与整理。杨堃在燕京大学西迁后，到该所工作，除在中法汉学研究所主编《民俗季刊》创刊号之外，在这时开始他关于中国古代五祀考的研究。中法汉学研究所于 1944 年出版了《汉学》杂志第一辑，发表了杨堃的《傀儡戏考》等论文。

史禄国在抗战时期也留在北京，写出了《关于中国民族学研究》等论文，1939 年在北京病逝。

燕京大学在太平洋战争发生前，仍留在北京。1938 年，吴文藻南下后，杨堃承担了初民社会、当代社会学学说和社区研究、人类学等课程。七七事变之后，该校社会学系另选前八家村为实验村，被称为平郊村，在杨堃等教师指导下，采取民族学调查方法，从亲身的体验与观察中，取得实际的材料。该系学生的毕业论文以对中国少数民族的研究和实验村的社会生活考察为主。

辅仁大学抗战时期留在北京。该校于 1940 年成立了东方人类学博物馆（Museum of Oriental Ethnology，应译为东方民族学博物馆），在馆长叶德礼（Matthias Eder）博士的领导下，继续进行包括民族学、民俗学等科学在内的研究，主要研究对象为"远东各民族及其相互关系"。1933年由中德两国学术界人士建立的中德学会设在辅仁大学附近，在北京的德国汉学家经常参加该校的活动，中德学会也参与了中法汉学研究所的《汉学》杂志的编写工作。在辅仁大学博物馆内工作的学者除德国人外，还有许道龄、赵卫邦等。1942年，该馆出版了《民俗学志》（*Folklore Studies*，或译为《民俗研究》）杂志创刊号，为献给著名的德奥民族学家史密特的纪念专号。此刊用英、法、德文出版，在抗战期间先后出版三期，成为当时沦陷区除日本人控制的刊物之外最重要的民族学杂志。在《民俗学志》上先后发表了史禄国的《关于中国民族学研究》、赵卫邦的《扶乩的起源和发展》、陈祥春的《作驱邪符》、乌音特·哈依斯罕的《昭乌达盟蒙古人的定居及其文化变化》和《蒙古的巫人及降神术者》等民族学论文。同时，辅仁大学编辑的《辅仁学志》和以西文发表汉学论文、书评、消息的《华裔学志》等杂志继续出版。辅仁大学在抗战时开始招收人类学方面的研究生。1944年，辅仁大学文科研究所增设了人类学部，专门培养人类学专业语言、宗教等方面的研究生。

日本侵华时期，一些日本民族学家、人类学家到中国的东北地区和华北、海南岛、台湾等地进行教学和实地调查研究。大山彦一（Hikoichi Oyama，1900—1965）于1935—1945年间在建国大学任社会学和人类学教授，除讲授有关课程外，还在中国的东北进行家庭和亲属结构、萨满教及满族宗教习惯等方面的调查研究。岛田正郎（Shimada Masao）于1940年任伪满洲国文教部嘱托（官职），在东北、内蒙古一带从事中国少数民族法的资料调查。秋叶隆（Takashi Akiba）受马林诺夫斯基的影响较大，对中国的满族和蒙古族文化进行了周密的个案研究。小野忍（Ono Shinobu）在满铁调查部曾从事中国北方的伊斯兰教研究，1943 年到日本民族研究所任职后，又到内蒙古等地进行伊斯兰教徒状况的调查。江上波夫（Egami Namio）抗战前和抗战中受日本外务省、学术振兴会等机构的派遣，多次在中国的北方进行考察，除历史古迹外，也涉及中国北方的文化现状等情况。

在日本占领中国的东北期间，满铁调查部于 1932 年整编后称"经济调查所"，该机构和日伪其他机关为了搜集情报，集中了一批日籍汉学家在其中工作。民族学家马渊东一（Mabuchi Toichi）、小野忍和民俗学家旗田巍（Hatada Takashi）等都曾任满铁部调查员，他们对中国的东北、内蒙古、华北和其他地区进行了一些调查活动，其中也包括一部分民族学资料。由民族学家进行的调查工作开始于抗战之前，如 1937 年日本驻赤峰领事馆曾出版《赤峰事情》，其中专辟居民和风俗人情两章，其他章节也有关于当地的民众政治、经济、生活、文化、习俗等的记载。

日本占领者在"台北帝国大学"开设"土俗人种学"课程，同时还有人类学等课程。1940 年之前，马渊东一担任"台北帝国大学"土俗人种学研究嘱托，从事台湾的高山族研究，在当地进行民族学调查。1943 年他又回到台湾，在"台北帝国大学"担任南方研究所助教。这些日本学者当时的工作目的带有十分强烈的军国主义色彩，他们将中国的各民族作为落后的民族加以研究，并探求统治这些民族的方略。日本社会学家冈田谦（Yuzuru Okada，1906—1969）于 1939—1941 年间在"台北帝国大学"任讲师，对台湾的高山族部落的社会状况进行了一系列考察。第二次世界大战时期，他还和尾高邦雄一起赴海南岛考察黎族的社会组织。

1908 年，日本在其侵占的台湾建立了博物馆，开始收藏有关人类学的文物标本。1915 年迁址后，有关人类学的文物标本达 1900 余件，经过森丑之助、移川子之藏、伊能嘉矩等人先后在高山族地区的搜集及收购、赠送，到 1939 年，该馆收藏的文物中仅高山族的就达到 3074 件。其中以衣饰为最宝贵部分，该馆的衣饰标本可以代表高山族固有物质文化的精华。"台湾省立博物馆"同时也出版了不少有关民族学、人类学的论著。1933年，由"台北帝国大学"教授和该馆人员组成的"博物馆学会"出版双月刊杂志《科学之台湾》，至 1943 年停刊，前后共出版11 卷，其中刊登的民族学论文有移川子之藏的《土俗博物馆陈列型式二种》，小川尚义的《邹族的传说故事》，冈田谦的《邹族和星》，崛川安市的《台湾的番人和鸟》、《关于南洋的树皮制衣制》、《布依族之历板》，宫本延人的《恒春地方的高砂族》、《原始人的居住》，新井英夫的《关于平埔番之木雕》，石板庄作的《凯达加兰之番歌》，安倍明义的《岸里大社》，山田金治的《泰雅族的造酒用植物》，饭沼龙远的《台湾之迷信——童乩》，须藤利一的《关于结绳》等。

1938 年 2 月，日军占领海南岛之后，"台北帝国大学"的金关丈夫、浅井惠伦、野田尔吉、藤原彰夫和冈田谦，日本外务省的高桥晴贞，东京大学的尾高邦雄、牧野巽，满铁部的天野无之助，司法省的安平正吉，海南岛海军特务站的屋井镇雄、内个崎虔三郎等学者先后考察了海南岛的汉族、黎族和胥民。"台北帝国大学"还组织了海南岛科学考察团。该校教授金关丈夫的著作《海南岛民俗片断》（1943 年正式出版，书名为《胡人的影子》）是根据他在 1940 年 12 月至次年 1 月间对海南岛实地考察的见闻写成的，记述了海南岛北部的汉人如何殡殓、拾骨、纳骨、吉葬及墓、椁、棺的形制，文中还介绍了三亚街的回民的人口、来源、宗教、风俗和民族关系。他还著有《海南岛黎族的人类学调查》，这是对乐东县重合盆地的黎族居民进行实地调查的结果。他对当地美孚黎和歧黎的语言、发式、文身、服饰、工艺、来源、家庭构成、婚姻关系等进行了简略的描述，并对上述群体较为全面地进行了体质人类学测量。

日本学者此时的调查研究目的均较为明确，即为侵略中国领土服务。许多调查的直接结果就是为占领军和日本政府提供制定政策的咨询报告，在资料中也不乏曲解、有意贬低的内容。但是由于有较强的经济力量支持，日本学者又善于进行较为细致的资料搜集和整理工作，他们的许多成果为抗战时期沦陷区的民族学研究提供了可供借鉴的资料。我们应当从其资料积累方面分析抗战时期沦陷区的民族学的调查与研究工作，认识其对中国民族学学科发展的影响。

三　抗日战争胜利后民族学在中国本土化的曲折之路

中国民族学在抗日战争时期经历了高潮之后，在局势变动的新形势下，又面临着新的选择，客观形势令其走上了一条曲折之路。

（一）对于调查成果的整理和总结

抗日战争胜利后，自 1945 年下半年开始，原来暂时迁到西部和山区的教学、研究机构陆续复员，迁回原在城市。许多学者的民族学研究著作在战前已经写就或基本完成，因为战事延误了出版；当生活安定下来之后，他们便将这一批著作出版。同时还有部分学者将在西部所作的调查加以更细致的整理，或从理论上进行总结，著成文字，陆续出版。

中央研究院历史语言研究所于 1946 年迁回南京，该所研究人员在复员后一年内发表的论著达 1000 余万字。凌纯声、芮逸夫的《湘西苗族调查报告》是抗战前的实地调查报告，1941 年已经排版，因上海沦陷，未能印行；1947 年由商务印书馆（上海）作为中央研究院历史语言研究所单刊甲种第 18 册出版。此书是 20 世纪前半期中国民族志中较有成就的一种。在此报告中，不仅有丰富的资料，而且表现出了方法的多元化，运用了历史、地理、考古、工艺美术、宗教、语言诸种学科的方法，并将之融于一体，既有精细入微的描写，亦不乏有见地的分析，比较《松花江下游的赫哲族》在材料分析方面更深入一些。

费孝通从抗战后期就开始了以往的调查、研究成果的整理工作。1943—1944 年访问美国时，他将云南的禄村、易村、玉村的调查报告写成英文著作《被土地束缚的中国》（*Earthbound China*），1945 年由芝加哥大学出版社出版，后来收入英国基根·保罗（Kegan Paul）书局的"国际社会学丛书"。

抗战胜利后，费孝通对以往的调查、研究的成果进行总结，试图以类型化的概括来说明和分析社会结构，其研究偏重于通论性质，《生育制度》、《乡土中国》、《乡土重建》、《皇权与绅权》等著作正是这类探讨的结果。他在研究中也依然坚持用功能主义的观点来进行分析。他的《生育制度》中更多地表现了英国的功能主义的影响。在《生育制度》一书中，他用功能学派的观点分析了生育制度所引起的活动体系，指出生育制度是建立在人类需要种族绵延的文化迫力基础之上的，是作者用社会人类学的方法研究某一制度的尝试。《乡土中国》则是社区的比较研究，与以往的调查报告的性质不同，不是对具体社会的描写，而是从具体社会里提炼出来一些概念，进而阐述中国文化的特征。

在这一时期，费孝通也开始注意到了以往的功能学派在研究中运用历史资料方面的缺陷。在实地研究工作被迫停止，回到清华大学后，他曾想借此转变一个研究的方向，与吴晗、袁方等人组织了讨论班，讨论中国社会结构问题，并开设社会结构课程，

"想借朋友们和同学们的督促，让自己多读一点中国历史，而且希望能和实地研究的材料联串起来。纠正那些认为功能学派轻视历史的说法"。以后，这项研究的成果汇成《皇权与绅权》出版。

林耀华于1944年写成的《凉山夷家》，作为《社会学丛刊》乙集第五种于1947年出版。当时在燕京大学社会学系任教的鸟居龙藏认为，该书"实将罗罗社会学上之事实完全网罗无遗，据此书则读者对罗罗之民族、社会、文化等，宛如身临其境，故余推荐其为近年来之佳著也"。抗战时期他的另一实地调查报告《川康北界的嘉戎土司》也于同年发表。前一著作中，主要是围绕彝族社会最有规模的组织形式——氏族展开的，对历史方面考虑不多；在对四川西部的藏族土司的研究过程中，虽然在文中作者并没有大量引用史料原文，却注意到了当地土司的历史沿革，将历史发展与现实的社会关系结合起来进行分析，说明其动态变化，表现了作者对历时性研究认识的变化和加强。林耀华的第三部专著《四土嘉戎》，也是在整理抗战后期的考察成果的基础上写成的。

曾在"魁阁"工作的田汝康的著作《芒市边民的摆》，列为《社会学丛刊》乙集第四种出版。在该书中，作者介绍了国外人类学对宗教的研究，运用迪尔凯姆和马林诺夫斯基关于宗教与巫术的理论，对傣族的"摆"进行了分析研究，认为"摆"在傣族社会中的人格和社会的完整上的贡献是其主要功能。

抗战胜利后发表的关于彝族地区的调查报告还有曾昭抡的《大凉山夷区考察记》和任映苍的《大小冰山罗族通考》等，但或以彝族文化的描述为主，或偏重于社会组织的现状与演变的阐述，在理论上建树不多。

王兴瑞的《海南岛黎人调查报告》和《海南岛之苗人》，是作者到海南岛的黎族、苗族聚居地区实地调查后，于1937年在广州撰写的。后因为广州沦陷，原订的出版计划被迫取消。1939
年，前者曾被列入成都齐鲁大学国学研究所丛书，交上海开明书
店，在战后得以出版。战后王兴瑞的主要精力放在行政方面，并
无更多研究，但因"开发海南岛"的呼声再起，1948 年，《海南
岛之苗人》由珠海大学出版，总算了却了他多年的心愿。同时，
他也将海南岛的实地调查的资料加以整理，发表了一些关于海南
岛的苗族、黎族的研究论文。在研究中，他依然采用了进化学派
与历史学派结合的方法，如在《海南岛苗人之社会组织》一文
中，他对社会进化阶段和土地及财产所有制仍保持了较多的兴
趣，并认为私有财产制度在海南岛的苗族中虽然存在，但由于资
本累积的机会非常有限，贫富差别不十分显著，社会阶级对立的
现象几乎看不见。

江应樑根据 1937—1946 年在云南进行的田野调查，撰写了
关于傣族文化等方面的若干著作。《摆夷的生活文化》完成于
1948 年夏，《摆夷的经济生活》终笔于 1949 年初。这些著作是
作者对傣族十余年系统研究的成果，至今仍有重要的参考价值。
在后一本著作中，他用进化论的观点分析了傣族社会的发展，认
为"西南民族的生活大体是保有原始形态的，换言之，即多数尚
未脱离半开化的阶段，惟有摆夷（傣族）则不论从经济制度或社
会组织、文化发展上看，他们确已走到了离开野蛮而步入文明的
阶段中"。同时，也依照进化论的观点，对傣族社会中的经济制
度和阶级对立进行了分析。他的研究文集《西南边疆民族论丛》
则于 1948 年由珠海大学印行。

岑家梧关于西南民族研究的论文集《西南民族文化论丛》，
1949 年底编就，后由岭南大学社会经济研究所印行。他的另一
专门以民族学、社会学的观点研究艺术的文集《中国艺术论集》，
亦于同年出版。

抗战胜利之后，其他一些学者也在着手整理以往的调查研究成果，如李有义根据他在西藏的实地调查资料，写出了关于西藏的若干篇论文。马学良根据在西南调查的材料，先后整理发表了《僳文祭经的种类述要》、《僳族巫师的"呗耄"和"天书"》、《从僳罗氏族名称中所见的图腾制度》、《罗民的祭礼研究》、《僳族的招魂和放蛊》、《僳文作祭献药供牲经译注》、《僳文作斋经译注》等一批文章。陈永龄以随林耀华在四川西南的藏族地区调查的资料为基础，在充实史料渊源之后，写成了硕士学位论文《理县嘉戎土司制度下的社会》。

中国边疆学会酝酿数年的《中国边疆学会丛书》终于在1946 年开始出版。积极参与该会活动的马鹤天，长期致力于西北和内蒙古等地的民族的考察和研究，1936—1938 年间，先后到甘肃的拉卜楞、青海的玉树、西藏的拉休寺及甘孜、四川的西部等地考察，将前三个地区的考察成果编为《甘青藏边区考察记》，作为《中国边疆学会丛书》之一刊印。

除了整理抗战期间的田野调查结果之外，一些学者也重视民族学的基础研究，包括学科的基本理论、学科史等，在这些方面表达了中国学者自己的见解。戴裔煊从学术思想史的角度研究民族学史，探讨西方民族学的理论与方法的发展和变化，对当时各学派均有较为客观的分析。经过比较，他在《民族学理论与方法的递演》一文中认为"民族学上各个学派的理论各有所长，同时亦各有所短，截长补短，正可臻于至善"。他批评国外民族学各学派"好立异以为高，为求自异于众，对于己派之长，夸耀渲染，不遗余力；对于别派之短，指摘抨击，亦不遗余力；反之，对于己之短与人之长，都抹杀过去了。这是民族学上各个学派最缺陷的地方"。戴裔煊主张对各学派应当"博取众长，一炉共冶，成为综合的新进化论"。他的研究著作《僚族研究》、《干栏——

西南中国原始住宅的研究》对此进行了实践。

人们也注意到了国外最新的研究成果，如 1948 年出版的《燕京社会科学》第一卷刊登了书评，分别介绍露丝·本尼迪克特的《种族与种族主义》（*Race and Racism*，1943）、博萨德（James H. S. Bossard）的《家庭情境》（*Family Situation*，1943）、尼姆克夫（Meyer F. Nimkoff）的《婚姻与家庭》（*Marrige and the Family*，1947），还有拉尔夫·林顿（Ralph Linton）的《人的研究》（*The Study of Man*，1936）、《人格的文化背景》（*The Cultural Background of Personality*，1947）、《人学的世界危机》（*The Science of Man in the world Crisis*，1945）和克拉克洪的《纳瓦霍人》（*The Navaho*，1947）等，并进行了评论。

凌纯声的学生、曾经受功能学派影响较大并在"魁阁"研究室工作过的胡庆钧，在评价《湘西苗族调查报告》时，引证本尼迪克特在《文化模式》中提出的观点，说明功能学派的好处是能究根问底，但"过于细致地分析一件文化事实，可能会主观地走了样，反不如单纯地描写来得客观，这是功能派所遭到的另一困难。也许在不久的将来，我们会看到描写与分析并重的折衷观点出现"。

（二）处于动荡局势中的民族学中国化

抗日战争胜利后，许多中国民族学家们并没有因为环境的改变、局势的变化而放松对于学术的追求，他们试图继续发展中国的民族学。

抗战时期，虽然民族学的调查研究开展得有声有色，但因战争时期各方面协调不便，中国民族学会工作难以正常进行。1941—1943 年间，何联奎、徐益棠、凌纯声、卫惠林、胡鉴民、黄文山等几次试图组织召开中国民族学会年会，均因经费困难、交通不便等原因未能落实。会员只能通过当时在西南出版的《西南边疆》、《民族学研究集刊》、《人类学刊》、《民俗》、《边政公论》等刊物相互联系。1941 年秋，将中国民族学会会址移迁至成都，在金陵大学临时校址设通讯处，由徐益棠担任书记。1942年，中国民族学会十余名会员在成都聚会，决定维持理监事会，由成都的理事负则日常工作，并继续努力创办民族学会刊物《民族学报》，但因经费短少、物价奇长，终成画饼，而且实际上也没有以学会名义开展活动。只是在 1944 年中国民族学会成立十周年时，由徐益棠、马长寿等人代表中国民族学会出版了一册《中国民族学会十周年纪念论文集》。在这一论文集中，收进了一些质量上乘的对中国民族学会发展有重要影响的论文，如论述民族分类的《中国民族的支派及其分布》（芮逸夫）、论述科学和发展的《现代的人类学》（林耀华）等。

　　1948 年 4 月 12 日，中国民族学会在南京国立边疆文化教育馆召开了第三届年会。出席会议的有何联奎、凌纯声、徐益棠、卫惠林、孙本文、商承祖、吴定良、芮逸夫、马长寿等 60 余人，学会会员比抗战前有所增加。与会者公推黄文山为主席，致开会辞。大会讨论了发展民族学、人类学和文化学等问题并提出了一些学会工作计划，如由何联奎筹备出版中国民族学会年报，与国立编译馆商议合作编辑民族学（人类学）名词及民族学辞典，编印由本会会员编著或选译的最新名著的人类科学或民族学丛书，选派代表赴比利时参加"第三届国际人类学和民族学大会"。或将本会会务情况及科学发展概况写成论文寄交大会宣读。在会上，会员们又提出了制定中国民族分类系统图、绘制中国民族分布地图、设置图书资料中心与学术交换中心、筹办自由讲学性质的民族学院、举办定期连续性的学术讲演和定期的学术讨论会等计划。年会决定仍维持理监事制，选举了新的理事和监事。

　　在抗战胜利之后，一些民族学家认为，个人研究的时代已经过去，20世纪的学术研究，必须建立在分工合作、集体研究的基础上；中国边疆文化之研究，对发展中国民族的理论和方法，必能有重要贡献；中国边疆建设与世界民族问题之解决，必有赖于中国民族学的成绩。中国民族学会南京总会在第三届年会上提出了《建议集体研究计划推进民族学运动草案》，本着学术分科、区域分工和建立边疆区域学术研究中心的必要，对中国民族学的发展提出了更为具体的建议：建议政府在西北、西南建立包括民族学在内的学术研究中心，建议教育部令接近边疆的各大学注重民族学课程和边疆文化研究，建议教育部颁布边疆省份大学与内地大学教授定期互调制度，建议中央研究院、国立编译馆、国立边疆文化教育馆设置常住边疆地区的研究人员等。

中国民族学会的各地分会在抗战后举行了许多活动，以重振中国民族学。其中，西南分会尤为活跃。该分会是1936年成立的，战后设于中山大学人类学部，以研究民族学、人类学及其他有关学科为宗旨。1948年5月，他们在中山大学历史研究所人类学组举行了1947年度（即第一次）年会，与会者30余人，杨成志、梁仲谋、龙庆忠、岑家梧、刘节、罗香林、郑师许、王兴瑞、戴裔煊、董家遵、江应樑等发表论文10余篇。会议选举杨成志、黄文山、罗香林、郑师许、岑家梧、江应樑、林惠祥、王兴瑞等15人为理事。决议在当年暑期组织台湾文化考察团，并出版年会专刊。

为了使知识界更明了会员们的研究工作，引起更多人对民族学的兴趣，会议决定出版一个名为《民族学刊》的周刊，作为在出版困难的情况下会员公开讨论、共同发表研究成果的园地，由郑师许、岑家梧、江应樑主编，在《广东日报》上定期刊出。该刊自1948年5月17日至1949年3月25日，每周出版一期，共出版45期。从该刊登载的文章中，可以看出，该分会的研究重点在当时所说的"西南"（即自福建、台湾、两广以至云、贵等省）地区。在该刊上撰稿者有杨成志、卫惠林、罗香林、郑师许、岑仲勉、黄文山、陈序经、岑家梧、戴裔煊、王兴瑞、江应樑、梁钊韬、董家遵、顾铁符、刘节、龙非了、熊振宗、韩振华、刘耀荃等，当时在广东的民族学家几乎均在此列。

中国社会学学会（社）也在抗战胜利后开展了一些活动，其中亦包括民族学的内容。1947、1948 两年，中国社会学会（社）华北分会先后在北京召开了第八届、第九届年会华北区会议。在第九届年会上，费孝通先后作了题为《文化论和人类学》、《二十年来中国之社区研究》的发言。在中国社会学（社）的刊物《社会学刊》上，先后发表了《人类学上所理解的环境势力》（吴泽霖）、《论"民族社会"的性质》（马长寿）等民族学方面的论文。

中央研究院历史语言研究所民族学组在未迁回南京前，继续在李庄进行研究工作。石钟健于 1945 年到该组担任助理员，从事白族历史的研究。次年夏季，由芮逸夫、石钟健两人在邻近李庄的四川南部的兴文、珙县和筠连等地进行了为期近两个月的悬棺葬调查，并取下六具悬棺，收集了丰富的资料。该组助理研究员胡庆钧则进行苗族的收继婚制的研究，因 1945 年 11 月请假离所，停薪留职，最后未能完成。

中央研究院体质人类学筹备处，计划在抗战胜利后大量扩充仪器设备，并增设华族体质研究室、边疆民族体质研究工作站和优生实验区。然而由于该处停办，这些计划均未实现。

在第二次世界大战期间和战后，国外的民族学有了发展和许多变化，许多中国学者注意到了学术界的新变化，并力求赶上国际学术界的前进步伐。

黄文山在中国民族学会第三届年会上讲演时，谈到国外学术界的发展。认为"民族学或人类学的科学基础日益坚固，方法越趋正确，范围愈加扩大"。在研究范围上已经以"人类关系"为其整个研究对象，在方法上采取了量度现象的计算方法，研究人类关系或个人间的互动的函数关联特征。民族学，特别是人类学，已经被部分学者视为研究人的科学的综合科学。因此，民族学、人类学科学的范围应当有所扩大。本着这种认识，黄文山战后继续创建文化学的努力，他与当时在美国提出文化学的著名人类学家怀特通信往来，"往还无虚日"，互相启发和补充，取长补短，使理论更为完善。1949 年 7 月，他还应美国密歇根大学社会学系的邀请，赴美国讲文化学课程，并与在该校任教的怀特商讨组织国际文化学学会的问题，同时应纽约各大学之邀请，演讲世界文化的改造问题。

由于人类学和文化人类学在第二次世界大战前和战时的发展，人类学在学术体系中的位置更为重要。于是在抗战胜利之后，国民政府教育部先后批准暨南大学、清华大学、中山大学和浙江大学建立人类学系，以培养更多的边疆建设的专门人才。

暨南大学人类学系是 1947 年夏建立的，成为战后设立的第一个人类学系。该系归属于理学院，由刘咸任系主任兼理学院院长。任职于浙江大学的吴定良曾兼任该系教授。这个系还设立了民俗文物标本陈列馆，搜集民族学文物。

浙江大学的人类学教学和研究，是由吴定良一手策划和积极推进的。1946 年秋，中央研究院体质人类学研究所筹备处撤销后，吴定良应浙江大学校长竺可桢之邀，任浙江大学史地系教授，开设普通人类学和统计学等课程。1947 年春，史地研究所增设人类学组，吴定良任组长。是年秋，浙江大学人类学系创立，由吴定良担任系主任。次年 1 月，由该系师生和其他系爱好人类学的师生成立人类学会，成立大会与会者达 70 余人，由吴定良等 11 人担任干事。吴定良等还开设了普通人类学、民族学、体质人类学等课程，由各系学生选修。1949 年初，尽管一贯支持人类学发展的当时的浙江大学的校长竺可桢认为"时局不佳，经费困难，此时不应谋扩充"，但吴定良还是通过努力，创建了浙江大学人类学研究所。在浙江大学人类学系任教的除吴定良外，还有由英国学习归来的田汝康及张宗汉、金祖同等。

　　该系在成立后，先后筹备进行了"处州和浙闽边界畲民生活与体质调查"、"台湾高山族之原始文化"、"婆罗洲土著之人类学研究"和"浙东成人体质之研究"、"杭州儿童体质发育之程序"、"近代华族颅骨之研究"、"浙省人血型之研究"等课题的调查研究。吴定良还承担了中国教育学会杭州分会的有关课题。他研究的问题是：边疆教育之设施应如何力谋与当地的交通、卫生事业相配合，以资联系而提高效率。浙江大学人类学系还编辑了《中国人类学刊》和《人类学志》两种刊物，并争取经费，得到商务印书馆承印《人类学集刊》的承诺。

　　该系注重研究和搜集各种人类学原始资料。在 1948 年底曾举办了台湾高山族的文物展览，展品有 500 多件，大部分为丁惠康、庄学本两人的收藏品。同时还陈列了各地的史前猿人模型、浙江史前石器及殷墟甲骨等。当时，该系还建立了标本陈列馆，分人类学和民族学两部分，计各种标本模型 4000 余件。这些标本部分是吴定良自中央研究院运来的，也有一些是以后陆续采集的，还有一些是从南京、上海其他学术机构借来的标本。由于有以往研究的积累，同时在研究队伍中有体质人类学专家，在调查的项目上显然比过去有所拓宽。在该校史地研究所的 1937 年的人类学研究计划中，主要是浙江畲民的体质与文化调查一项，调查内容分畲民之来源与迁徙情形、畲民之地理分布、畲民之物质与社会生活、畲民之精神生活、畲民之生理与心理等。

　　1949 年夏，中国人民解放军进入杭州之后，浙江大学人类学系提出改制问题，申请该系教育目的为造就人类学的高级研究人员，训练边疆地区的工作人员，培植各城市博物馆与陈列馆的技术人员，训练有关实用之体质检验人员。在教学方针上重应用，与社会发生密切联系，偏重技术，注重中国材料。同时，对课程进行了调查，删去优生学，增设了中国边疆民族、边疆语言、博物馆学以及标本制作与鉴定法等课程。计划增聘闻宥、吴汝康、马秀权等到系任教。

清华大学人类学系于 1947 年设立，隶属于文学院，由吴泽霖任系主任，胡庆钧先后任教员、讲师，李有义不久后到该系，先后担任讲师、副教授。该系"注重研究东方缅藏等民族文化及其语言"。课程一半以上与法学院的社会学系相同，另有普通人类学、语言学、地质构造、古生物学、边疆区域地理等。该系与清华大学社会学系关系较为密切，教师经常在两系讲课。在吴泽霖的努力奔波之下，1948 年人类学系与社会学系、哲学系、建筑学系合办了文物陈列室，搜集了古铜器、陶器及西南少数民族的衣饰等文物。吴泽霖说服清华大学校长，以重金收购了从台湾运回大陆的一批高山族文物。

中山大学人类学系是在数十年人类学、民族学研究和教学的积累基础上建立的。1927 年，中山大学语言历史研究所中就设有民俗组和人类学组。改设文科研究所后，又在历史研究部内设人类学部，一些研究生选习人类学科目，1936 年开始招收人类学专业研究生。1947 年，中山大学文科研究所历史学部下设人类学组。在该校有杨成志等第一批民族学家、人类学家任职，在科学研究、边疆教育、边政设计等方面成果显著；同时，在教学、出版、设备方面也具备一定的条件。因此，1948 年 3 月，中山大学文学院教授、历史学研究所人类学组主任杨成志提出《国立中山大学设立人类学系建议书》。经过酝酿，人类学系于是年秋建立，除人类学组原任教师外，增聘卫惠林、戴裔煊、梁钊韬为该系教授。

中山大学建立人类学系的目的在于介绍世界各国人类学的理论与方法；健全中国人类学的基础，使之能够与国际人类学并进；搜集中国各种资料，进行实证比较研究；根据体质人类学测量的结果，促进民众健康；探讨中国各民族文化的特性与变迁及在科学理论上的贡献；研究聚居边疆民族的现状与文化；研究华侨发展史；观察人类关系，增加人类相互合作；主张人权尊严、民族平等、种族合作，促进世界大同之理想。

事实上当时的时局已经不可能全面实现上述各种目的，但建立人类学系的举动使民族学的研究阵营和领域进一步扩大，适应了国际学术界的新进展。努力在中国建设人类学，将民族学和体质人类学结合起来研究，以人类学促进民族学成为当时一些学者试图重振民族学研究的路径之一。

1949 年 1 月 2 日，以中山大学人类学系为主，建立了中山大学人类学会，有会员数十人，制定了会章，由选出的干事负责学会的工作。该系组织了若干学术演讲，如请余天休讲"中国秘密会社"，请周信铭讲"社会心理学中与人类学有关的问题"等。还聘请了美国的社会人类学家、芝加哥大学社会科学院院长雷德斐尔德（Robert Redfield，当时又译为勒德菲尔德，汉名瑞德，1897—1958）在进行中美文化交流之考察之际，作学术演讲，讲题为"芝加哥大学的改制与社会科学研究"。

辅仁大学于 1948 年建立人类学系，开始招收人类学专业的学生。同时，该校人类学研究所继续招收研究生，培养人类学方面的硕士。雷冕、季羡林、贺登峰（A. Grootaers）、赵卫邦、施格莱、蔡斯克等人担任教师，为研究生开设的课程有民族学、语言学、宗教学、民族史等。他们曾到华北一些地方进行调查，如对华北秘密宗教的调查、对宣化宗教庙宇和方言分布的调查等。

中国政府收回台湾之后,在原"台北帝国大学""土俗人种学研究室"任教的一些日本学者留在台北,宫本延人讲授台湾高山族民族志,金关丈夫讲授体质人类学等课程。一些大陆的人类学家迁到台湾之后,于1949年秋建立了台湾大学文学院考古人类学系,李济担任该系主任。在该系建立前,是年7月,以台湾大学历史系教授陈绍馨为团长,李济、董作宾等为团员,组成调查团,到台中县调查瑞岩高山族泰雅人体质与文化,开始了收复台湾后中国学者对台湾的调查与研究活动。这些活动对日后的台湾人类学的发展产生了重要的影响。

各大学的社会学系、边政学系复员之后,也致力于学术研究的恢复和调查工作的重新开展。1947年有六所大学继续开设边疆讲座,共有九个边疆文化团体获得国民政府教育部的研究补助。该项补助给予指定专题的研究,每年要考核成绩,核发补助费。

清华大学社会学系回到北京后,潘光旦任该系主任,费孝通、吴景超也到该系工作,再加上原西南联大的社会学系的其他教师,一时颇具声势,开设了社会变迁、人文区位、社会文化等与人类学有关的新课程。

燕京大学迁回北京后,其社会学系积极安排调整有关课程,除原有课程外,将中国边疆民族学课程改为民族志和边疆社区,增加家庭和社会、人格与文化、人类社会比较研究等课程。迁回北京后,该系的学生日渐增加,更多的同学,尤其是女生就读该系。该系平郊村的田野调查工作也重新恢复。美国学者雷德斐尔德1948年曾在燕京大学社会学系讲学。因为当时中国时局的关系,未能到更多的大学演讲,不过他曾应邀到清华大学社会学系授课，并住在清华园。

中央大学边政学系迁回南京后，继续培养有关蒙古族、维吾尔族和西藏文史三组学生。教授有韩儒林、卫惠林等，中央研究院历史语言研究所的凌纯声、芮逸夫为兼职教授。开设有边政制度、边疆民族史、民族学调查方法、民族志、语言学和少数民族语言等课程。1948 年秋冬，中央大学和中央研究院的部分教师南迁，继续留在南京的中央大学边政学系主任韩儒林聘请徐益棠、马长寿、马学良到该系任教。

1948 年，岭南大学西南社会经济研究所恢复工作，所长由伍锐麟担任。该所的研究重点转向对西南经济的研究。当年夏天，由岑家梧主持调查广州伊斯兰教徒的社会，认为其经济、政治、社会文化均与其宗教制度有密切联系，并以其经济合作制度解释广州的穆斯林以寺院为中心构成的特殊社会组织的形成原因。调查之后，岑家梧著有《广州回教社会调查》，作为岭南大学西南社会经济研究所专刊甲集第四种于 1949 年 5 月出版。该所还制订了有关西南经济等方面的研究和调查计划，同时，陆续出版该所专刊甲、乙两种，其中有《南洋与中国》（陈序经著）、《干栏——西南中国原始住宅的研究》（戴裔煊著）、《摆夷的经济生活》（江应樑著）、《西南经济文化论丛》（江应樑著）、《文化学及其在科学体系中的位置》（黄文山著）、《中国收继婚姻之史的研究》（董家遵著）等著作。

杨庆堃于 1948 年到岭南大学社会学系任教，代理陈序经的系主任职务。他着手进行两个方面的工作：一是改进课程内容，将最新近的知识加入，以配合中国社会建设的需要；二是积极开展社会实地的调查，减少书本知识与社会的距离。他们对该校周围的七个村子进行了人类学与社会学结合的初步考察，并在鹭江村建立了研究站，作为该系实地研究的基础。

　　1947 年秋，岑家梧等因为公立大学收入微薄、政治上受约束，创办了私立珠海大学。岑家梧兼任法学院代院长，并聘请董家遵、江应樑、王兴瑞等任该校教授。江应樑兼任社会学系主任。他们创办了《珠海学报》，刊载一些有价值的民族学著作。该刊第一集刊登有岑家梧的《古代社会阶段论》、戴裔煊的《中国文化由来之理论与实践》、江应樑的《凉山彝族的社会组织》、陈跃云的《家庭组织与功用》、董家遵的《从〈诗经〉中看古代图腾制》、王兴瑞的《历代治黎政策检讨》等。同时，他们还打算出版《珠海丛书》。

　　国立边疆文化教育馆的筹备工作自 1945 年开始，并且自这一年起出版《中央边报》。边疆文化教育馆在筹备过程中所做的工作有搜购图书、研究资料和边疆文物、采买和充实少数民族文字印刷设备。凌纯声出任该馆馆长。该馆也进行了边疆文化和教育情况的调查研究工作。该馆在 1946 年对村寨教育实验区之一的贵州榕江县车江乡进行了社会调查。该馆编纂的梁瓯等的《车寨社会调查》即是这项调查的结果。在调查中，除了解社会的一般情况外，侧重于当地侗族的风俗与侗族、汉族之间的关系的调查与分析。

　　抗日战争胜利后，西南和西北地区部分地保持了抗战时期的民族学研究和教学的传统，成为中国新的民族学研究区域。西南地区以昆明和成都为两个中心。由于西南地区具有较好的民族学的田野调查资料，这里的部分民族学家克服种种困难，继续进行实地田野工作。

　　杨堃于 1947 年到云南大学担任社会学系教授兼系主任，到昆明后不久就开始民族学的实地调查工作。由刘尧汉助教做助手，在昆明附近彝族聚居的大麦雨、小麦雨村建立工作站。以后，因为治安问题，在校方干涉下，停止了这项工作。

　　江应樑于 1948 年应云南大学聘请，担任社会学系教授。除教课外，他曾经到滇南沙甸一带的回族聚居的乡村进行考察，此后根据这次田野工作写成了《滇南沙甸回族农村调查》。此前，抗战胜利之初，江应樑任云南车里县县长期间，于 1945 年夏至 1946 年春在车里及邻近的勐海、勐遮各村寨进行了田野调查。

　　在西南地区工作的一些学者也继续进行田野调查工作。陈宗祥在抗战胜利后，在四川西部的马边县担任边民生活指导工作，对当地的社会组织、宗教等问题进行调查，先后发表了《西康栗粟水田民族之图腾制度》、《保罗的宗教》、《凉山罗族系谱补》等论文。

　　美国学者米凯（P. M. Mickey）于 1946 年到贵州的贵定一带对苗族进行民族学调查，著有调查报告《贵州的海坝苗》。1948—1949 年间她第二次到贵州的龙里地区开展田野工作。

　　1948 年，在美国康奈尔大学攻读人类学博士学位的施坚雅（G. William Skinner）到四川考察集市贸易。他注意到集市的特殊作用，认为通过集市可以了解中国社会。到 1949 年底，在四川偏僻乡村调查的施坚雅还不知道解放军已经入川。1950 年初，他离开大陆。

　　此时，西北地区的民族学研究和教学工作分别由西北大学和兰州大学承担。1947 年，经教育部批准，原属西北大学文学院的边政学系改属该校的法商学院，在原维吾尔文、藏文两组基础上增设蒙古文组，造就通晓上述诸族文字的专门人才。黄文弼任该系主任，谢再善、马宏道、杨兆钧、阎锐、朱懿绳等在系中执教。注重奖励少数民族，实际上包括了以西北少数民族为特定研究对象的政治学、民族学、地理学、历史学、语言学、宗教学诸学科，成为西北大学最有特色的系。系内设边政研究室，搜集整理关于西北边疆问题的图书、文物，刊印调查报告，翻译民族学著作，编辑少数民族文字工具书（如杨兆钧主编的《维汉字典》和谢再善主编的《蒙汉辞典》）。同时，该系以"到边疆实地去"为口号，每年暑假都要组织四年级的学生赴边疆实习。1947年6月，十几位师生到甘肃、青海考察边疆的政治、宗教、语言和风俗人情等，历时三月有余。1948年夏，有21位学生在谢再善等教师的带领下，到新疆进行了长达四个多月的调查，行程两万里。考察内容包括历史文化遗址、社会制度、社会组织、民族关系、经济生活、风俗习惯、宗教礼仪等方面。

谷苞于1944年秋到兰州大学任教，讲授民族学和社会学课程。1946年曾用半年多的时间，对洮河和白龙江上游的藏族聚居的农村和牧区进行社会调查。根据调查资料撰写了《卓尼的土司制度》、《朱扎七期的总承制度》等30余篇文章。1948年暑假至秋季，他又和西北师院、兰州大学的几位师生到甘肃的山丹、秦安、会安三个汉族聚居的自然村进行了为期三个多月的实地调查。发表了题为《会宁县韩家集调查》的调查报告，并在《河西农村的崩溃》、《河西——农民的地狱》等文章中，揭露了当时当地农民生活的困苦状况。

（三）20世纪前半期中国民族学的结局

抗日战争胜利后，外部客观形势对民族学的发展影响颇大。中国民族学家们为发展民族学、人类学所作的上述诸方面的努力面临着种种阻碍，他们所取得的成绩来之不易。但是，在20世纪40年代末中国民族学的发展还是走上了萧条的结局。从国内的宏观局势来说，抗战时期在国内的政治、经济、文化各方面显得地位非常重要的边疆民族问题，已经不被社会上的多数人视为关系到中华民族生死存亡的尖锐问题，民族学家的提倡和呼吁难以得到更多的支持。国内的大形势限制了民族学的发展。

抗战胜利后，民族学的专家队伍有了很大的变动，大批学者纷纷东迁，回到东部大城市，因此造成民族学研究在人才资源上分配不平衡的局面。同时，战后许多方面的重建需要大批人才，民族学家中的一些人担任了政府职务，又使一批研究人才在此阶段无暇从事专门的学术工作，仅能够整理一些以前的研究成果付梓出版。吴文藻任中国驻日本代表团政治外交组公使衔组长和出席盟国对日委员会中国代表顾问，尽管也注意将整个日本作为一个大的社会现场来考察，力求如实地反映客观情况，但基本上脱离了学术研究。凌纯声自抗战后期即主要服务于政界，战后主持边疆文化教育馆的工作，在学术研究上的大量时间被占用了。在广东，担任政府职位的民族学家更多，如黄文山、罗香林任广东省政府委员，郑师许任省参议员、中山大学训导长，王兴瑞任广州广雅中学校长、国民党广州市党部执行委员等。

国内政治局势的动荡不定，对学术发展的影响更大。国民党在抗战胜利之后不久，即发动了全面内战，加重了国统区民众的负担，造成民不聊生的局面。许多以经世致用为治学准则的学者积极从事民主运动，另外一些平常较少过问政治的学者也改变以往的态度，投身于运动之中。国民党对于参加民主运动的师生进行了种种迫害，使一些学者完全丧失了学术研究的基本条件。1946年，费孝通因发表民主言论，被特务盯梢，在闻一多、李公朴被暗杀之后，被迫到美国驻昆明领事馆避难，不久离开昆明。他原有的在云南继续从事实地调查的希望从而落空。

经济形势也每况愈下，通货膨胀，货币贬值，物价飞涨，1947年间上涨达数万倍乃至十几万倍。在大学和研究机构中供职的教职员工的生活日益艰难，薪金远不足以维持一家数口人的最低生活，许多学者时刻为生活问题所苦恼，为衣食奔波，不能潜心钻研学术。同时，国民政府拨给研究机构的经费也随着通货膨胀的加剧而日显拮据，日常维持费时常入不敷出，更拿不出经费进行田野工作。

有关民族学的研究机构东迁之后，大多数集中在东部大城市。然而，中国民族学的研究基础主要在西部地区，因难以得到足够的考察经费，再要去西部进行实地调查较为困难；尽管有进行实地调查的愿望，但缺乏实现的条件。同时，由于战争影响、局势动荡，道路交通时常阻塞，也给调查带来不便。南开大学边疆人文研究室在回到天津之后，除了出版铅印的《边疆人文》第四卷和发表了一些根据原调查资料整理的论文之外，基本上停止了活动。原有的人员一部分参加了历史系的教学工作，另一部分加盟中文系。除了完成抗战时期的调查资料的整理工作外，基本上没有新的调查研究。

一些民族学家在前一时期的学术实践中意识到西部地区对于中国的民族学研究的重要性，希望在抗战胜利后建立西部学术中心，以作为发展民族学等学科的学术研究基地。他们著文指出，应当在西部地区建立边疆大学，给予充分的政治与经济力量的支持，使之成为学术研究、文化教育运动、培植边疆的建设人才的中心，从而推动边疆的文化、教育运动。但国民党政府并无心操持民族学学术研究，注意力根本不在发展学术方面，缺乏资金投入。正如卫惠林在《论边疆学术与边疆大学设置问题》一文中批评的那样，"充分表明政府之没有正确的边疆政策，一切开发建设之口号只是徒托空言"。令民族学家们的愿望难以实现。

部分民族学家在抗战胜利后对民族学与应用问题发表了许多见解，以求解决当时日趋尖锐的边疆民族问题。然而，因为这时的政府忙于发动内战，不关心也无暇关心祖国边疆的前途，学者们的努力同样没有结果。

试图以办人类学系来带动民族学的发展或者以人类学取代民族学的想法也没有得到预想的结果。几所大学的人类学系因为创办时间短、国内时局不稳、对于人类学的宣传不够，报考学生人数有限，甚至可以用门可罗雀来形容。如浙江大学人类学系1947 年仅在杭州区录用了一名学生。1948 年录取来自福建的一名研究生，是年人类学系注册的学生只有两名。在中国人民解放军进入杭州后，加上新学年招生，该系学生数才上升到五名。清华大学人类学系建立后，也仅有一名学生，师生三人，号称一系。仅开出一门本系课程，实际学习时间仅一年半，以后又并入社会学系。辅仁大学人类学系则在 1949 年下半年并入社会学系。同时，因为资金短缺，使人类学系困难重重，短期内无法具备较好的办学条件，不能进行设备仪器的更新和补充，难以组织实地调查，不易罗致人才。和其他学者的努力一样，这些学者的举措依旧不能改变中国民族学在 20 世纪上半期的最后几年陷入日渐萧条的境地。

当国民党政府节节败退，将一些机构陆续迁到台湾时，一批民族学家也随同中央研究院、边疆文化教育馆、中山文化教育馆等与国民政府有关的研究机构迁到台北。这次转移又中断了这些学者正在进行的民族学研究。这不仅是部分人力资源的转移，也带走了一些研究资料，这次转移却造成了中国大陆的部分民族学研究机构工作的完全终止。

各种条件的变化使中国民族学家的学术救国的希望最后破灭，中国民族学在 20 世纪 40 年代末的结局是形势变化面前作出不同的选择，除了上述随国民党退走台湾者外，一部分民族学家与中国共产党或其他左派力量接触，寻找民族学的新出路；一部分脱离国内的动荡局面，摆脱国民党的羁绊，到国外访问或学习；更多的人则静观中国局势的变化，在对现实失去信心的同时，寄托着对未来的满怀希望和憧憬。一些社会科学家相信，作为社会科学工作者，能够在新政府领导下为国家作出贡献。

四   20世纪上半叶民族学中国化的特点、经验、问题和影响

20世纪前半期，经过中国民族学家的不懈努力，中国的民族学从无到有，从依附到独立，从引进到形成具有某些特点的中国学术倾向，并着力从事中国民族学体系的建设，经历了几十年的发展历程。在此过程中，民族学在中国形成了哪些特点，有哪些值得我们今天从事民族学研究的人借鉴和思考的经验和教训，对后来中国民族学的发展产生了何种的影响呢？

（一）20世纪上半叶民族学中国化的特点

中国是一个历史悠久的多民族国家，中国古代一向有礼失而求诸野之说，将边疆地区族群的文化看作中原古习的残余，认为中国的各民族的文化是相互联系或承接的整体，少数民族和汉族是一脉相承的，而非异己的或隔阂的。这种认识与西方传统的族群关系见解大相径庭，而且民族歧视的意味要少得多。

同时，近代以来中国成为西方列强掠夺的目标，中国在鸦片战争后所遭受的屈辱史，中国学者的个人经历，使中国民族学家对于文化相对论的观点更容易产生共鸣。中国第一代民族学家吴泽霖在他的幼年时代，正如他在《吴泽霖民族研究文集·自序》中所讲，"从教科书上读到了当时世界列强如何凭武力侵占我们的领土，甚至企图瓜分我们的国家"，"亲眼看到一些殖民主义分子在我们国土上肆无忌惮地蔑视和侮辱我们的同胞"。这类经历必然对学者们日后的学术思想的形成产生影响。同时，国人反对帝国主义民族压迫的呼声日益高涨，北伐胜利后，国民政府在国内各族平等方面也提出过一些主张。20世纪前半期，民族学在中国作为一个独立的学科出现后，在如此情景互动的过程中，中国民族学家对民族间相互地位的见解也必然有新的变化和补充。

在20世纪前半期，中国民族学家在从事中国民族研究时，

注意到了当时中国所处的半殖民地的地位，许多学者提出要注重各民族的平等，为中国各民族的团结与合作服务。尽管在实际研究中同样受到将少数民族定位为"野蛮人"的影响，又有中国中原文化、古代文化中心的影子，仍然未能完全杜绝民族歧视和偏见，但绝大多数学者能以历史的观点看问题。一方面许多学者能够自觉地意识到民族平等，承认其他民族的文化；另一方面，从整体而论，无论是将当时的民族学研究著作与中国古代及近代著作比较，还是和当时的西方民族学家的研究对比，中国民族学家在民族平等问题上的认识都是较为正确的，比较前人和当时多数外国人的认识更进了一步。

自20世纪前半期开始，中国民族学在国际学术界就有一个十分鲜明的特点，即重视历史资料的运用。中国历代有关历史的研究著作不胜枚举，历史资料的丰富是举世无双的，这些古代民族志资料提供了历时性研究的广泛资源；而在西方国家，特别是美国，因为历史短暂，所留下的文献资料贫乏，只好依赖于共时性的调查研究。日本人类学家鸟居龙藏在《〈湘西调查报告〉书评》中认为，对中国及其周围民族之研究，"须采用中国独特之方法，即一方面为古代文献，一方面为实地研究，若此非中国学者，殆属不可能"。西方学者当时较少有关于中国研究的重要论文的发表，"盖因彼等不能读中国文献，而无法利用此项资料故也"。中国知识分子一向重视史学，在研究中重视文献，甚至以旁征博引、精慎考据为上佳治学之道。将史学与民族学结合，早在民族学在中国发展的萌芽时期就已经有许多学者付诸实践。中国的历史学对民族学的影响较大，许多中国民族学家都经过了较好的历史学训练，把史学功底视为民族学家必备的素质，他们能够熟练地运用史学的方法研究古代的民族志资料。这样，在注重田野调查的学科传统之上，逐渐形成了兼重历史文献，并以历史文献和实地调查资料相印证的特点。

在 20 世纪前半期，许多中国民族学家都注意到将民族学和历史学结合，把历时性研究和共时性研究融于一体，进行了纵、横结合的历史民族学的实践。通过历史发展线索的探索，可以更好地把握现实中研究对象的一些基本特点的形成过程，从另一个角度解释民族文化，更客观地说明民族文化的特征，展示民族文化的全貌。许多中国民族学家同时也是出色的民族史学家，他们的一些著作在中国民族学史的研究中占有十分重要的地位。与此同时，民族学家参与各民族历史的研究，也给中国民族史的研究带来了新的方法和观点，促进了民族历史的研究。中国民族史的研究，自始至终与民族学家的影响和贡献有关。中华人民共和国最早的一些民族史研究专家中，许多就是 20 世纪前半期著名的民族学家，或接受过民族学的系统训练。如马长寿、冯家升、林惠祥、岑家梧、李有义、江应樑、梁钊韬、谷苞、陈永龄、胡庆钧、宋蜀华等，都曾在以后的民族史研究中有较大影响。林耀华、杨堃等一些民族学家，将历史学和民族学结合起来，进行原始社会史的研究，并做出了引人注目的成绩。这种重视历史资料的传统，又通过老一辈学者影响到中国后来的民族学工作者，成为现代中国民族学学术发展的特点之一。

同时，在 20 世纪前半期的中国民族学调查与研究中，人们也注意到了民族学与其他学科的结合与联系。体质人类学、考古学、语言学、经济学、法律学、宗教学等学科的研究方法，在民族学研究中均有采用。这些方法的使用，扩大了民族学的研究范围，增加了民族学研究的角度，对民族文化的解释和民族的起源、分布及演变历史的追溯都颇有裨益。中国民族学兼容并蓄的传统、与兄弟学科密切合作的经验，对以后的民族学在发展中博采众长、在跨学科研究中相互吸收产生了重要的影响。

（二）20 世纪上半叶民族学中国化的经验

重视田野调查，是 20 世纪前半期中国民族学作为一个独立学科出现之后形成的学科规范之一，并成为中国民族学家长期实践的最宝贵经验。在中国民族学得以发展的时代，书斋民族学的时代早已终结。正如陈永龄的硕士论文《理县嘉戎土司制度下的社会》中提到的，当时，许多中国民族学家明确地认识到学科的发展"全赖实地研究者之努力，过去纸上谈兵的安乐椅上的人类学家已在落伍之列。实地研究已成新人类学之一重要特质，即理论与研究必须打成一片而不可分离"。中央研究院的民族学组、民物学与人类学组，自建立的当年就派出几个小组进行实地调查。更多的学者在二三十年代读书时，就认真思考过怎样进行实地研究的问题。凌纯声等民族学家认为民族学可以分为记述的民族学和比较的民族学两种，在中国发展民族学就必须从前者开始，于是他们将早期的研究活动的大部分时间用于田野调查。在调查中，许多学者以细致、全面著称，从调查提纲的拟定到调查的实施，均尽力按照当时的国际民族学界的规范进行。随着法国民族学派的精细调查的方法和以后的参与观察方法的介绍，在田野工作的实践中，一些中国民族学家开始尝试更深地浸润在各民族的民众的生活之中，部分学者不顾自然环境、社会动荡、文化隔阂等方面的困难，甚至冒着生命危险，用了较多的时间去从事田野调查，乃至去学习调查对象的语言、生活方式。中国民族学家们以不懈的努力形成了重视实践的传统，即使在最困难的时期也坚持了田野调查工作，经过不断的积累，为学科的发展奠定了基础。

中国各民族的根本利益的一致性，使得学者与研究对象的距离并不遥远，学者们有可能获得较为正确的认识。中国民族学家们的实践说明，除了时间的延长可能会加深参与的程度，纠正研究者的偏差之外，民族学家在本土文化或与自身文化有一定相似性的文化之中，如果能够既借助自观的体验，又从他观的角度加以分析与思考，可能会作出更符合实际、更能说明内在联系的解释。通过自观与他观相结合的调查与研究，在一定程度上减少了主观臆测和偏见。叶钟裕在《居住调查法：对于廖泰初〈居住调查法〉的商榷》一文中指出，为了避免外来调查者身份的影响，可以"选择训练本地方的人负担调查的任务"，在当时"最好是本地的小学教师，因为他们对于本地方种种的情形已经是知道的比较周详；他们和小学生家庭接近的机会很多；他们自己又是有职业的人，待遇可以比较的低；而且他们又有相当的智识，如果再给以调查方法的训练……是一种事半功倍的办法"。不过，廖泰初在《从定县的经验说到农村社会调查的缺乏和补救的方法》一文中认为，"调查员由本地人充任好还是外来的好却是一个疑而未决的问题，各有各的好处，各有各的缺点"。表现了在主、客位问题上更进一步的思考。

要在实际中恰当地运用主位和客位两种分析观察问题的方法，必须有良好的训练作为基础。否则很难处理好两者之间的关系，甚至会因为本位文化的强烈影响，掩饰本位文化不愿意承认的事实，并由于本位文化的观念蒙蔽，看不到观察和分析的盲点，把太多的事物视为当然，将奇怪的行为看成是平凡而不值得一谈的事。

在田野工作中，许多人注意到了具体问题的调查与描述，在著述中注意采用西方学术界运用较多的资料整理的方法，注意到文化的各个方面和文化的整体，观察和较为准确地报告所见的种种现象，调查结果具有较强的规范性和通用性。一些较为杰出的民族志至今仍是较好的民族志范本，在研究中依然具有参考价值。

在 20 世纪前半期，中国民族学在学习和吸收国外的研究经验方面较为成功。一些学者在反对全盘照抄西方学说的同时，对于各自认为可以在中国应用的国外民族学学说吸收较快。如功能学派理论在中国的传播，美国历史学派的见解得到许多学者的赞同，文化学的提出在中国也有知音。同时，中国的民族学界保持了与国际民族学、人类学界的学术交流。许多学者能够将西方的民族学最新理论与中国的民族学的研究与实践相结合。许多学者程度不同地采纳了辩证法、整体论、进化论、唯物论、文化相对论等各种较有见地的理论知识，用来分析中国的民族文化。如在对中国的乡土重建的研究中，中国学者提出了农村工业化，工业下乡等措施成为农村工业化道路的重要想法。对此不仅解剖了特点，而且提出了未来发展的道路，是对人类社会发展道路的思索。验证今日社会主义市场经济下的中国农村现代化的发展，更能说明其意义的重大。

20 世纪前半期，在中国民族学的发展过程中，许多学者在研究中强调综合取向，跳出了西方学术界固有的学术派别的圈子，没有片面地突出或标榜某一学派、有意贬低其他学派。出现了中国式的民族学的三大学派——中国功能学派、中国文化学派和中国历史学派。多数偏向于其中某一学派的学者，并没有像国外不同学派的学者那样，去攻击其他学派，说明其他学派的短处。反之，还在许多场合，表现出对其他学派的兴趣，肯定其他学派的长处。这种学风为中国民族学更全面的发展提供了可能的空间。

正是由于中国的民族学在当时具有自己的特点，在国际学术界中才能够占有一席之地。一些中国学者的研究成果获得了国际学术界的高度评价。马林诺夫斯基在评价费孝通对中国农村的研究时认为，《江村经济》"是一个土生土长的人在本乡人民中间进行工作的成果。如果说人贵有自知之明的话，那么，一个民族研究自己民族的人类学当然是最艰巨的，同样，这也是一个实地调查工作者的最珍贵的成就"。因此，它"将被认为是人类学实地调查和理论工作发展中的一个里程碑"。马林诺夫斯基还认为，在 20 世纪 30 年代中期，吴文藻和他的学生们"已独立自发地组织起一场对文化变迁和应用人类学的真正问题进行学术上的攻关。这一学术进攻表达了我（马氏）梦寐以求的愿望"。他预言"费博士的书，他和同行的贡献，将成为他们可能完成的精雕细琢的镶嵌品中的一件件珍品"。英国人类学家费思在评论林耀华所著的《金翼》一书时指出："读者早已希望能看到中国学者的这类著作，他们作为身临其境的参与者从童年起就熟悉自己叙述的场景，而且精通现代社会科学方法，本书就是这样的一部著作。"《金翼》"提供了一套作为论据的事实，它将有助于摧毁任何残存的中国人在社会事务中麻木不仁、不可理解的神话"。李安宅对美洲印第安祖尼人的研究也引起了美国学术界的注意，至今仍被当作重要的实例，说明美国的白人人类学家对印第安文化认识的偏差。

在 20 世纪前半期的中国民族学发展的过程中，由于在学术概念、规范上的一致性，中国民族学与国际学术界的交流较多，许多著作用西文发表，更多地受到国际学术界的注意。《江村经济》、《金翼》、《凉山夷家》等许多著作至今依然经常为欧美研究中国的学者们所引用。中国学者的研究能够面向世界，使中国化的内容也成为世界化的东西。

（三）20 世纪上半叶民族学中国化中的几个问题

在 20 世纪前半期中国的民族学研究中，由于各种势力对马克思主义的诋毁，同时许多有成就的学者在西方接受民族学的教育与训练，而对马克思主义难以正确地加以认识，再加上各种压力的影响，一些民族学家在研究中由于各自的偏好，往往较为看重文化的某种特质或以学者个人见解所确定的"文化的整体"，没有能够完整地认识经济基础与上层建筑的辩证关系，出现对经济基础、经济生产活动不够重视的现象。

在当时中国民族学中民族平等的认识成为主流，但亦有一些不够完善之处。传入中国的西方民族学对中国的少数民族是以"野蛮人"作为对象定位的，这种学术影响和中国传统的文化中心主义有一定的契合。中国的传统文化将中原的周边民族视为炎黄的支派，将边疆地区看作蛮荒之地，甚至一些君临中原的少数民族统治者也要尽力论证其正统地位。少数学者依然存在蔑视少数民族的认识；个别人认为汉族文化先进，少数民族文化落后，主张以汉族同化少数民族；部分学者不能摆脱大民族主义的阴影，接受了当时较为普遍的对于中国民族问题的传统认识，即中国汉族与少数民族是同源而异流的；还有一些人受到蒋介石等人关于中国民族和宗族主张的影响，认为中国只有宗、支之异，没有民族之别，在研究中以种种形式表现出大民族主义的倾向。

民族学的田野调查，是建构理论的基础，工作的目的是验证特定的假设，通过田野工作可以检验、增强或修改已有的理论框架。正是民族学的田野调查活动，使人们不断纠正以往的理论上的失误和错误，对人类社会作出更接近实际的、更有说服力的解释。理论的发展反过来又要求人们进行更多、更深入的田野调查，以建立和进一步发展理论。但是，在 20 世纪前半期，对理论和实践的关系，学者们的把握也有不同，许多人没有能够进行正确的理解。在研究中往往出现两种倾向：一是关注中国各民族文化各方面的实际调查，但不愿意进行更多的理论分析和归纳；在许多调查报告中，我们看到了十分具体而细致的描述，却缺少理论总结，使报告的一些部分显得较为臃肿和累赘。二是注重理论框架的设计，强调理论体系的构筑，而忽视和看不起田野调查；在中国文化学派的一些学者的著作中，我们能够阅读到较为精彩的学理分析和论述，但缺少中国的实际材料的支持。这两种倾向，均是将理论和实践对立起来的做法。

除了上述两种倾向之外，20世纪前半期，中国的许多学者看重分析问题的具体方法，在学科理论高度或总体方法论的把握上则较为欠缺。从理论到实践，再从实践到理论的完整的理论发展模式没有能够更多地展现，这可能有多方面的原因。在客观上，中国的民族学起步较晚，许多学者因局势动荡，未能着手进行后一步的工作。在主观上，许多民族学家在哲学思想、理论修养方面存在知识结构的欠缺环节，难以进一步深化和提高。有的学者就事论事，忽视理论分析，而根据表面现象作简单推论；有的学者对民族学的理论不了解，根本不可能利用这些理论去研究问题；有的学者借用国外民族学的某一学派的理论，但没有注意对其理论的思索；更多的学者注意了国外理论的借鉴，却没有在中国调查所得的资料中修正理论。因此，在20世纪前半期，许多中国民族学家尽管进行了许多有成效的工作，但没有处理好民族学的田野调查和理论归纳总结的关系，许多研究成果在当时还可能有一些影响，却无法使之长久保持或进一步扩大。当然，这种现象是中国民族学发展不充分的产物，不能够把研究成果应用到学科理论推进的高度上，影响了民族学的理论在中国的发展，民族学中国化也就难以真正实现。

在田野工作中，参与的程序是值得注意的。多数中国学者与世界上其他国家的多数学者一样，并没有真正进入作为调查对象的社会与个人生活的内部，调查往往长则数月，短则数十天，在一个调查点上停留的时间更为有限。这就在一定程度上限制了调查者的参与程序。同时，作者的身份也限制了他与调查对象间的沟通，调查者往往被视为政府官员或来自大城市的学者，与研究对象有一定的距离，从而妨碍了调查者收集资料。如凌纯声等人到湘西调查时，石青阳在《致蔡元培函》中讲到，当地一些人认为："此次中央派委员数人遄赴湘西调查苗乡风土人情，在中央之意，多数以为汉苗之间言语不通，习惯不同，全行禁止，诸多不便。派员调查，以为移风易俗化异为同之张本。"因而他们对调查者了解传统文化的工作过程大为不满。正如廖泰初在《从定县的经验说到农村调查的缺乏和补救的方法》一文中所说，中国的广大民众"饱受乱世之害，无时不存着戒备的心思，穿一件光鲜点的衣服已经够使他们惊异，何况是一个外来的人，甚或说不同的方言，衣食起居都和他们有点异样；结果自然是怀疑……一切应答的话都跟着换了一种口调，这种情形是常常遇到的"。当然，这个时候绝大多数学者并不能够清楚地认识到阶级、阶层的差异带来的问题。

在调查过程中，即使沟通已经建立起来，双方沟通的目的也并不一致，直接影响沟通效果。这样，即使在所谓较深浸润的调查中的资料可靠性也存在着一定的疑问。参与程度和实际效果不仅是20世纪前半期的中国民族学的调查研究实践提出的疑问，也是今天发展中国民族学所应当解决的问题，同样，也是国际民族学或人类学界长期以来并没有完全解决的问题。

同时，从民族学的研究和教学的具体环节来看，也有一些弊端和问题。在20世纪前半期，由于学科发展不充分，在教学中，虽然有了一些有关系、科的课程设置，开展了民族学的教学工作，但从总体上说，教学活动遇到许多障碍，甚至连课堂教学也经常受到各种因素的影响，难以持续。民族学队伍的阵容较小，师资参差不齐，对教学方法的把握也人各有异，这些在教学效果上必然反映出来。

（四）以田野调查为核心的早期民族学中国化对以后学术发展的影响

在学术上兼容各种观点，尤其是进化论的学术思想在中国民族学界有一席之地，对于日后的中国内地的民族学工作者接受马克思主义观点，以新的观点和方法研究中国的民族学问题，均有直接的影响。一些专家在 20 世纪 50 年代初就写出了运用马克思主义分析民族学问题的文章，如杨堃的《试论恩格斯关于劳动创造人类的学说》、林耀华的《从猿到人的研究》、林惠祥的《从猿到人——劳动创造世界》等一批论著都是在中华人民共和国建立后不久发表的。许多学者在 20 世纪前半期并没有以进化论为主要理论体系，但是，中国学者没有像西方学者那样在提倡或赞同某一学派的同时，去贬低其他学派；同时，中国传统史学的积累和西方现代学术思想传入中国初期的宣传，也更容易使人们相信人类社会的确经历了进化和发展的进程。因此，即使以前未曾公开表示对进化论的兴趣，学者们在接受历史唯物主义、马克思主义的社会发展学说的过程中，总是比较容易通过的。而且他们中的多数人还能够很快转变，更进一步地用这种理论去研究和解释问题。

部分学者对于如何解决实际问题有更多的考虑。这种面向社会和民族问题的实际想法和做法，在中华人民共和国建立之后，在学者们经过思想改造，自我重新定位之后，立即与中国共产党的民族工作结合起来，为解决民族工作中的实际问题而东奔西走，有人还参与了当时一些工作的策划和筹备。

20 世纪前半期的中国民族学家在专业上训练较为全面，一般都有较为系统的研究所需的知识，并掌握田野工作的基本方法，因而一些人在大学读书期间就能发表较有见解的论文，并能独立地进行各民族文化的调查研究。有些还学习了国内外的硕士或博士学位课程，掌握了更多的知识，了解了世界民族学的各种流派的理论，并运用中国的实际材料进行研究。经过几代学者的努力，已经建立起一支训练有素的民族学的调查、研究队伍。许多民族学家在中华人民共和国建立后，不需要更多的训练，在经历了思想改造之后，立即投入了民族识别、少数民族社会历史调查等较大规模的需要运用学科专业知识的工作中，并做出了可观的成绩。

中国共产党在以延安为中心的解放区的民族工作中的民族团结、民族平等的思想以及调查研究工作的方法，积累了中国共产党进行民族工作的经验，对此后中国民族学的发展有更直接的影响。50年代，中国民族学界较大规模的调查、研究工作都在一定程序上继承了中国共产党的民族工作的传统。

20世纪前半期，中国民族学界在田野工作和理论分析方法上积累了许多可以为后人参考的材料。中华人民共和国建立后，吸收了其中的许多内容，如关于中国各民族的分类、中国各民族的形成和文化的发展历程、各民族文化的描述等，均对后来的学者颇有启发。有些老一代学者继续发展和改造了自己已经作出的研究，使之成为中国民族学新的重要成果。部分到台湾的学者以在大陆的研究经验领导了50年代开始的台湾的民族学工作，将他们在大陆的传统带到了台湾，建立了台湾大学考古人类学系，培养出了台湾本土的第一代人类学家，继而开展了田野调查。

当时的关于民族学中国化的讨论，对以后在此问题上的思考颇有启发。民族学中国化或本土化到底走哪条路，在20世纪末，海峡两岸的人类学家、民族学家们的思索基本上没有离开当年人们所谈论的三条道路，即在民族学中国化过程中是综合，是选择国外某一理论流派，还是有更多的独创性。这些选择，是20世纪前半期的中国民族学家们，在民族学发展到一定阶段后，面对时代提出的问题进行认真思索的结果。几十年后的今天，中国民族学的发展必然要向我们再次提出这样的疑问。如何更好地回答民族学中国化的问题，回答中国民族学发展中的其他许多问题，除了创造性地发挥之外，也应当总结前人的经验，以求更全面地认识和解答。我们相信，在此基础上，现代中国新一代的民族学家由于所处的历史条件不同，比起生活在半封建半殖民地社会的学者们，其探索无论在深度还是广度上都将升华到更高层次。

参考文献

一　史料和档案

1. 北京大学、清华大学、南开大学、云南大学合编：《国立西南联合大学史料·总览卷》,《国立西南联合大学史料·会议记录卷》,《国立西南联合大学史料·教学、科研卷》,《国立西南联合大学史料·教职员卷》,《国立西南联合大学史料·学生卷》,《国立西南联全大学史料·经费、校舍、设备卷》,云南教育出版社 1998 年版。

2. 《云南大学志》,云南大学出版社 1997 年版。

3. 云南省地方志编纂委员会、云南省社会科学学会：《云南省志》,云南人民出版社 1997 年版。

4. 清华大学校史编写组：《清华大学校史稿》,中华书局 1981 年版。

5. 西南联大北京校友会：《国立西南联合大学校史——一九三七至一九四六年的北大、清华、南开》,北京大学出版社 1996 年版。

6. 贵州省地方志编纂委员会：《贵州省志·社会科学志》,贵州人民出版社 2001 年版。

7. 四川省地方志编纂委员会：《四川省志·哲学社会科学志》,四川科学技术出版社 1998 年版。

8. 四川省地方志编纂委员会：《四川省志·教育志》，方志出版社 2000 年版。

9. 重庆教育志编纂委员会：《重庆教育志》，重庆出版社 2002 年版。

10. 李文海：《民国时期社会调查丛编》（10 卷），福建教育出版社 2004、2005 年版。

二 报纸杂志

《云南日报》，1938—1946 年。

蒙藏委员会：《边政公论》第 1、4 卷，边政公论社。

南开大学边疆人文研究室：《边疆人文》第 1—3 卷。

中国科技史料编辑委员会：《中国科技史料》1994（第 15 卷第 2 期）。

云南大学档案馆：《云南大学档案工作通讯》1998 年第 7 期。

中山文化教育馆：《民族学研究集刊》第 2、5 辑。

三 论著

1. 王建民：《中国民族学史》上卷，云南教育出版社 1997 年版；王建民、张海洋、胡鸿保：《中国民族学史》下卷，云南教育出版社 1998 年版。

2. 赵新林、张国龙：《西南联大：战火的洗礼》，上海世纪出版集团、上海教育出版社 2000 年版。

3. 郑杭生、王万俊：《二十世纪中国的社会学本土化》，党建读物出版社 2000 年版。

4. 杨雅彬：《近代中国社会学》（上、下册），中国社会科学出版社 2001 年版。

5. 昆明市政协文史学习委员会：《抗战时期文化名人在昆

明》一、二，云南美术出版社 2000 年版、云南人民出版社 2002 年版。

6. 王文光、薛群慧、田婉婷：《云南的民族与民族文化》，云南教育出版社 2000 年版。

7. 赵培中主编：《吴泽霖执教 60 周年暨 90 周年寿辰纪念文集》，湖北科学技术出版社 1988 年版。

8. 吴泽霖、陈国钧：《贵州苗夷社会研究》，民族出版社 2004 年版。

9. 吴泽霖：《吴泽霖民族研究文集》，民族出版社 1991 年版。

10. 文集编撰委员会：《一代宗师——曾昭抡百年诞辰纪念文集》，北京大学出版社 1999 年版。

11. 陈达：《现代中国人口》，天津人民出版社 1981 年版。

12. 陈达：《浪迹十年》，商务印书馆 1946 年版。

13. 费孝通：《禄村农田》，商务印书馆 1943 年版。

14. 费孝通：《江村经济》，江苏人民出版社 1986 年版。

15. 史国衡：《昆厂劳工》，商务印书馆 1946 年版。

16. 陈达：《我国抗日战争时期市镇工人生活》，中国劳动出版社 1993 年版。

17. 费孝通、张之毅：《云南三村》，天津人民出版社 1990 年版。

18. 费孝通：《从实求知》，北京大学出版社 1998 年版。

19. 潘乃谷：《但开风气不为师——费孝通学科建设访谈》，《社区研究与社会发展》，天津人民出版社 1996 年版。

20. 曾昭抡：《大凉山夷区考察记》，重庆求真社 1945 年版。

21. 曾昭抡：《我们怎样越过大凉山》，《当代评论》（1941—18—19）。

22. 费孝通：《一代学人》，《读书》（1984—4）。

23. 王治浩、邢润川:《知名学者、化学家曾昭抡教授》,《化学通报》(1980—9)。

24. 姚杉尔:《中国百名大右派》,朝华出版社 1993 年版。

25. 陈康定:《学苑清辉——记语言学大师罗常培》,昆明市政协文史学习委员会《抗战时期文化名人在昆明》一,云南美术出版社 2000 年版。

26. 朱端强:《浪迹学风镌滇海——记陈达教授在昆明》,昆明市政协文史学习委员会《抗战时期文化名人在昆明》二,云南人民出版社 2002 年版。

27. 刑宁:《旧历亲闻——南开边疆人文研究室邢公畹先生在昆明》,昆明市政协文史学习委员会《抗战时期文化名人在昆明》二,云南人民出版社 2002 年版。

28. 刑公畹:《抗战时期的南开大学边疆人文研究室——兼忆关心边疆人文研究的几位师友》,昆明市政协文史学习委员会、西南联大北京校友会《笳吹弦诵在春城——回忆西南联大》第一集,云南人民出版社、北京大学出版社 1986 年版。

29. 梁吉生:《英年一死献滇边——陶云逵在昆明的日子》,昆明市政协文史学习委员会《抗战时期文化名人在昆明》二,云南人民出版社 2002 年版。

30. 段家政:《吴文藻昆明行》,昆明市政协文史学习委员会《抗战时期文化名人在昆明》二,云南人民出版社 2002 年版。

31. 杨立德:《"把故国河山,重新整起"——曾昭抡先生在西南联大》,昆明市政协文史学习委员会《抗战时期文化名人在昆明》二,云南人民出版社 2002 年版。

32. 陆言:《最为怀念的是昆明——冯至在昆明》,昆明市政协文史学习委员会《抗战时期文化名人在昆明》一,云南美术出版社 2000 年版。

33. 李岫：《李广田先生在昆明》，昆明市政协文史学习委员会《抗战时期文化名人在昆明》二，云南人民出版社 2002 年版。

34. 江应樑：《民族学在云南》，《民族研究》1981 年第 1 期。

35. 张正东：《吴泽霖教授二三事》，西南联大北京校友会《笳吹弦诵情弥切——国立西南联合大学五十周年纪念文集》，中国文史出版社 1988 年版。

36. 蔡毓聪：《社会调查之原理及方法》，言心哲：《社会调查大纲》，樊弘：《社会调查方法》，李景汉：《实地社会调查方法》，《民国丛书》第 3 编，上海书店。

37. 杨雅彬：《中国社会学史》，山东人民出版社 1987 年版。

38. 王康：《社会学史》，人民出版社 1992 年版。

39. 马林诺夫斯基：《中国农民的生活·序》，《江村经济》（中文版），江苏人民出版社 1986 年版。

40. 拉德克利失·布朗：《对于中国乡村生活社会学调查的建议》，吴文藻译，《社会学界》1936 年第 9 期。

41. 王建民：《民族学的学术传统及其所存在的问题》，《光明日报·理论周刊》2003 年 6 月 17 日 B4 版。

42. 郝时远：《中国民族学研究的现状与展望》，《光明日报·理论周刊》2003 年 6 月 17 日 B4 版。

43. 张海洋：《民族学的学科内涵与人才培养》，《光明日报·理论周刊》2003 年 6 月 17 日 B4 版。

44. 胡明扬：《语言学概论》，语文出版社 2000 年版。

45. 谭必友、陆群：《民族学中国化的历史进程与当代任务》，《西北第二民族学院学报》2003 年第 3 期。

46. ［美］戴维·波普诺：《社会学》，李强等译，中国人民大学出版社 1999 年版。

47. 谢泳：《西南联大与中国现代知识分子》，湖南文艺出版社 1998 年版。

48.［澳］马尔科姆·沃特斯：《现代社会学理论》，华夏出版社 2000 年版。

49. 韩明汉：《中国社会学史》，天津人民出版社 1987 年版。

50. 孙本文：《当代中国社会学》，胜利出版公司 1948 年版。

51. 郑杭生：《社会学概论新修》（修订版），中国人民大学出版社 1999 年版。

52. 大卫·阿古什：《费孝通传》，董天民译，时事出版社会性 1985 年版。

53. Ermeulen, Han F. & Roldan, Arturo Alvarez（H. F. 费穆伦和 A. A. 罗尔丹）(edited) *Fieldwork and Footnotes：Studies in the History of European Anthropology*（《田野工作与脚注》）. Routledge，1995.

54. Leach，E.（E. 利奇）*Social Anthropology*（《社会人类学》）. Fortana Paperbacks，1982.

55. Thoresen，Timothy H. H .（蒂莫西·H. H. 托雷森）(edited) *Toward a Science of Man：Essays in the History of Anthropology*（《走向人的科学：人类学史论文集》）. Mouton & Co.，1975.

后　记

　　吾本布衣，农家子弟出身，祖上世代躬耕于衡阳。我们聂家是在兵荒马乱的南宋时期为避战乱从江西早禾村迁居到湖南衡阳极为偏僻的穷乡僻壤（即今衡阳县、双峰县和邵东县交界之地），这个地方目前交通还很落后。

　　夜深人静，万籁俱寂，我常泪流满面，无限深情地怀念我敬爱的爷爷、奶奶和未曾见过面的外公、外婆及童年早逝的哥哥。爷爷去世时我未满三岁；外公、外婆去世时，我还未出生。我的哥哥仅八岁就早逝了，真可谓："子期竟早亡，牙琴从此绝。琴绝最伤情，朱华春不荣。""春风盘古留晖远，秋雨新宇洒泪多。""万端遗恨皆须补，一掬慈容何处寻？"在我童年和少年时代，我家境贫寒，但"少年不知愁滋味"。是中国改革开放的总设计师邓小平同志教育改革的春风吹拂了祖国的神州大地、也吹遍了三湘四水之后，我这位农家子弟才有机会凭借自己顽强的毅力刻苦攻读，常常苦读到东方欲晓，可谓"二十年寒窗无人问"。"待到山花烂漫时，她在丛中笑"，山花烂漫之时，终于结成了丰硕的勤奋苦读成果：考取了本科重点大学；考取了中南民族大学硕士研究生，师从侯献瑞教授；考取了华中师范大学中国近代史研究所（教育部人文社会科学重点研究基地）博士研究生，师从罗福惠教授；现正在攻读南京大学博士后，师从陈谦平教授。2009 年，我荣获教育部重点科研项目立项，在教育部立项的重点科研项目中，我的项目位居全国榜首。有道是"一万年太久，只争朝夕"，我一定要努力地把自己潜在的才能充分地发挥出来，以此报效我热爱的祖国和人民。

夜深人静，万籁俱寂，我常自责，因为奶奶仙逝之时，远隔千山万水，我没有能够回到家乡去看上我敬爱的奶奶最后一眼，没有能够回到家乡去送我敬爱的奶奶最后一程。借此专著出版之机会，我饱含深情地赋祭诗一首，以示永远怀念。

祭奶奶聂周爱秀

思奶若湘江，浩荡寄黄泉。
夜深想念奶，想念奶不来。
悲伤芳年孙，愧疚深哀悼。
感物念深恩，踯躅故居前。
人去房一空，天晴亦断肠。
音容犹宛在，伤感油然生。
永别时情景，仿佛犹昨日。
殷切关怀情，犹似在眼前。
音容笑貌在，日月同辉耀。
永诀从今始，午夜惊鸣鸡。
鸣鸡一声唱，汗漫东皋上。
冉冉望奶来，握手珠眶涨。

日夜想奶深，想奶奶不来。
愁杀英年我，愧叹有馀哀。
感物思大恩，长跪坟岗前。

坟岗草萋萋，两眼泪涟涟。

音容笑貌在，仿佛在眼前。

殷殷关怀情，犹似在昨日。

呼奶无应答，涔泪侵双题。

我怀郁如焚，放歌倚列嶂。

列嶂青且茜，酸心又结肠。

采采馀孤景，日落衡云西。

音容慈祥貌，永存我心间。

梦中见奶来，热泪盈眶喜。

　　此书在出版过程中，得到了贵州财经学院文化传播学院陈祖君博士的大力帮助。我指导的硕士研究生谢定光、高莉两位同学也为本书的出版付出了大量的心血和辛勤劳动。在此，一并致谢！我还要特别感谢我的夫人伍雪平女士和我的女儿聂婧，感谢她们对我从事学术研究和教学工作的大力支持。此书的出版得到了贵州财经学院中国西部现代化发展研究中心的经费资助，在此，我向徐和平教授深表感谢！此书的出版还得到了贵州财经学院票据馆的经费资助，在此，我向缪坤和教授深表谢意！

　　谨以此著献给我敬爱的父母亲大人：聂东兴、邹金玉，感谢他们的养育之恩！

　　谨以此著献给我亲爱的母校：青凤小学、山水中学、衡阳县第六中学、华中师范大学、中南民族大学和南京大学，感谢他们的教育之恩！

　　2011 年是辛亥革命 100 周年，是中国共产党成立 90 周年，谨以此著献礼中国共产党成立 90 周年和辛亥革命 100 周年。

　　2011 年是我敬爱的奶奶诞辰 100 周年，是我敬爱的父亲 80

岁寿诞，是我亲爱的姐姐聂奖英 50 岁寿辰，谨以此著献给我敬爱的奶奶、我敬爱的父母亲和我亲爱的姐姐！

聂蒲生

2011 年 10 月